民营经济促进法
一本通

法规应用研究中心 编

中国法治出版社
CHINA LEGAL PUBLISHING HOUSE

编辑说明

"法律一本通"系列丛书自2005年出版以来，以其科学的体系、实用的内容，深受广大读者的喜爱。2007年、2011年、2014年、2016年、2018年、2019年、2021年、2023年我们对其进行了改版，丰富了其内容，增强了其实用性，博得了广大读者的赞誉。

我们秉承"以法释法"的宗旨，在保持原有的体例之上，今年再次对"法律一本通"系列丛书进行改版，以达到"应办案所需，适学习所用"的目标。新版丛书具有以下特点：

1. 丛书以主体法的条文为序，逐条穿插关联的现行有效的法律、行政法规、部门规章、司法解释、请示答复和部分地方规范性文件，以方便读者理解和适用。

2. 丛书紧扣实践和学习两个主题，在目录上标注了重点法条，并在某些重点法条的相关规定之前，对收录的相关文件进行分类，再按分类归纳核心要点，以便读者最便捷地查找使用。

3. 丛书紧扣法律条文，在主法条的相关规定之后附上案例指引，收录最高人民法院、最高人民检察院指导性案例、公报案例以及相关机构公布的典型案例的裁判摘要、案例要旨或案情摘要等。通过相关案例，可以进一步领会和把握法律条文的适用，从而作为解决实际问题的参考。并对案例指引制作索引目录，方便读者查找。

4. 丛书以脚注的形式，对各类法律文件之间或者同一法律文件不同条文之间的适用关系、重点法条疑难之处进行说明，以便读者系统地理解我国现行各个法律部门的规则体系，从而更好地为教学科研和司法实践服务。

5. 丛书结合二维码技术的应用为广大读者提供增值服务，扫描前勒口二维码，即可在图书出版之日起一年内免费部分使用中国法治出版社推出的【法融】数据库。【法融】数据库中"国家法律法规"栏目便于读者查阅法律文件准确全文及效力，"最高法指导案例"和"最高检指导案例"两个栏目提供最高人民法院和最高人民检察院指导性案例的全文，为读者提供更多增值服务。

目　录

中华人民共和国民营经济促进法

第一章　总　则

★　第 一 条　【立法目的】……………………………… 1
　　第 二 条　【总体要求】……………………………… 3
★　第 三 条　【民营经济的定位及工作方针】………… 3
　　第 四 条　【管理体制】……………………………… 19
　　第 五 条　【民营经济组织及其经营者】…………… 20
　　第 六 条　【民营经济组织及其经营者的义务】…… 20
　　第 七 条　【工商业联合会发挥作用】……………… 21
　　第 八 条　【社会支持】……………………………… 21
　　第 九 条　【民营经济统计制度】…………………… 21

第二章　公平竞争

　　第 十 条　【市场准入】……………………………… 22
★　第十一条　【公平竞争审查】……………………… 22
　　第十二条　【平等使用要素和资源、适用政策】… 42
　　第十三条　【制定、实施政策措施中平等对待】… 44
★　第十四条　【公共资源交易活动中平等对待】…… 45
★　第十五条　【预防和制止垄断、不正当竞争行为】… 84

第三章　投资融资促进

★　第十六条　【参与国家重大战略和重大工程】…… 96

1

	第十七条	【投资重点领域】…………	110
	第十八条	【资产盘活、参与政府和社会资本合作项目】	113
★	第十九条	【政府提供项目推介对接等服务】……	116
★	第二十条	【金融服务差异化监管】…………	125
★	第二十一条	【民营经济组织贷款担保】………	139
	第二十二条	【融资风险市场化分担】…………	142
★	第二十三条	【开发和提供金融产品和服务】…	146
	第二十四条	【金融机构平等对待民营经济组织】…	157
★	第二十五条	【多层次资本市场体系】…………	165
★	第二十六条	【信用信息归集共享】……………	177

第四章 科技创新

★	第二十七条	【推动科技创新、培育新质生产力】……	185
	第二十八条	【参与国家科技攻关项目】………	190
	第二十九条	【参与共性技术研发和数据要素市场建设】	193
	第三十条	【参与标准制定】…………………	193
	第三十一条	【加强新技术应用】………………	193
	第三十二条	【培养使用人才】…………………	201
★	第三十三条	【原始创新、创新成果知识产权保护】…	201

第五章 规范经营

	第三十四条	【发挥党组织和党员作用】………	202
	第三十五条	【围绕国家工作大局发挥作用】…	202
	第三十六条	【遵守法律法规义务】……………	203
	第三十七条	【民营资本健康发展】……………	204
	第三十八条	【完善治理结构和管理制度】……	204
	第三十九条	【防范和治理腐败】………………	205

第四十条　【财务管理、会计核算】 …………… 206
第四十一条　【员工共享发展成果】 …………… 208
第四十二条　【社会责任评价体系和激励机制】 …… 212
第四十三条　【海外投资经营】 …………………… 212

第六章　服务保障

第四十四条　【政府履职、政企沟通】 …………… 213
第四十五条　【听取意见建议】 …………………… 213
第四十六条　【优惠政策公开】 …………………… 214
第四十七条　【制定鼓励组织创业政策】 ………… 214
★ 第四十八条　【登记服务和个转企】 …………… 215
★ 第四十九条　【人才培养】 ……………………… 227
第 五 十 条　【依法开展执法活动】 ……………… 245
第五十一条　【行政处罚实施】 …………………… 246
第五十二条　【监管信息共享互认】 ……………… 246
第五十三条　【投诉举报处理】 …………………… 247
★ 第五十四条　【失信惩戒和信用修复】 ………… 247
★ 第五十五条　【矛盾纠纷多元化解】 …………… 258
第五十六条　【行业协会商会作用】 ……………… 261
第五十七条　【国际化发展】 ……………………… 262

第七章　权益保护

★ 第五十八条　【合法权益受法律保护】 ………… 263
★ 第五十九条　【人格权益保护】 ………………… 265
第 六 十 条　【依法开展调查、实施强制措施】 … 274
第六十一条　【征收、征用财产】 ………………… 274
★ 第六十二条　【查封、扣押、冻结涉案财物】 … 275
第六十三条　【办理案件】 ………………………… 296

3

	第六十四条	【规范异地执法行为】…………… 296
	第六十五条	【反映情况、申诉等权利】………… 297
★	第六十六条	【检察机关法律监督】……………… 297
★	第六十七条	【国家机关等支付账款】…………… 300
	第六十八条	【大型企业支付账款】……………… 304
★	第六十九条	【账款支付保障工作】……………… 305
	第 七 十 条	【履行政策承诺、合同】…………… 307

第八章 法律责任

★	第七十一条	【公平竞争有关违法行为的法律责任】…… 309
	第七十二条	【违法实施征收等措施、异地执法的法律责任】………………………… 320
★	第七十三条	【账款支付等有关违法行为的法律责任】… 320
	第七十四条	【侵害民营经济组织及其经营者合法权益的法律责任衔接】………………… 326
	第七十五条	【民营经济组织及其经营者违法的法律责任衔接】………………………… 326
	第七十六条	【采取不正当手段骗取表彰荣誉等的法律责任】…………………………… 327

第九章 附 则

	第七十七条	【概念、适用指引】………………… 328
	第七十八条	【施行日期】………………………… 328

附 录

本书所涉文件目录 …………………………………… 329

案例索引目录

- 变压器公司与物流公司承揽合同纠纷案 ……… 18
- 法院与工商联建立民营企业产权保护社会化服务体系 ……… 21
- 自来水公司与某宾馆供用水合同纠纷 ……… 43
- 汽车销售公司诉县市场监督管理局行政许可案 ……… 44
- 实业公司及其十家全资子公司司法重整案 ……… 109
- 丙公司与甲公司、乙公司网络侵权责任纠纷案 ……… 184
- 某村委会与农业公司土地承包经营权纠纷案 ……… 202
- 甲科技公司与乙融资担保公司等追偿权纠纷跟进监督案 ……… 205
- 甲建筑公司与乙旅游公司建设工程施工合同纠纷抗诉案 ……… 258
- 某集团及53家关联企业合并重整案 ……… 259
- 科技公司司法重整案 ……… 259
- 房地产公司破产重整案 ……… 260
- 某公司与某机床厂、液压成套公司买卖合同纠纷案 ……… 261
- 房地产公司与省气象局财产损害赔偿纠纷案 ……… 264
- 房地产经纪公司与杨某某网络侵权责任纠纷案 ……… 269
- 饮品公司与传媒公司名誉权纠纷案 ……… 269
- 科技公司与李某某网络侵权责任纠纷案 ……… 270
- 汽车制造公司与马某网络侵权责任纠纷案 ……… 270
- 物联网公司、网络公司与餐饮公司、食品公司名誉权纠纷案 ……… 270
- 信托公司与能源公司等金融借款合同纠纷案 ……… 271
- 科技公司诉文化公司、传媒公司名誉权纠纷案 ……… 271
- 谢某诉陈某人格权纠纷案 ……… 272
- 通讯器材公司诉闫某网络侵权责任纠纷案 ……… 272
- 文化创意公司诉王某某名誉权纠纷案 ……… 272

1

- 食品公司诉文化公司商业诋毁纠纷案 …………………… 273
- 网络公司与生物公司商业诋毁纠纷案 …………………… 273
- 甲健身公司与易某等消费者服务合同纠纷审判程序监督案 ……………………………………………………………… 294
- 谢某与王某华、甲钢结构公司保证合同纠纷虚假诉讼监督案 ……………………………………………………………… 294
- 广告公司等与数字技术公司广告合同纠纷案 …………… 295
- 法院上线"活查封"管理应用，实现动产保全"数智化" ……………………………………………………………… 295
- 区检察院办理的摩托车公司涉嫌生产、销售伪劣产品立案监督案 ……………………………………………………… 296
- 混凝土公司诉市住房和城乡建设局限制开展生产经营活动及规范性文件审查案 ……………………………………… 297
- 甲置业公司与黄某民间借贷纠纷执行活动监督案 ……… 298
- 甲置业公司与乙食品公司、丙食品公司等金融借款合同纠纷虚假诉讼监督案 ……………………………………… 298
- 甲机械公司与北京乙装饰公司租赁合同纠纷再审检察建议案 ……………………………………………………………… 299
- 区检察院办理的科技公司骗取刑事立案干扰民事诉讼立案监督案 ……………………………………………………… 299
- 甲贸易公司与乙建设公司买卖合同纠纷执行活动监督案 …… 303
- 韦某勇、乙投资公司与丙贷款公司民间借贷纠纷抗诉案 …… 303
- 法院推行民商事案件先行判决，促进当事人合法权益及时兑现 …………………………………………………………… 304
- 投资公司与区人民政府等合同纠纷案 …………………… 307
- 物资公司与县教育局买卖合同纠纷案 …………………… 308
- 某农机经营部与中石油某分公司租赁合同纠纷案 ……… 325
- 黄某、段某职务侵占案 …………………………………… 326

中华人民共和国民营经济促进法

(2025年4月30日第十四届全国人民代表大会常务委员会第十五次会议通过　2025年4月30日中华人民共和国主席令第46号公布　自2025年5月20日起施行)

目　　录

第一章　总　　则
第二章　公平竞争
第三章　投资融资促进
第四章　科技创新
第五章　规范经营
第六章　服务保障
第七章　权益保护
第八章　法律责任
第九章　附　　则

第一章　总　　则

第一条　**立法目的**[①]

为优化民营经济发展环境，保证各类经济组织公平参与市场竞争，促进民营经济健康发展和民营经济人士健康成长，

---

① 条文主旨为编者所加，全书同。

构建高水平社会主义市场经济体制,发挥民营经济在国民经济和社会发展中的重要作用,根据宪法,制定本法。

● 宪 法

1. 《宪法》①(2018 年 3 月 11 日)

第 11 条 在法律规定范围内的个体经济、私营经济等非公有制经济,是社会主义市场经济的重要组成部分。

国家保护个体经济、私营经济等非公有制经济的合法的权利和利益。国家鼓励、支持和引导非公有制经济的发展,并对非公有制经济依法实行监督和管理。

● 法 律

2. 《中小企业促进法》(2017 年 9 月 1 日)

第 1 条 为了改善中小企业经营环境,保障中小企业公平参与市场竞争,维护中小企业合法权益,支持中小企业创业创新,促进中小企业健康发展,扩大城乡就业,发挥中小企业在国民经济和社会发展中的重要作用,制定本法。

第 2 条 本法所称中小企业,是指在中华人民共和国境内依法设立的,人员规模、经营规模相对较小的企业,包括中型企业、小型企业和微型企业。

中型企业、小型企业和微型企业划分标准由国务院负责中小企业促进工作综合管理的部门会同国务院有关部门,根据企业从业人员、营业收入、资产总额等指标,结合行业特点制定,报国务院批准。

第 3 条 国家将促进中小企业发展作为长期发展战略,坚持各类企业权利平等、机会平等、规则平等,对中小企业特别是其

---

① 本书法律文件使用简称,以下不再标注。本书所示规范性文件的日期为该文件的通过、发布、修改后公布日期之一,以下不再标注。

中的小型微型企业实行积极扶持、加强引导、完善服务、依法规范、保障权益的方针,为中小企业创立和发展创造有利的环境。

第5条 国务院制定促进中小企业发展政策,建立中小企业促进工作协调机制,统筹全国中小企业促进工作。

国务院负责中小企业促进工作综合管理的部门组织实施促进中小企业发展政策,对中小企业促进工作进行宏观指导、综合协调和监督检查。

国务院有关部门根据国家促进中小企业发展政策,在各自职责范围内负责中小企业促进工作。

县级以上地方各级人民政府根据实际情况建立中小企业促进工作协调机制,明确相应的负责中小企业促进工作综合管理的部门,负责本行政区域内的中小企业促进工作。

第二条 总体要求

促进民营经济发展工作坚持中国共产党的领导,坚持以人民为中心,坚持中国特色社会主义制度,确保民营经济发展的正确政治方向。

国家坚持和完善公有制为主体、多种所有制经济共同发展,按劳分配为主体、多种分配方式并存,社会主义市场经济体制等社会主义基本经济制度;毫不动摇巩固和发展公有制经济,毫不动摇鼓励、支持、引导非公有制经济发展;充分发挥市场在资源配置中的决定性作用,更好发挥政府作用。

第三条 民营经济的定位及工作方针

民营经济是社会主义市场经济的重要组成部分,是推进中国式现代化的生力军,是高质量发展的重要基础,是推动我国全面建成社会主义现代化强国、实现中华民族伟大复兴的重要力量。促进民营经济持续、健康、高质量发展,是国家长期坚持的重大方针政策。

国家坚持依法鼓励、支持、引导民营经济发展,更好发挥法治固根本、稳预期、利长远的保障作用。

国家坚持平等对待、公平竞争、同等保护、共同发展的原则,促进民营经济发展壮大。民营经济组织与其他各类经济组织享有平等的法律地位、市场机会和发展权利。

● 行政法规

1. 《优化营商环境条例》(2019年10月22日)

第二章 市场主体保护

第10条 国家坚持权利平等、机会平等、规则平等,保障各种所有制经济平等受到法律保护。

第11条 市场主体依法享有经营自主权。对依法应当由市场主体自主决策的各类事项,任何单位和个人不得干预。

第12条 国家保障各类市场主体依法平等使用资金、技术、人力资源、土地使用权及其他自然资源等各类生产要素和公共服务资源。

各类市场主体依法平等适用国家支持发展的政策。政府及其有关部门在政府资金安排、土地供应、税费减免、资质许可、标准制定、项目申报、职称评定、人力资源政策等方面,应当依法平等对待各类市场主体,不得制定或者实施歧视性政策措施。

第13条 招标投标和政府采购应当公开透明、公平公正,依法平等对待各类所有制和不同地区的市场主体,不得以不合理条件或者产品产地来源等进行限制或者排斥。

政府有关部门应当加强招标投标和政府采购监管,依法纠正和查处违法违规行为。

第14条 国家依法保护市场主体的财产权和其他合法权益,

保护企业经营者人身和财产安全。

严禁违反法定权限、条件、程序对市场主体的财产和企业经营者个人财产实施查封、冻结和扣押等行政强制措施；依法确需实施前述行政强制措施的，应当限定在所必需的范围内。

禁止在法律、法规规定之外要求市场主体提供财力、物力或者人力的摊派行为。市场主体有权拒绝任何形式的摊派。

第15条 国家建立知识产权侵权惩罚性赔偿制度，推动建立知识产权快速协同保护机制，健全知识产权纠纷多元化解决机制和知识产权维权援助机制，加大对知识产权的保护力度。

国家持续深化商标注册、专利申请便利化改革，提高商标注册、专利申请审查效率。

第16条 国家加大中小投资者权益保护力度，完善中小投资者权益保护机制，保障中小投资者的知情权、参与权，提升中小投资者维护合法权益的便利度。

第17条 除法律、法规另有规定外，市场主体有权自主决定加入或者退出行业协会商会等社会组织，任何单位和个人不得干预。

除法律、法规另有规定外，任何单位和个人不得强制或者变相强制市场主体参加评比、达标、表彰、培训、考核、考试以及类似活动，不得借前述活动向市场主体收费或者变相收费。

第18条 国家推动建立全国统一的市场主体维权服务平台，为市场主体提供高效、便捷的维权服务。

第三章 市场环境

第19条 国家持续深化商事制度改革，统一企业登记业务规范，统一数据标准和平台服务接口，采用统一社会信用代码进行登记管理。

国家推进"证照分离"改革，持续精简涉企经营许可事项，依法采取直接取消审批、审批改为备案、实行告知承诺、优化审批服务等方式，对所有涉企经营许可事项进行分类管理，为企业取得营业执照后开展相关经营活动提供便利。除法律、行政法规规定的特定领域外，涉企经营许可事项不得作为企业登记的前置条件。

政府有关部门应当按照国家有关规定，简化企业从申请设立到具备一般性经营条件所需办理的手续。在国家规定的企业开办时限内，各地区应当确定并公开具体办理时间。

企业申请办理住所等相关变更登记的，有关部门应当依法及时办理，不得限制。除法律、法规、规章另有规定外，企业迁移后其持有的有效许可证件不再重复办理。

第20条　国家持续放宽市场准入，并实行全国统一的市场准入负面清单制度。市场准入负面清单以外的领域，各类市场主体均可以依法平等进入。

各地区、各部门不得另行制定市场准入性质的负面清单。

第21条　政府有关部门应当加大反垄断和反不正当竞争执法力度，有效预防和制止市场经济活动中的垄断行为、不正当竞争行为以及滥用行政权力排除、限制竞争的行为，营造公平竞争的市场环境。

第22条　国家建立健全统一开放、竞争有序的人力资源市场体系，打破城乡、地区、行业分割和身份、性别等歧视，促进人力资源有序社会性流动和合理配置。

第23条　政府及其有关部门应当完善政策措施、强化创新服务，鼓励和支持市场主体拓展创新空间，持续推进产品、技术、商业模式、管理等创新，充分发挥市场主体在推动科技成果转化中的作用。

第24条　政府及其有关部门应当严格落实国家各项减税降费政策，及时研究解决政策落实中的具体问题，确保减税降费政策全面、及时惠及市场主体。

第25条　设立政府性基金、涉企行政事业性收费、涉企保证金，应当有法律、行政法规依据或者经国务院批准。对政府性基金、涉企行政事业性收费、涉企保证金以及实行政府定价的经营服务性收费，实行目录清单管理并向社会公开，目录清单之外的前述收费和保证金一律不得执行。推广以金融机构保函替代现金缴纳涉企保证金。

第26条　国家鼓励和支持金融机构加大对民营企业、中小企业的支持力度，降低民营企业、中小企业综合融资成本。

金融监督管理部门应当完善对商业银行等金融机构的监管考核和激励机制，鼓励、引导其增加对民营企业、中小企业的信贷投放，并合理增加中长期贷款和信用贷款支持，提高贷款审批效率。

商业银行等金融机构在授信中不得设置不合理条件，不得对民营企业、中小企业设置歧视性要求。商业银行等金融机构应当按照国家有关规定规范收费行为，不得违规向服务对象收取不合理费用。商业银行应当向社会公开开设企业账户的服务标准、资费标准和办理时限。

第27条　国家促进多层次资本市场规范健康发展，拓宽市场主体融资渠道，支持符合条件的民营企业、中小企业依法发行股票、债券以及其他融资工具，扩大直接融资规模。

第28条　供水、供电、供气、供热等公用企事业单位应当向社会公开服务标准、资费标准等信息，为市场主体提供安全、便捷、稳定和价格合理的服务，不得强迫市场主体接受不合理的服务条件，不得以任何名义收取不合理费用。各地区应当优化报装流程，在国家规定的报装办理时限内确定并公开具体办理时间。

政府有关部门应当加强对公用企事业单位运营的监督管理。

第29条　行业协会商会应当依照法律、法规和章程，加强行业自律，及时反映行业诉求，为市场主体提供信息咨询、宣传培训、市场拓展、权益保护、纠纷处理等方面的服务。

国家依法严格规范行业协会商会的收费、评比、认证等行为。

第30条　国家加强社会信用体系建设，持续推进政务诚信、商务诚信、社会诚信和司法公信建设，提高全社会诚信意识和信用水平，维护信用信息安全，严格保护商业秘密和个人隐私。

第31条　地方各级人民政府及其有关部门应当履行向市场主体依法作出的政策承诺以及依法订立的各类合同，不得以行政区划调整、政府换届、机构或者职能调整以及相关责任人更替等为由违约毁约。因国家利益、社会公共利益需要改变政策承诺、合同约定的，应当依照法定权限和程序进行，并依法对市场主体因此受到的损失予以补偿。

第32条　国家机关、事业单位不得违约拖欠市场主体的货物、工程、服务等账款，大型企业不得利用优势地位拖欠中小企业账款。

县级以上人民政府及其有关部门应当加大对国家机关、事业单位拖欠市场主体账款的清理力度，并通过加强预算管理、严格责任追究等措施，建立防范和治理国家机关、事业单位拖欠市场主体账款的长效机制。

第33条　政府有关部门应当优化市场主体注销办理流程，精简申请材料、压缩办理时间、降低注销成本。对设立后未开展生产经营活动或者无债权债务的市场主体，可以按照简易程序办理注销。对有债权债务的市场主体，在债权债务依法解决后及时办理注销。

县级以上地方人民政府应当根据需要建立企业破产工作协调机制，协调解决企业破产过程中涉及的有关问题。

第四章　政务服务

第34条　政府及其有关部门应当进一步增强服务意识，切实转变工作作风，为市场主体提供规范、便利、高效的政务服务。

第35条　政府及其有关部门应当推进政务服务标准化，按照减环节、减材料、减时限的要求，编制并向社会公开政务服务事项（包括行政权力事项和公共服务事项，下同）标准化工作流程和办事指南，细化量化政务服务标准，压缩自由裁量权，推进同一事项实行无差别受理、同标准办理。没有法律、法规、规章依据，不得增设政务服务事项的办理条件和环节。

第36条　政府及其有关部门办理政务服务事项，应当根据实际情况，推行当场办结、一次办结、限时办结等制度，实现集中办理、就近办理、网上办理、异地可办。需要市场主体补正有关材料、手续的，应当一次性告知需要补正的内容；需要进行现场踏勘、现场核查、技术审查、听证论证的，应当及时安排、限时办结。

法律、法规、规章以及国家有关规定对政务服务事项办理时限有规定的，应当在规定的时限内尽快办结；没有规定的，应当按照合理、高效的原则确定办理时限并按时办结。各地区可以在国家规定的政务服务事项办理时限内进一步压减时间，并应当向社会公开；超过办理时间的，办理单位应当公开说明理由。

地方各级人民政府已设立政务服务大厅的，本行政区域内各类政务服务事项一般应当进驻政务服务大厅统一办理。对政务服务大厅中部门分设的服务窗口，应当创造条件整合为综合窗口，提供一站式服务。

第37条　国家加快建设全国一体化在线政务服务平台（以下称一体化在线平台），推动政务服务事项在全国范围内实现"一网通办"。除法律、法规另有规定或者涉及国家秘密等情形外，政务服务事项应当按照国务院确定的步骤，纳入一体化在线平台办理。

国家依托一体化在线平台，推动政务信息系统整合，优化政务流程，促进政务服务跨地区、跨部门、跨层级数据共享和业协同。政府及其有关部门应当按照国家有关规定，提供数据共享服务，及时将有关政务服务数据上传至一体化在线平台，加强共享数据使用全过程管理，确保共享数据安全。

国家建立电子证照共享服务系统，实现电子证照跨地区、跨部门共享和全国范围内互信互认。各地区、各部门应当加强电子证照的推广应用。

各地区、各部门应当推动政务服务大厅与政务服务平台全面对接融合。市场主体有权自主选择政务服务办理渠道，行政机关不得限定办理渠道。

第38条　政府及其有关部门应当通过政府网站、一体化在线平台，集中公布涉及市场主体的法律、法规、规章、行政规范性文件和各类政策措施，并通过多种途径和方式加强宣传解读。

第39条　国家严格控制新设行政许可。新设行政许可应当按照行政许可法和国务院的规定严格设定标准，并进行合法性、必要性和合理性审查论证。对通过事中事后监管或者市场机制能够解决以及行政许可法和国务院规定不得设立行政许可的事项，一律不得设立行政许可，严禁以备案、登记、注册、目录、规划、年检、年报、监制、认定、认证、审定以及其他任何形式变相设定或者实施行政许可。

法律、行政法规和国务院决定对相关管理事项已作出规定，但未采取行政许可管理方式的，地方不得就该事项设定行政许可。对相关管理事项尚未制定法律、行政法规的，地方可以依法就该事项设定行政许可。

第40条　国家实行行政许可清单管理制度，适时调整行政许可清单并向社会公布，清单之外不得违法实施行政许可。

国家大力精简已有行政许可。对已取消的行政许可，行政机关不得继续实施或者变相实施，不得转由行业协会商会或者其他组织实施。

对实行行政许可管理的事项，行政机关应当通过整合实施、下放审批层级等多种方式，优化审批服务，提高审批效率，减轻市场主体负担。符合相关条件和要求的，可以按照有关规定采取告知承诺的方式办理。

第41条 县级以上地方人民政府应当深化投资审批制度改革，根据项目性质、投资规模等分类规范投资审批程序，精简审批要件，简化技术审查事项，强化项目决策与用地、规划等建设条件落实的协同，实行与相关审批在线并联办理。

第42条 设区的市级以上地方人民政府应当按照国家有关规定，优化工程建设项目（不包括特殊工程和交通、水利、能源等领域的重大工程）审批流程，推行并联审批、多图联审、联合竣工验收等方式，简化审批手续，提高审批效能。

在依法设立的开发区、新区和其他有条件的区域，按照国家有关规定推行区域评估，由设区的市级以上地方人民政府组织对一定区域内压覆重要矿产资源、地质灾害危险性等事项进行统一评估，不再对区域内的市场主体单独提出评估要求。区域评估的费用不得由市场主体承担。

第43条 作为办理行政审批条件的中介服务事项（以下称法定行政审批中介服务）应当有法律、法规或者国务院决定依据；没有依据的，不得作为办理行政审批的条件。中介服务机构应当明确办理法定行政审批中介服务的条件、流程、时限、收费标准，并向社会公开。

国家加快推进中介服务机构与行政机关脱钩。行政机关不得为市场主体指定或者变相指定中介服务机构；除法定行政审批中介服务外，不得强制或者变相强制市场主体接受中介服务。行政机关所属事业单位、主管的社会组织及其举办的企业不得开展与本机关所负责行政审批相关的中介服务，法律、行政法规另有规定的除外。

11

行政机关在行政审批过程中需要委托中介服务机构开展技术性服务的，应当通过竞争性方式选择中介服务机构，并自行承担服务费用，不得转嫁给市场主体承担。

第44条　证明事项应当有法律、法规或者国务院决定依据。

设定证明事项，应当坚持确有必要、从严控制的原则。对通过法定证照、法定文书、书面告知承诺、政府部门内部核查和部门间核查、网络核验、合同凭证等能够办理，能够被其他材料涵盖或者替代，以及开具单位无法调查核实的，不得设定证明事项。

政府有关部门应当公布证明事项清单，逐项列明设定依据、索要单位、开具单位、办理指南等。清单之外，政府部门、公用企事业单位和服务机构不得索要证明。各地区、各部门之间应当加强证明的互认共享，避免重复索要证明。

第45条　政府及其有关部门应当按照国家促进跨境贸易便利化的有关要求，依法削减进出口环节审批事项，取消不必要的监管要求，优化简化通关流程，提高通关效率，清理规范口岸收费，降低通关成本，推动口岸和国际贸易领域相关业务统一通过国际贸易"单一窗口"办理。

第46条　税务机关应当精简办税资料和流程，简并申报缴税次数，公开涉税事项办理时限，压减办税时间，加大推广使用电子发票的力度，逐步实现全程网上办税，持续优化纳税服务。

第47条　不动产登记机构应当按照国家有关规定，加强部门协作，实行不动产登记、交易和缴税一窗受理、并行办理，压缩办理时间，降低办理成本。在国家规定的不动产登记时限内，各地区应当确定并公开具体办理时间。

国家推动建立统一的动产和权利担保登记公示系统，逐步实现市场主体在一个平台上办理动产和权利担保登记。纳入统一登记公示系统的动产和权利范围另行规定。

第48条　政府及其有关部门应当按照构建亲清新型政商关

系的要求，建立畅通有效的政企沟通机制，采取多种方式及时听取市场主体的反映和诉求，了解市场主体生产经营中遇到的困难和问题，并依法帮助其解决。

建立政企沟通机制，应当充分尊重市场主体意愿，增强针对性和有效性，不得干扰市场主体正常生产经营活动，不得增加市场主体负担。

第49条 政府及其有关部门应当建立便利、畅通的渠道，受理有关营商环境的投诉和举报。

第50条 新闻媒体应当及时、准确宣传优化营商环境的措施和成效，为优化营商环境创造良好舆论氛围。

国家鼓励对营商环境进行舆论监督，但禁止捏造虚假信息或者歪曲事实进行不实报道。

● 部门规章及文件

2.《生态环境部门进一步促进民营经济发展的若干措施》（2024年9月13日）

为深入贯彻党中央、国务院关于促进民营经济发展壮大的决策部署，落实"两个毫不动摇"，发挥民营企业在高质量发展中的重要作用，以生态环境高水平保护增创民营经济发展新动能新优势，指导生态环境部门更好支持服务民营经济发展，现提出如下措施。

一、支持绿色发展

1. 促进绿色低碳转型。加快制修订污染物排放标准，完善重点行业企业碳排放核算、项目碳减排量核算标准和技术规范，建立产品碳足迹管理体系，引导企业绿色低碳发展。支持企业发展绿色低碳产业和绿色供应链，开展减污降碳协同创新。推动石化化工、钢铁、建材等传统产业绿色改造，提升清洁生产水平。支持企业实施清洁能源替代，鼓励有条件的企业提升大宗货物清洁化运输水平，推进内部作业车辆和机械新能源更新改造。

2. 推动大规模设备更新。坚持鼓励先进、淘汰落后，帮扶企业排查落后生产工艺设备、低效失效污染治理设施，积极支持企业对各类生产设备、大气污染治理设施、污水垃圾处理设备等设备更新和技术改造，促进产业高端化、智能化、绿色化。推动对环境保护专用设备更新给予财税、金融等政策支持。

3. 增加环境治理服务供给。推动大规模回收循环利用，支持企业提升废旧资源循环利用水平。完善产业园区环境基础设施，推动企业集聚发展和集中治污。鼓励中小型传统制造企业集中的地区，结合产业集群特点，因地制宜建设集中污染处理设施。进一步完善小微企业和社会源危险废物收集处理体系，支持企业提供第三方专业服务。

4. 加强生态环境科技支撑。深入开展科技帮扶行动，为中小微企业治理环境污染提供技术咨询。完善实用技术管理机制，基于生态环境治理需求，面向社会征集先进污染防治技术，鼓励民营企业积极申报，加快企业先进技术推广应用。依托国家生态环境科技成果转化综合服务平台，为各类市场主体提供技术咨询和推广服务。鼓励具备条件的民营企业参与生态环境重大科技计划和创新平台建设。

5. 支持发展环保产业。结合"十五五"规划编制研究实施一批生态环境保护治理重大工程，制定污染防治可行技术指南和环境工程技术规范，增强环保产业发展预期。引导环保企业延伸拓展服务范围和服务领域，促进生态环保产业、节能产业、资源循环利用产业、低碳产业一体化融合发展。配合有关部门依法依规督促机关、事业单位和大型企业履行生态环境领域项目合同。

二、优化环境准入

6. 提高行政审批服务水平。对照中央和地方层面设定的生态环境领域涉企经营许可事项，以告知书、引导单等形式告知企业生态环境保护政策、责任和要求，以及许可事项办理流程、时限、联系方式等。对企业投资建设项目中遇到的问题落实首问负责制、一次告知服务制。

7. 持续深化环评改革。落实登记表免予办理备案手续、报告表"打捆"审批、简化报告书（表）内容等"四个一批"环评改革试点政策。有序推进环评分类管理，环评文件标准化编制、智能化辅助审批试点，优化环评审批分级管理。继续实施环评审批"三本台账"和绿色通道机制，对符合生态环境保护要求的民营重大投资项目，开辟绿色通道，实施即报即受理即转评估，提高环评审批效率。

8. 优化总量指标管理。健全总量指标配置机制，优化新改扩建建设项目总量指标监督管理。在严格实施各项污染防治措施基础上，对氮氧化物、化学需氧量、挥发性有机污染物的单项新增年排放量小于0.1吨，氨氮小于0.01吨的建设项目，免予提交总量指标来源说明，由地方生态环境部门统筹总量指标替代来源，并纳入台账管理。

9. 推动环评与排污许可协同衔接。对工艺相对单一、环境影响较小、建设周期短的建设项目，在按规定办理环评审批手续后，新增产品品种但生产工艺、主要原辅材料、主要燃料未发生变化、污染物种类和排放量不增加的，不涉及重大变动的，无需重新办理环评，直接纳入排污许可管理；建设单位无法确定是否涉及重大变动的，可以报请行政审批部门核实。对符合要求的建设项目，在企业自愿的原则下，探索实施环评与排污许可"审批合一"。统筹优化环评和排污许可分类管理，部分排放量很小的污染影响类建设项目不再纳入环评管理，直接纳入排污许可管理。

10. 加强建设项目投资政策指导。对企业投资的同一建设项目，涉及生态环境领域多个行政许可事项的，要加强行政许可事项衔接；对有区域布局、规模控制等要求的，要加强统筹、提前考虑项目建成之后的经营准入许可，为项目建设、运行提供一揽子指导服务。

三、优化环境执法

11. 实行生态环境监督执法正面清单管理。对正面清单内的企业减少现场执法检查次数，综合运用新技术、新手段，按照排污许可证规定，以非现场方式为主开展执法检查，对守法企业无事不扰。规范生态环境管理第三方服务，切实提高服务质效。

12. 持续规范涉企收费和罚款。定期清理规范生态环境领域涉企收费事项，做好规范经营服务性收费、中介服务收费相关工作，推动治理变相收费、低质高价，切实减轻企业经营负担。严禁以生态环境保护名义向企业摊派。全面落实规范和监督罚款设定与实施要求，优化营商环境。

13. 减少企业填表。充分利用环境统计、排污许可、环评审批、固废管理、污染源监测等系统平台已有数据，建立数据共享机制，实现数据互联互通，推动"多表合一"，探索"最多报一次"。鼓励省级生态环境部门开展涉企报表填报减负改革试点。

14. 严禁生态环境领域"一刀切"。统筹民生保障和应急减排，实施绩效分级差异化管控，科学合理制定重污染天气应急减排清单，明确不同预警级别的应急响应措施，严格按照应急预案启动和解除重污染天气预警。不得为突击完成年度环境质量改善目标搞限产停产。严禁为应付督察等采取紧急停工停业停产等简单粗暴行为，以及"一律关停""先停再说"等敷衍应对做法。

四、加大政策支持

15. 规范环保信用评价。合理界定评价对象，坚持过惩相当，明确评价结果适用边界条件。推进依法不予处罚信息、一定期限之前的生态环境行政处罚决定，不纳入环保信用信息范围。推广环保信用承诺制度。健全企业环保信用修复制度，完善信用修复机制，引导企业"纠错复活"，帮助企业"应修尽修"。

16. 强化财政金融支持。将符合条件的民营企业污染治理等项目纳入各级生态环境资金项目储备库，一视同仁给予财政资金支持。发展绿色金融，推动生态环境导向的开发（EOD）等模式创新，加快推进气候投融资试点，适时开展盈余碳排放权（配额）抵押机制建设，解决民营企业环境治理融资难、融资贵问题。

17. 落实税收优惠政策。配合税务部门落实《环境保护、节能节水项目企业所得税优惠目录（2021年版）》《资源综合利用企业所得税优惠目录（2021年版）》和《资源综合利用产品和劳务增值税优惠目录（2022年版）》以及延长从事污染防治的第三方企业减按15%的企业所得税优惠政策。对不能准确判定企业从事的项目是否属于优惠目录范围的，要及时研究、推动解决。

18. 支持参与环境权益交易。完善全国温室气体自愿减排交易市场，推动更多方法学出台，鼓励企业自主自愿开发温室气体减排项目，并通过参与全国碳排放权、全国温室气体自愿减排交易市场交易，实现减排有收益、发展可持续。鼓励各类企业通过淘汰落后和过剩产能、清洁生产、污染治理、技术改造升级等减少污染物排放，形成"富余排污权"，积极参与排污权市场交易。

19. 支持创优和试点示范。鼓励民营企业创建环保绩效A级企业，并落实好相关激励政策。支持企业发挥自身优势，参与危险废物"点对点"利用豁免、跨区域转移管理、"无废集团"建设等改革试点示范。支持民营企业在区域重大战略生态环境保护中发挥示范引领作用，生态环境部建立绿色发展典型案例展示平台，引导各类市场主体为打造美丽中国先行区作贡献。

五、健全保障措施

20. 完善工作机制。健全本地区生态环境部门促进民营经济发展的工作机制，明确抓落实的牵头部门、责任分工和责任人。加强与发展改革部门、工商联等沟通联系，经常走访和听取民营企业意见建议，畅通民营企业投诉举报、反映问题、表达诉求的渠道。对民营企业反映突出的共性生态环境问题，要快速反应、紧抓快办。建立"问题收集—问题解决—结果反馈—跟踪问效"工作闭环，努力让更多民营企业有感有得。

21. 加强政策指导。生态环境保护法规标准政策制修订过程中，要充分征求社会各界意见，依照国家有关规定做好合法性审查和宏观政策取向一致性评估。加强排放标准等强制性标准的制修订质量管理，标准发布前制定实施方案，为企业预留足够时间。加强生态环境法规、标准、政策等宣传解读和培训，激发企业绿色发展内生动力。

22. 强化宣传推广。加强对民营企业保护生态环境先进典型的挖掘总结，及时梳理生态环境部门特别是基层一线服务民营经济发展的好做法好经验，综合运用新闻发布会、官网、报纸、"双微"等形式，加大宣传推广力度。积极回应中小微企业的关切，多措并举为企业纾困解难。持续强化舆论引导，营造支持民营企业绿色发展、健康发展的浓厚氛围。

● 案例指引

变压器公司与物流公司承揽合同纠纷案（最高人民法院发布十起人民法院助推民营经济高质量发展典型民商事案例之六）[1]

裁判摘要：平等保护各类市场主体合法权益是民商事审判的基本要求，不允许因为市场主体的身份不同而区别对待。本案物流公司隶属大型国有中央企业，变压器公司为中小微民营企业。购销合同的订立和履行早在2011年，物流公司迟至2019年才诉请主张支付

---

[1] 载中国法院网，https://www.chinacourt.org/article/detail/2021/09/id/6245476.shtml，2025年4月30日访问，以下不再标注。

剩余货款。该案获得支持后，变压器公司提起本案诉讼，要求物流公司支付当年逾期交货的违约金。对此，物流公司虽承认逾期交货的事实，但抗辩主张其是因为需要提前履行其他合同才导致本案合同延迟交货。物流公司认为，需要提前履行的其他合同涉及国家重点工程暨公共利益，属于不可抗力，因此物流公司不应承担违约责任。对此，法院认为，物流公司作为市场经济主体，应当根据其生产能力，按照订单难易程度等科学合理地安排生产，其对于合同的正常履约应在合同签订时即有预见，出现不同订单之间的时间冲突也并非完全不能避免和不能克服，其完全可以通过其他市场经济手段（如追加投入扩大产能、进行延期谈判合理变更合同、支付违约金等方式）予以规避，而不能将市场经营风险等同于不可抗力进而试图逃避违约责任。因此，法院认定物流公司迟延履行交货义务的行为构成违约行为，应当承担违约责任。该判决既保护中小微企业的合法利益，又引导企业尊重市场规则和合同约定，彰显了法院在民商事案件审理中坚持依法平等、全面保护各类市场主体的合法权益，优化了市场化法治化营商环境。

第四条 管理体制

> 国务院和县级以上地方人民政府将促进民营经济发展工作纳入国民经济和社会发展规划，建立促进民营经济发展工作协调机制，制定完善政策措施，协调解决民营经济发展中的重大问题。
>
> 国务院发展改革部门负责统筹协调促进民营经济发展工作。国务院其他有关部门在各自职责范围内，负责促进民营经济发展相关工作。
>
> 县级以上地方人民政府有关部门依照法律法规和本级人民政府确定的职责分工，开展促进民营经济发展工作。

> **第五条** 民营经济组织及其经营者
>
> 　　民营经济组织及其经营者应当拥护中国共产党的领导，坚持中国特色社会主义制度，积极投身社会主义现代化强国建设。
>
> 　　国家加强民营经济组织经营者队伍建设，加强思想政治引领，发挥其在经济社会发展中的重要作用；培育和弘扬企业家精神，引导民营经济组织经营者践行社会主义核心价值观，爱国敬业、守法经营、创业创新、回报社会，坚定做中国特色社会主义的建设者、中国式现代化的促进者。

> **第六条** 民营经济组织及其经营者的义务
>
> 　　民营经济组织及其经营者从事生产经营活动，应当遵守法律法规，遵守社会公德、商业道德，诚实守信、公平竞争，履行社会责任，保障劳动者合法权益，维护国家利益和社会公共利益，接受政府和社会监督。

● 法　律

《民法典》(2020 年 5 月 28 日)

　　第 6 条　民事主体从事民事活动，应当遵循公平原则，合理确定各方的权利和义务。

　　第 7 条　民事主体从事民事活动，应当遵循诚信原则，秉持诚实，恪守承诺。

　　第 8 条　民事主体从事民事活动，不得违反法律，不得违背公序良俗。

　　第 9 条　民事主体从事民事活动，应当有利于节约资源、保护生态环境。

第七条 工商业联合会发挥作用

　　工商业联合会发挥在促进民营经济健康发展和民营经济人士健康成长中的重要作用，加强民营经济组织经营者思想政治建设，引导民营经济组织依法经营，提高服务民营经济水平。

● **案例指引**

法院与工商联建立民营企业产权保护社会化服务体系（最高人民法院发布十起人民法院助推民营经济高质量发展典型民商事案例之十）

　　裁判摘要：工商联所属商会是以非公有制企业和非公有制经济人士为主体，由工商联作为业务主管单位的社会组织。商会要继续完善职能作用、创新经济服务工作、强化守法诚信和社会责任，加大商会商事调解工作力度，是深化商会改革和发展的一项重要举措。人民法院与工商联建立民营企业产权保护社会化服务体系，均收到了良好的效果，对促进矛盾纠纷化解、民营经济保护起到了非常积极的作用。

第八条 社会支持

　　加强对民营经济组织及其经营者创新创造等先进事迹的宣传报道，支持民营经济组织及其经营者参与评选表彰，引导形成尊重劳动、尊重创造、尊重企业家的社会环境，营造全社会关心、支持、促进民营经济发展的氛围。

第九条 民营经济统计制度

　　国家建立健全民营经济统计制度，对民营经济发展情况进行统计分析，定期发布有关信息。

第二章 公 平 竞 争

第十条 市场准入

国家实行全国统一的市场准入负面清单制度。市场准入负面清单以外的领域，包括民营经济组织在内的各类经济组织可以依法平等进入。

第十一条 公平竞争审查

各级人民政府及其有关部门落实公平竞争审查制度，制定涉及经营主体生产经营活动的政策措施应当经过公平竞争审查，并定期评估，及时清理、废除含有妨碍全国统一市场和公平竞争内容的政策措施，保障民营经济组织公平参与市场竞争。

市场监督管理部门负责受理对违反公平竞争审查制度政策措施的举报，并依法处理。

● 行政法规

1.《公平竞争审查条例》（2024年6月6日）
第二章 审查标准

第8条 起草单位起草的政策措施，不得含有下列限制或者变相限制市场准入和退出的内容：

（一）对市场准入负面清单以外的行业、领域、业务等违法设置审批程序；

（二）违法设置或者授予特许经营权；

（三）限定经营、购买或者使用特定经营者提供的商品或者服务（以下统称商品）；

（四）设置不合理或者歧视性的准入、退出条件；

（五）其他限制或者变相限制市场准入和退出的内容。

第9条 起草单位起草的政策措施，不得含有下列限制商品、要素自由流动的内容：

（一）限制外地或者进口商品、要素进入本地市场，或者阻碍本地经营者迁出，商品、要素输出；

（二）排斥、限制、强制或者变相强制外地经营者在本地投资经营或者设立分支机构；

（三）排斥、限制或者变相限制外地经营者参加本地政府采购、招标投标；

（四）对外地或者进口商品、要素设置歧视性收费项目、收费标准、价格或者补贴；

（五）在资质标准、监管执法等方面对外地经营者在本地投资经营设置歧视性要求；

（六）其他限制商品、要素自由流动的内容。

第10条 起草单位起草的政策措施，没有法律、行政法规依据或者未经国务院批准，不得含有下列影响生产经营成本的内容：

（一）给予特定经营者税收优惠；

（二）给予特定经营者选择性、差异化的财政奖励或者补贴；

（三）给予特定经营者要素获取、行政事业性收费、政府性基金、社会保险费等方面的优惠；

（四）其他影响生产经营成本的内容。

第11条 起草单位起草的政策措施，不得含有下列影响生产经营行为的内容：

（一）强制或者变相强制经营者实施垄断行为，或者为经营者实施垄断行为提供便利条件；

（二）超越法定权限制定政府指导价、政府定价，为特定经营者提供优惠价格；

（三）违法干预实行市场调节价的商品、要素的价格水平；

（四）其他影响生产经营行为的内容。

第12条 起草单位起草的政策措施，具有或者可能具有排除、限制竞争效果，但符合下列情形之一，且没有对公平竞争影响更小的替代方案，并能够确定合理的实施期限或者终止条件的，可以出台：

（一）为维护国家安全和发展利益的；

（二）为促进科学技术进步、增强国家自主创新能力的；

（三）为实现节约能源、保护环境、救灾救助等社会公共利益的；

（四）法律、行政法规规定的其他情形。

第三章 审查机制

第13条 拟由部门出台的政策措施，由起草单位在起草阶段开展公平竞争审查。

拟由多个部门联合出台的政策措施，由牵头起草单位在起草阶段开展公平竞争审查。

第14条 拟由县级以上人民政府出台或者提请本级人民代表大会及其常务委员会审议的政策措施，由本级人民政府市场监督管理部门会同起草单位在起草阶段开展公平竞争审查。起草单位应当开展初审，并将政策措施草案和初审意见送市场监督管理部门审查。

第15条 国家鼓励有条件的地区探索建立跨区域、跨部门的公平竞争审查工作机制。

第16条 开展公平竞争审查，应当听取有关经营者、行业协会商会等利害关系人关于公平竞争影响的意见。涉及社会公众利益的，应当听取社会公众意见。

第17条 开展公平竞争审查，应当按照本条例规定的审查标准，在评估对公平竞争影响后，作出审查结论。

适用本条例第十二条规定的，应当在审查结论中详细说明。

第18条　政策措施未经公平竞争审查，或者经公平竞争审查认为违反本条例第八条至第十一条规定且不符合第十二条规定情形的，不得出台。

第19条　有关部门和单位、个人对在公平竞争审查过程中知悉的国家秘密、商业秘密和个人隐私，应当依法予以保密。

● 部门规章及文件
2.《公平竞争审查条例实施办法》(2025年2月28日)
第二章　审查标准
第一节　关于限制市场准入和退出的审查标准

第9条　起草涉及经营者经济活动的政策措施，不得含有下列对市场准入负面清单以外的行业、领域、业务等违法设置市场准入审批程序的内容：

（一）在全国统一的市场准入负面清单之外违规制定市场准入性质的负面清单；

（二）在全国统一的市场准入负面清单之外违规设立准入许可，或者以备案、证明、目录、计划、规划、认证等方式，要求经营主体经申请获批后方可从事投资经营活动；

（三）违法增加市场准入审批环节和程序，或者设置具有行政审批性质的前置备案程序；

（四）违规增设市场禁入措施，或者限制经营主体资质、所有制形式、股权比例、经营范围、经营业态、商业模式等方面的市场准入许可管理措施；

（五）违规采取临时性市场准入管理措施；

（六）其他对市场准入负面清单以外的行业、领域、业务等违法设置审批程序的内容。

第10条　起草涉及经营者经济活动的政策措施，不得含有下列违法设置或者授予政府特许经营权的内容：

（一）没有法律、行政法规依据或者未经国务院批准，设置特许经营权或者以特许经营名义增设行政许可事项；

（二）未通过招标、谈判等公平竞争方式选择政府特许经营者；

（三）违法约定或者未经法定程序变更特许经营期限；

（四）其他违法设置或者授予政府特许经营权的内容。

第11条 起草涉及经营者经济活动的政策措施，不得含有下列限定经营、购买或者使用特定经营者提供的商品或者服务（以下统称商品）的内容：

（一）以明确要求、暗示等方式，限定或者变相限定经营、购买、使用特定经营者提供的商品；

（二）通过限定经营者所有制形式、注册地、组织形式，或者设定其他不合理条件，限定或者变相限定经营、购买、使用特定经营者提供的商品；

（三）通过设置不合理的项目库、名录库、备选库、资格库等方式，限定或者变相限定经营、购买、使用特定经营者提供的商品；

（四）通过实施奖励性或者惩罚性措施，限定或者变相限定经营、购买、使用特定经营者提供的商品；

（五）其他限定经营、购买或者使用特定经营者提供的商品的内容。

第12条 起草涉及经营者经济活动的政策措施，不得含有下列设置不合理或者歧视性的准入、退出条件的内容：

（一）设置明显不必要或者超出实际需要的准入条件；

（二）根据经营者所有制形式、注册地、组织形式、规模等设置歧视性的市场准入、退出条件；

（三）在经营者注销、破产、挂牌转让等方面违法设置市场退出障碍；

（四）其他设置不合理或者歧视性的准入、退出条件的内容。

第二节 关于限制商品、要素自由流动的审查标准

第13条 起草涉及经营者经济活动的政策措施，不得含有下列限制外地或者进口商品、要素进入本地市场，或者阻碍本地经营者迁出，商品、要素输出的内容：

（一）对外地或者进口商品规定与本地同类商品不同的技术要求、检验标准，更多的检验频次等歧视性措施，或者要求重复检验、重复认证；

（二）通过设置关卡或者其他手段，阻碍外地和进口商品、要素进入本地市场或者本地商品、要素对外输出；

（三）违法设置审批程序或者其他不合理条件妨碍经营者变更注册地址、减少注册资本，或者对经营者在本地经营年限提出要求；

（四）其他限制外地或者进口商品、要素进入本地市场，或者阻碍本地经营者迁出，商品、要素输出的内容。

第14条 起草涉及经营者经济活动的政策措施，不得含有下列排斥、限制、强制或者变相强制外地经营者在本地投资经营或者设立分支机构的内容：

（一）强制、拒绝或者阻碍外地经营者在本地投资经营或者设立分支机构；

（二）对外地经营者在本地投资的规模、方式、产值、税收，以及设立分支机构的商业模式、组织形式等进行不合理限制或者提出不合理要求；

（三）将在本地投资或者设立分支机构作为参与本地政府采购、招标投标、开展生产经营的必要条件；

（四）其他排斥、限制、强制或者变相强制外地经营者在本地投资经营或者设立分支机构的内容。

第15条 起草涉及经营者经济活动的政策措施，不得含有

下列排斥、限制或者变相限制外地经营者参加本地政府采购、招标投标的内容：

（一）禁止外地经营者参与本地政府采购、招标投标活动；

（二）直接或者变相要求优先采购在本地登记注册的经营者提供的商品；

（三）将经营者取得业绩和奖项荣誉的区域、缴纳税收社保的区域、投标（响应）产品的产地、注册地址、与本地经营者组成联合体等作为投标（响应）条件、加分条件、中标（成交、入围）条件或者评标条款；

（四）将经营者在本地区业绩、成立年限、所获得的奖项荣誉、在本地缴纳税收社保等用于评价企业信用等级，或者根据商品、要素产地等因素设置差异化信用得分，影响外地经营者参加本地政府采购、招标投标；

（五）根据经营者投标（响应）产品的产地设置差异性评审标准；

（六）设置不合理的公示时间、响应时间、要求现场报名或者现场购买采购文件、招标文件等，影响外地经营者参加本地政府采购、招标投标；

（七）其他排斥、限制或者变相限制外地经营者参加本地政府采购、招标投标的内容。

第 16 条 起草涉及经营者经济活动的政策措施，不得含有下列对外地或者进口商品、要素设置歧视性收费项目、收费标准、价格或者补贴的内容：

（一）对外地或者进口商品、要素设置歧视性的收费项目或者收费标准；

（二）对外地或者进口商品、要素实行歧视性的价格；

（三）对外地或者进口商品、要素实行歧视性的补贴政策；

（四）其他对外地或者进口商品、要素设置歧视性收费项目、收费标准、价格或者补贴的内容。

第17条　起草涉及经营者经济活动的政策措施，不得含有下列在资质标准、监管执法等方面对外地经营者在本地投资经营设置歧视性要求的内容：

（一）对外地经营者在本地投资经营规定歧视性的资质、标准等要求；

（二）对外地经营者实施歧视性的监管执法标准，增加执法检查项目或者提高执法检查频次等；

（三）在投资经营规模、方式和税费水平等方面对外地经营者规定歧视性要求；

（四）其他在资质标准、监管执法等方面对外地经营者在本地投资经营设置歧视性要求的内容。

第三节　关于影响生产经营成本的审查标准

第18条　起草涉及经营者经济活动的政策措施，没有法律、行政法规依据或者未经国务院批准，不得含有下列给予特定经营者税收优惠的内容：

（一）减轻或者免除特定经营者的税收缴纳义务；

（二）通过违法转换经营者组织形式等方式，变相支持特定经营者少缴或者不缴税款；

（三）通过对特定产业园区实行核定征收等方式，变相支持特定经营者少缴或者不缴税款；

（四）其他没有法律、行政法规依据或者未经国务院批准，给予特定经营者税收优惠的内容。

第19条　起草涉及经营者经济活动的政策措施，没有法律、行政法规依据或者未经国务院批准，不得含有下列给予特定经营者选择性、差异化的财政奖励或者补贴的内容：

（一）以直接确定受益经营者或者设置不明确、不合理入选条件的名录库、企业库等方式，实施财政奖励或者补贴；

（二）根据经营者的所有制形式、组织形式等实施财政奖励或者补贴；

（三）以外地经营者将注册地迁移至本地、在本地纳税、纳入本地统计等为条件，实施财政奖励或者补贴；

（四）采取列收列支或者违法违规采取先征后返、即征即退等形式，对特定经营者进行返还，或者给予特定经营者财政奖励或者补贴、减免自然资源有偿使用收入等优惠政策；

（五）其他没有法律、行政法规依据或者未经国务院批准，给予特定经营者选择性、差异化的财政奖励或者补贴的内容。

第20条 起草涉及经营者经济活动的政策措施，没有法律、行政法规依据或者未经国务院批准，不得含有下列给予特定经营者要素获取、行政事业性收费、政府性基金、社会保险费等方面优惠的内容：

（一）以直接确定受益经营者，或者设置无客观明确条件的方式在要素获取方面给予优惠政策；

（二）减免、缓征或者停征行政事业性收费、政府性基金；

（三）减免或者缓征社会保险费用；

（四）其他没有法律、行政法规依据或者未经国务院批准给予特定经营者要素获取、行政事业性收费、政府性基金、社会保险费等方面优惠的内容。

第四节 关于影响生产经营行为的审查标准

第21条 起草涉及经营者经济活动的政策措施，不得含有下列强制或者变相强制经营者实施垄断行为，或者为经营者实施垄断行为提供便利条件的内容：

（一）以行政命令、行政指导等方式，强制、组织或者引导经营者实施垄断行为；

（二）通过组织签订协议、备忘录等方式，强制或者变相强制经营者实施垄断行为；

（三）对实行市场调节价的商品、要素，违法公开披露或者要求经营者公开披露拟定价格、成本、生产销售数量、生产销售计划、经销商和终端客户信息等生产经营敏感信息；

（四）其他强制或者变相强制经营者实施垄断行为，或者为经营者实施垄断行为提供便利条件的内容。

第22条　起草涉及经营者经济活动的政策措施，不得含有下列超越法定权限制定政府指导价、政府定价，为特定经营者提供优惠价格，影响生产经营行为的内容：

（一）对实行政府指导价的商品、要素进行政府定价，违法提供优惠价格；

（二）对不属于本级政府定价目录范围内的商品、要素制定政府指导价、政府定价，违法提供优惠价格；

（三）不执行政府指导价或者政府定价，违法提供优惠价格；

（四）其他超越法定权限制定政府指导价、政府定价，为特定经营者提供优惠价格，影响生产经营行为的内容。

第23条　起草涉及经营者经济活动的政策措施，不得含有下列违法干预实行市场调节价的商品、要素价格水平的内容：

（一）对实行市场调节价的商品、要素制定建议价，影响公平竞争；

（二）通过违法干预手续费、保费、折扣等方式干预实行市场调节价的商品、要素价格水平，影响公平竞争；

（三）其他违法干预实行市场调节价的商品、要素的价格水平的内容。

第五节　关于审查标准的其他规定

第24条　起草涉及经营者经济活动的政策措施，不得含有其他限制或者变相限制市场准入和退出、限制商品要素自由流动、影响生产经营成本、影响生产经营行为等影响市场公平竞争的内容。

第25条　经公平竞争审查具有或者可能具有排除、限制竞争效果的政策措施,符合下列情形之一,且没有对公平竞争影响更小的替代方案,并能够确定合理的实施期限或者终止条件的,可以出台:

(一)为维护国家安全和发展利益的;

(二)为促进科学技术进步、增强国家自主创新能力的;

(三)为实现节约能源、保护环境、救灾救助等社会公共利益的;

(四)法律、行政法规规定或者经国务院批准的其他情形。

本条所称没有对公平竞争影响更小的替代方案,是指政策措施对实现有关政策目的确有必要,且对照审查标准评估竞争效果后,对公平竞争的不利影响范围最小、程度最轻的方案。

本条所称合理的实施期限应当是为实现政策目的所需的最短期限,终止条件应当明确、具体。在期限届满或者终止条件满足后,有关政策措施应当及时停止实施。

第三章 审查机制和审查程序

第26条 起草单位在起草阶段对政策措施开展公平竞争审查,应当严格遵守公平竞争审查程序,准确适用公平竞争审查标准,科学评估公平竞争影响,依法客观作出公平竞争审查结论。

第27条 公平竞争审查应当在政策措施内容基本完备后开展。审查后政策措施内容发生重大变化的,应当重新开展公平竞争审查。

第28条 起草单位开展公平竞争审查,应当依法听取利害关系人关于公平竞争影响的意见。涉及社会公众利益的,应当通过政府部门网站、政务新媒体等便于社会公众知晓的方式听取社会公众意见。听取关于公平竞争影响的意见可以与其他征求意见程序一并进行。

对需要保密或者有正当理由需要限定知悉范围的政策措施,由起草单位按照相关法律法规规定处理,并在审查结论中说明有关情况。

本条所称利害关系人，包括参与相关市场竞争的经营者、上下游经营者、行业协会商会以及可能受政策措施影响的其他经营者。

第29条　起草单位应当在评估有关政策措施的公平竞争影响后，书面作出是否符合公平竞争审查标准的明确审查结论。

适用条例第十二条规定的，起草单位还应当在审查结论中说明下列内容：

（一）政策措施具有或者可能具有的排除、限制竞争效果；

（二）适用条例第十二条规定的具体情形；

（三）政策措施对公平竞争不利影响最小的理由；

（四）政策措施实施期限或者终止条件的合理性；

（五）其他需要说明的内容。

第30条　拟由县级以上人民政府出台或者提请本级人民代表大会及其常务委员会审议的政策措施，由本级人民政府市场监督管理部门会同起草单位在起草阶段开展公平竞争审查。

本条所称拟由县级以上人民政府出台的政策措施，包括拟由县级以上人民政府及其办公厅（室）出台或者转发本级政府部门起草的政策措施。

本条所称提请本级人民代表大会及其常务委员会审议的政策措施，包括提请审议的法律、地方性法规草案等。

第31条　起草单位应当在向本级人民政府报送政策措施草案前，提请同级市场监督管理部门开展公平竞争审查，并提供下列材料：

（一）政策措施草案；

（二）政策措施起草说明；

（三）公平竞争审查初审意见；

（四）其他需要提供的材料。

起草单位提供的政策措施起草说明应当包含政策措施制定依据、听取公平竞争影响意见及采纳情况等内容。

起草单位应当严格依照条例和本办法规定的审查标准开展公平竞争审查，形成初审意见。

起草单位提供的材料不完备或者政策措施尚未按照条例要求征求有关方面意见的，市场监督管理部门可以要求在一定期限内补正；未及时补正的，予以退回处理。

第32条 起草单位不得以送市场监督管理部门会签、征求意见等代替公平竞争审查。

第33条 市场监督管理部门应当根据起草单位提供的材料对政策措施开展公平竞争审查，书面作出审查结论。

第34条 涉及经营者经济活动的政策措施未经公平竞争审查，或者经审查认为违反条例规定的，不得出台。

第35条 市场监督管理部门、起草单位可以根据职责，委托第三方机构，对政策措施可能产生的竞争影响、实施后的竞争效果和本地区公平竞争审查制度实施情况等开展评估，为决策提供参考。

第36条 有关部门和单位、个人在公平竞争审查过程中知悉的国家秘密、商业秘密和个人隐私，应当依法予以保密。

3.《招标投标领域公平竞争审查规则》（2024年3月25日）

第二章 审查标准

第5条 政策制定机关应当尊重和保障招标人组织招标、选择招标代理机构、编制资格预审文件和招标文件的自主权，不得制定以下政策措施：

（一）为招标人指定招标代理机构或者违法限定招标人选择招标代理机构的方式；

（二）为招标人指定投标资格、技术、商务条件；

（三）为招标人指定特定类型的资格审查方法或者评标方法；

（四）为招标人指定具体的资格审查标准或者评标标准；

（五）为招标人指定评标委员会成员；

（六）对于已经纳入统一的公共资源交易平台体系的电子交易系统，限制招标人自主选择；

（七）强制招标人或者招标代理机构选择电子认证服务；

（八）为招标人或者招标代理机构指定特定交易工具；

（九）为招标人指定承包商（供应商）预选库、资格库或者备选名录等；

（十）要求招标人依照本地区创新产品名单、优先采购产品名单等地方性扶持政策开展招标投标活动；

（十一）以其他不合理条件限制招标人自主权的政策措施。

第6条 政策制定机关应当落实全国统一的市场准入条件，对经营主体参与投标活动，不得制定以下政策措施：

（一）对市场准入负面清单以外的行业、领域、业务，要求经营主体在参与投标活动前取得行政许可；

（二）要求经营主体在本地区设立分支机构、缴纳税收社保或者与本地区经营主体组成联合体；

（三）要求经营主体取得本地区业绩或者奖项；

（四）要求经营主体取得培训合格证、上岗证等特定地区或者特定行业组织颁发的相关证书；

（五）要求经营主体取得特定行业组织成员身份；

（六）以其他不合理条件限制经营主体参与投标的政策措施。

第7条 政策制定机关制定标准招标文件（示范文本）和标准资格预审文件（示范文本），应当平等对待不同地区、所有制形式的经营主体，不得在标准招标文件（示范文本）和标准资格预审文件（示范文本）中设置以下内容：

（一）根据经营主体取得业绩的区域设置差异性得分；

（二）根据经营主体的所有制形式设置差异性得分；

（三）根据经营主体投标产品的产地设置差异性得分；

（四）根据经营主体的规模、注册地址、注册资金、市场占有率、负债率、净资产规模等设置差异性得分；

（五）根据联合体成员单位的注册地址、所有制形式等设置差异性得分；

（六）其他排除或者限制竞争的内容。

第8条 政策制定机关制定定标相关政策措施，应当尊重和保障招标人定标权，落实招标人定标主体责任，不得制定以下政策措施：

（一）为招标人指定定标方法；

（二）为招标人指定定标单位或者定标人员；

（三）将定标权交由招标人或者其授权的评标委员会以外的其他单位或者人员行使；

（四）规定直接以抽签、摇号、抓阄等方式确定合格投标人、中标候选人或者中标人；

（五）以其他不合理条件限制招标人定标权的政策措施。

第9条 政策制定机关可以通过组织开展信用评价引导经营主体诚信守法参与招标投标活动，并可以通过制定实施相应政策措施鼓励经营主体应用信用评价结果，但应当平等对待不同地区、所有制形式的经营主体，依法保障经营主体自主权，不得制定以下政策措施：

（一）在信用信息记录、归集、共享等方面对不同地区或者所有制形式的经营主体作出区别规定；

（二）对不同地区或者所有制形式经营主体的资质、资格、业绩等采用不同信用评价标准；

（三）根据经营主体的所在地区或者所有制形式采取差异化的信用监管措施；

（四）没有法定依据，限制经营主体参考使用信用评价结果的自主权；

（五）其他排除限制竞争或者损害经营主体合法权益的政策措施。

第 10 条　政策制定机关制定涉及招标投标交易监管和服务的政策措施，应当平等保障各类经营主体参与，不得在交易流程上制定以下政策措施：

（一）规定招标投标交易服务机构行使审批、备案、监管、处罚等具有行政管理性质的职能；

（二）强制非公共资源交易项目进入公共资源交易平台交易；

（三）对能够通过告知承诺和事后核验核实真伪的事项，强制投标人在投标环节提供原件；

（四）在获取招标文件、开标环节违法要求投标人的法定代表人、技术负责人、项目负责人或者其他特定人员到场；

（五）其他不当限制经营主体参与招标投标的政策措施。

第 11 条　政策制定机关制定涉及保证金的政策措施，不得设置以下不合理限制：

（一）限制招标人依法收取保证金；

（二）要求经营主体缴纳除投标保证金、履约保证金、工程质量保证金、农民工工资保证金以外的其他保证金；

（三）限定经营主体缴纳保证金的形式；

（四）要求经营主体从特定机构开具保函（保险）；

（五）在招标文件之外设定保证金退还的前置条件；

（六）其他涉及保证金的不合理限制措施。

第三章　审查机制

第 12 条　政策制定机关应当建立本机关公平竞争审查工作机制，明确公平竞争审查负责机构、审查标准和审查流程，规范公平竞争审查行为。

第 13 条　政策措施应当在提请审议或者报批前完成公平竞争审查。

政策制定机关应当作出符合或者不符合审查标准的书面审查结论。适用有关法律、行政法规或者国务院规定的公平竞争审查例外情形的，应当在审查结论中说明理由。

第 14 条 政策制定机关在对政策措施开展公平竞争审查过程中，应当以适当方式听取有关经营主体、行业协会商会等意见；除依法保密外，应当向社会公开征求意见。

在起草政策措施的其他环节已经向社会公开征求意见或者征求过有关方面意见的，可以不再专门就公平竞争审查征求意见。

第 15 条 政策制定机关可以委托第三方机构对拟出台政策措施的公平竞争影响、已出台政策措施的竞争效果和本地区招标投标公平竞争审查制度总体实施情况、市场竞争状况等开展评估。

4.《市场监管部门促进民营经济发展的若干举措》（2023 年 9 月 15 日）

为深入贯彻党中央、国务院关于促进民营经济发展壮大的决策部署，全面落实《中共中央 国务院关于促进民营经济发展壮大的意见》（以下简称《意见》），持续优化稳定公平透明可预期的发展环境，充分激发民营经济生机活力，确保《意见》提出的各项工作落到实处，现提出如下措施。

一、持续优化民营经济发展环境

1. 修订出台新版市场准入负面清单，推动各类经营主体依法平等进入清单之外的行业、领域、业务，持续破除市场准入壁垒。优化行政许可服务，大力推进许可审批工作的标准化、规范化和便利化。支持各地区探索电子营业执照在招投标平台登录、签名、在线签订合同等业务中的应用。

2. 清理规范行政审批、许可、备案等政务服务事项的前置条件和审批标准，不得将政务服务事项转为中介服务事项，没有法律法规依据不得在政务服务前要求企业自行检测、检验、认证、鉴定、公正或提供证明等。

3. 推动认证结果跨行业跨区域互通互认。深化强制性产品认证制度改革，进一步简化 CCC 认证程序。全面推进认证机构资质审批制度改革，推进认证机构批准书电子化。

4. 加强公平竞争政策供给，加快出台《公平竞争审查条例》等制度文件，健全公平竞争制度框架和政策实施机制，坚持对各类所有制企业一视同仁、平等对待。及时清理废除含有地方保护、市场分割、指定交易等妨碍统一市场和公平竞争的政策，定期推出不当干预全国统一大市场建设问题清单。未经公平竞争，不得授予经营者特许经营权，不得限定经营、购买、使用特定经营者提供的商品和服务。

5. 强化反垄断执法，严格依法开展经营者集中审查。依法制止滥用行政权力排除限制竞争行为。着力加强公平竞争倡导，凝聚全社会公平竞争共识，促进公平竞争更大合力。优化经营者集中申报标准。指导企业落实合规主体责任，提高合规意识和能力。加大对企业境外反垄断诉讼和调查应对指导，提升企业合规意识和维权能力。做好企业海外投资并购风险研究和预警，制定合规指引。

6. 深入推进企业信用风险分类管理。优化完善企业信用风险分类指标体系，推动分类结果在"双随机、一公开"监管中常态化运用，对信用风险低的 A 类企业，合理降低抽查比例和频次，不断提高分类的科学性和精准性。鼓励有条件的地区探索对个体工商户、农民专业合作社等经营主体实施信用风险分类管理。加强企业信用监管大数据分析应用，继续编制中国企业信用指数，优化企业信用指数编制方案，打造企业信用趋势"晴雨表"，提升防范化解各类潜在性、苗头性、趋势性信用风险能力。

7. 强化信用约束激励。研究制定关于强化失信惩戒和守信激励的政策文件。深入开展严重违法失信行为治理专项行动。加快修订总局有关信用修复管理规范性文件，扩大信用修复范围，完善信用修复机制。发挥公示对企业的信用激励作用，对获得荣誉的企业在公示系统上予以标注公示，提升信用良好企业获得感。

8. 深入开展信用提升行动，全面推广信用承诺制度，围绕构建信用承诺、守诺核查、失信惩戒、信用修复闭环管理体系，便利经营主体以承诺方式取得许可或者修复信用。

9. 推动企业信用同盟常态化运行，遵循政府引导、企业主导、自愿加入、协同共治的原则，进一步发挥诚信企业的标杆示范作用，激励更多企业守信重信，提升市场整体信用水平。

10. 促进经营主体注册、注销便利化，全面落实简易注销、普通注销制度，完善企业注销"一网服务"平台。推动出台跨部门的歇业政策指引。进一步优化企业开办服务。促进个体工商户持续健康发展，实施个体工商户分型分类精准帮扶。优化个体工商户转企业相关政策，降低转换成本。

二、加大对民营经济政策支持力度

11. 完善信用信息归集共享公示体系，将承诺和履约信息纳入信用记录。开展经营主体信用监管标准体系建设，推动各地各部门在企业信用监管数据归集共享应用中执行使用。深入开展经营主体信用监管数据质量提升行动，以高质量的数据支撑"三个监管"。健全中小微企业和个体工商户信用评级和评价体系。

12. 为个体工商户提供更加方便便捷的年报服务。不断扩大"多报合一"范围，切实减轻企业负担。按照《保障中小企业款项支付条例》规定，做好大型企业逾期尚未支付中小企业款项的合同数量、金额的年报公示工作。

13. 针对民营中小微企业和个体工商户建立支持政策"免审即享"机制，推广告知承诺制，能够通过公共数据平台获取的材料，不再要求重复提供。加强直接面向个体工商户的政策发布和解读引导。配合相关部门搭建民营企业、个体工商户用工和劳动者求职信息对接平台。

三、强化民营经济发展法治保障

14. 开展反不正当竞争"守护"专项执法行动,严厉打击侵犯商业秘密、仿冒混淆等不正当竞争行为和恶意抢注商标等违法行为。

15. 持续深化"双随机、一公开"监管,推动建设统一工作平台,深入推进跨部门综合监管,推行"一业一查",避免多头执法、重复检查,减轻企业负担,提高监管效能。

16. 深入推动公正文明执法行风建设。构建"预防为主、轻微免罚、重违严惩、过罚相当、事后回访"的闭环式管理模式,以行政执法服务公平竞争、保障高质量发展。鼓励开展跨行政区域联动执法。

17. 持续开展涉企违规收费整治工作,减轻企业费用负担。开展涉企违规收费督检考工作,对违规收费治理情况开展"回头看"。畅通涉企违规收费投诉举报渠道,建立规范的问题线索部门共享和转办机制,综合采取市场监管、行业监管、信用监管等手段实施联合惩戒,集中曝光违规收费典型案例。

四、着力推动民营经济实现高质量发展

18. 支持引导民营企业完善法人治理结构、规范股东行为、强化内部监督,实现治理规范、有效制衡、合规经营,鼓励有条件的民营企业建立完善中国特色现代企业制度。

19. 支持民营企业提升标准化能力,参与国家标准制修订工作,在国家标准立项、起草、技术审查以及标准实施信息反馈、评估等过程中提出意见和建议。支持民营企业牵头设立国际性专业标准组织,积极推进标准化建设。联合全国工商联共同举办2023年民营经济标准创新大会,开展民营经济标准创新周活动,组织开展小微民营企业"标准体检"试点,推动各级工商联及所属商会积极开展民营企业标准"领跑者"和商会团体标准"领先者"活动。

20. 开展民营企业质量管理体系认证提升行动,提升民营企

业质量技术创新能力。持续开展"计量服务中小企业行"活动，梳理企业测量需求，为企业实施计量咨询和技术服务。支持民营企业参与产业计量测试中心建设，提升民营企业先进测量能力。

21. 促进平台规则透明和行为规范，推动平台经济健康发展。持续开展网络市场监管与服务示范区创建，不断释放平台经济发展新动能。加强互联网平台常态化监管，建立健全平台企业合规推进机制，降低平台企业合规经营成本。持续推出平台企业"绿灯"投资案例，规范平台收费行为，引导平台和中小商户共赢合作，促进平台经济良性发展。

五、持续营造关心促进民营经济发展壮大社会氛围

22. 加强新闻宣传。综合运用新闻发布会、集体采访等多种形式，加大政策解读力度，提高政策传播声量，推动政策效能释放；加大成效宣传力度，结合民营经济准入准营亮点数据、各地典型经验做法，强化选题策划和正面阐释引导，积极营造民营经济健康发展的舆论氛围。

第十二条　平等使用要素和资源、适用政策

国家保障民营经济组织依法平等使用资金、技术、人力资源、数据、土地及其他自然资源等各类生产要素和公共服务资源，依法平等适用国家支持发展的政策。

● 法　律

《中小企业促进法》（2017年9月1日）

第43条　国家建立健全社会化的中小企业公共服务体系，为中小企业提供服务。

第44条　县级以上地方各级人民政府应当根据实际需要建立和完善中小企业公共服务机构，为中小企业提供公益性服务。

第45条　县级以上人民政府负责中小企业促进工作综合管

理的部门应当建立跨部门的政策信息互联网发布平台，及时汇集涉及中小企业的法律法规、创业、创新、金融、市场、权益保护等各类政府服务信息，为中小企业提供便捷无偿服务。

第46条　国家鼓励各类服务机构为中小企业提供创业培训与辅导、知识产权保护、管理咨询、信息咨询、信用服务、市场营销、项目开发、投资融资、财会税务、产权交易、技术支持、人才引进、对外合作、展览展销、法律咨询等服务。

第47条　县级以上人民政府负责中小企业促进工作综合管理的部门应当安排资金，有计划地组织实施中小企业经营管理人员培训。

第48条　国家支持有关机构、高等学校开展针对中小企业经营管理及生产技术等方面的人员培训，提高企业营销、管理和技术水平。

国家支持高等学校、职业教育院校和各类职业技能培训机构与中小企业合作共建实习实践基地，支持职业教育院校教师和中小企业技术人才双向交流，创新中小企业人才培养模式。

第49条　中小企业的有关行业组织应当依法维护会员的合法权益，反映会员诉求，加强自律管理，为中小企业创业创新、开拓市场等提供服务。

● 案例指引

自来水公司与某宾馆供用水合同纠纷（最高人民法院发布十起关于依法平等保护非公有制经济，促进非公有制经济健康发展民事商事典型案例之五)[①]

裁判摘要：本案是人民法院依法审理供用水合同纠纷，保护非公有制企业正常生产经营的典型案例。用水、用电是企业正常生产

[①] 载最高人民法院网站，https：//www.court.gov.cn/zixun/xiangqing/19202.html，2025年4月30日访问，以下不再标注。

经营的基础，因此，对于非公有制企业在生产经营活动中发生的用水、用电纠纷，要及时依法审理，保证企业的正常生产经营。本案中，自来水公司在没有正当理由的情况下擅自停止供水，给某宾馆的正常经营带来很大影响。人民法院受理某宾馆的起诉后，依法及时审理了该案，判决自来水公司在判决生效后立即恢复供水，有效维护了某宾馆的合法权益。

第十三条　制定、实施政策措施中平等对待

各级人民政府及其有关部门依照法定权限，在制定、实施政府资金安排、土地供应、排污指标、公共数据开放、资质许可、标准制定、项目申报、职称评定、评优评先、人力资源等方面的政策措施时，平等对待民营经济组织。

● 案例指引

汽车销售公司诉县市场监督管理局行政许可案（最高人民法院发布首批涉市场准入行政诉讼十大典型案例之七）[1]

裁判摘要：本案系市监局对设立机动车检测公司的申请不予登记引发的行政争议。行政机关设定和实施行政许可，应当依照法定的权限、范围、条件和程序，不得随意增设条件。结合2021年《国务院关于深化"证照分离"改革进一步激发市场主体发展活力的通知》精神，申请设立公司应当提交公司住所证明，该证明是指能够证明公司对其住所享有使用权的文件。至于该住所是否符合从事特定经营活动的要求，一般并非公司登记机关在设立登记阶段应当审查的法定事项。本案中，人民法院明确指出市监局以申请人未能提交住所符合从事特定经营活动要求的材料为由不予登记，属于增设许可条件，涉案《登记驳回通知书》依法应予撤销。该判决结果对

---

[1] 载中国法院网，https://www.chinacourt.org/article/detail/2025/03/id/8725653.shtml，2025年4月30日访问，以下不再标注。

于监督行政机关依法履行职责，维护公平的市场经营环境，保障市场准入过程规范有序具有指导意义。

第十四条 公共资源交易活动中平等对待

公共资源交易活动应当公开透明、公平公正，依法平等对待包括民营经济组织在内的各类经济组织。

除法律另有规定外，招标投标、政府采购等公共资源交易不得有限制或者排斥民营经济组织的行为。

● 法　律

1.《招标投标法》（2017 年 12 月 27 日）

第二章　招　　标

第 8 条　招标人是依照本法规定提出招标项目、进行招标的法人或者其他组织。

第 9 条　招标项目按照国家有关规定需要履行项目审批手续的，应当先履行审批手续，取得批准。

招标人应当有进行招标项目的相应资金或者资金来源已经落实，并应当在招标文件中如实载明。

第 10 条　招标分为公开招标和邀请招标。

公开招标，是指招标人以招标公告的方式邀请不特定的法人或者其他组织投标。

邀请招标，是指招标人以投标邀请书的方式邀请特定的法人或者其他组织投标。

第 11 条　国务院发展计划部门确定的国家重点项目和省、自治区、直辖市人民政府确定的地方重点项目不适宜公开招标的，经国务院发展计划部门或者省、自治区、直辖市人民政府批准，可以进行邀请招标。

第 12 条　招标人有权自行选择招标代理机构，委托其办理招标事宜。任何单位和个人不得以任何方式为招标人指定招标代理机构。

招标人具有编制招标文件和组织评标能力的，可以自行办理招标事宜。任何单位和个人不得强制其委托招标代理机构办理招标事宜。

依法必须进行招标的项目，招标人自行办理招标事宜的，应当向有关行政监督部门备案。

第13条 招标代理机构是依法设立、从事招标代理业务并提供相关服务的社会中介组织。

招标代理机构应当具备下列条件：

（一）有从事招标代理业务的营业场所和相应资金；

（二）有能够编制招标文件和组织评标的相应专业力量。

第14条 招标代理机构与行政机关和其他国家机关不得存在隶属关系或者其他利益关系。

第15条 招标代理机构应当在招标人委托的范围内办理招标事宜，并遵守本法关于招标人的规定。

第16条 招标人采用公开招标方式的，应当发布招标公告。依法必须进行招标的项目的招标公告，应当通过国家指定的报刊、信息网络或者其他媒介发布。

招标公告应当载明招标人的名称和地址、招标项目的性质、数量、实施地点和时间以及获取招标文件的办法等事项。

第17条 招标人采用邀请招标方式的，应当向三个以上具备承担招标项目的能力、资信良好的特定的法人或者其他组织发出投标邀请书。

投标邀请书应当载明本法第十六条第二款规定的事项。

第18条 招标人可以根据招标项目本身的要求，在招标公告或者投标邀请书中，要求潜在投标人提供有关资质证明文件和业绩情况，并对潜在投标人进行资格审查；国家对投标人的资格条件有规定的，依照其规定。

招标人不得以不合理的条件限制或者排斥潜在投标人，不得对潜在投标人实行歧视待遇。

第19条 招标人应当根据招标项目的特点和需要编制招标文件。招标文件应当包括招标项目的技术要求、对投标人资格审查的标准、投标报价要求和评标标准等所有实质性要求和条件以及拟签订合同的主要条款。

国家对招标项目的技术、标准有规定的，招标人应当按照其规定在招标文件中提出相应要求。

招标项目需要划分标段、确定工期的，招标人应当合理划分标段、确定工期，并在招标文件中载明。

第20条 招标文件不得要求或者标明特定的生产供应者以及含有倾向或者排斥潜在投标人的其他内容。

第21条 招标人根据招标项目的具体情况，可以组织潜在投标人踏勘项目现场。

第22条 招标人不得向他人透露已获取招标文件的潜在投标人的名称、数量以及可能影响公平竞争的有关招标投标的其他情况。

招标人设有标底的，标底必须保密。

第23条 招标人对已发出的招标文件进行必要的澄清或者修改的，应当在招标文件要求提交投标文件截止时间至少十五日前，以书面形式通知所有招标文件收受人。该澄清或者修改的内容为招标文件的组成部分。

第24条 招标人应当确定投标人编制投标文件所需要的合理时间；但是，依法必须进行招标的项目，自招标文件开始发出之日起至投标人提交投标文件截止之日止，最短不得少于二十日。

第三章 投 标

第25条 投标人是响应招标、参加投标竞争的法人或者其他组织。

依法招标的科研项目允许个人参加投标的，投标的个人适用本法有关投标人的规定。

第26条　投标人应当具备承担招标项目的能力；国家有关规定对投标人资格条件或者招标文件对投标人资格条件有规定的，投标人应当具备规定的资格条件。

第27条　投标人应当按照招标文件的要求编制投标文件。投标文件应当对招标文件提出的实质性要求和条件作出响应。

招标项目属于建设施工的，投标文件的内容应当包括拟派出的项目负责人与主要技术人员的简历、业绩和拟用于完成招标项目的机械设备等。

第28条　投标人应当在招标文件要求提交投标文件的截止时间前，将投标文件送达投标地点。招标人收到投标文件后，应当签收保存，不得开启。投标人少于三个的，招标人应当依照本法重新招标。

在招标文件要求提交投标文件的截止时间后送达的投标文件，招标人应当拒收。

第29条　投标人在招标文件要求提交投标文件的截止时间前，可以补充、修改或者撤回已提交的投标文件，并书面通知招标人。补充、修改的内容为投标文件的组成部分。

第30条　投标人根据招标文件载明的项目实际情况，拟在中标后将中标项目的部分非主体、非关键性工作进行分包的，应当在投标文件中载明。

第31条　两个以上法人或者其他组织可以组成一个联合体，以一个投标人的身份共同投标。

联合体各方均应当具备承担招标项目的相应能力；国家有关规定或者招标文件对投标人资格条件有规定的，联合体各方均应当具备规定的相应资格条件。由同一专业的单位组成的联合体，按照资质等级较低的单位确定资质等级。

联合体各方应当签订共同投标协议,明确约定各方拟承担的工作和责任,并将共同投标协议连同投标文件一并提交招标人。联合体中标的,联合体各方应当共同与招标人签订合同,就中标项目向招标人承担连带责任。

招标人不得强制投标人组成联合体共同投标,不得限制投标人之间的竞争。

第32条 投标人不得相互串通投标报价,不得排挤其他投标人的公平竞争,损害招标人或者其他投标人的合法权益。

投标人不得与招标人串通投标,损害国家利益、社会公共利益或者他人的合法权益。

禁止投标人以向招标人或者评标委员会成员行贿的手段谋取中标。

第33条 投标人不得以低于成本的报价竞标,也不得以他人名义投标或者以其他方式弄虚作假,骗取中标。

第四章 开标、评标和中标

第34条 开标应当在招标文件确定的提交投标文件截止时间的同一时间公开进行;开标地点应当为招标文件中预先确定的地点。

第35条 开标由招标人主持,邀请所有投标人参加。

第36条 开标时,由投标人或者其推选的代表检查投标文件的密封情况,也可以由招标人委托的公证机构检查并公证;经确认无误后,由工作人员当众拆封,宣读投标人名称、投标价格和投标文件的其他主要内容。

招标人在招标文件要求提交投标文件的截止时间前收到的所有投标文件,开标时都应当当众予以拆封、宣读。

开标过程应当记录,并存档备查。

第37条 评标由招标人依法组建的评标委员会负责。

依法必须进行招标的项目,其评标委员会由招标人的代表和

49

有关技术、经济等方面的专家组成，成员人数为五人以上单数，其中技术、经济等方面的专家不得少于成员总数的三分之二。

前款专家应当从事相关领域工作满八年并具有高级职称或者具有同等专业水平，由招标人从国务院有关部门或者省、自治区、直辖市人民政府有关部门提供的专家名册或者招标代理机构的专家库内的相关专业的专家名单中确定；一般招标项目可以采取随机抽取方式，特殊招标项目可以由招标人直接确定。

与投标人有利害关系的人不得进入相关项目的评标委员会；已经进入的应当更换。

评标委员会成员的名单在中标结果确定前应当保密。

第38条 招标人应当采取必要的措施，保证评标在严格保密的情况下进行。

任何单位和个人不得非法干预、影响评标的过程和结果。

第39条 评标委员会可以要求投标人对投标文件中含义不明确的内容作必要的澄清或者说明，但是澄清或者说明不得超出投标文件的范围或者改变投标文件的实质性内容。

第40条 评标委员会应当按照招标文件确定的评标标准和方法，对投标文件进行评审和比较；设有标底的，应当参考标底。评标委员会完成评标后，应当向招标人提出书面评标报告，并推荐合格的中标候选人。

招标人根据评标委员会提出的书面评标报告和推荐的中标候选人确定中标人。招标人也可以授权评标委员会直接确定中标人。

国务院对特定招标项目的评标有特别规定的，从其规定。

第41条 中标人的投标应当符合下列条件之一：

（一）能够最大限度地满足招标文件中规定的各项综合评价标准；

（二）能够满足招标文件的实质性要求，并且经评审的投标价格最低；但是投标价格低于成本的除外。

第42条 评标委员会经评审，认为所有投标都不符合招标文件要求的，可以否决所有投标。

依法必须进行招标的项目的所有投标被否决的，招标人应当依照本法重新招标。

第43条 在确定中标人前，招标人不得与投标人就投标价格、投标方案等实质性内容进行谈判。

第44条 评标委员会成员应当客观、公正地履行职务，遵守职业道德，对所提出的评审意见承担个人责任。

评标委员会成员不得私下接触投标人，不得收受投标人的财物或者其他好处。

评标委员会成员和参与评标的有关工作人员不得透露对投标文件的评审和比较、中标候选人的推荐情况以及与评标有关的其他情况。

第45条 中标人确定后，招标人应当向中标人发出中标通知书，并同时将中标结果通知所有未中标的投标人。

中标通知书对招标人和中标人具有法律效力。中标通知书发出后，招标人改变中标结果的，或者中标人放弃中标项目的，应当依法承担法律责任。

第46条 招标人和中标人应当自中标通知书发出之日起三十日内，按照招标文件和中标人的投标文件订立书面合同。招标人和中标人不得再行订立背离合同实质性内容的其他协议。

招标文件要求中标人提交履约保证金的，中标人应当提交。

第47条 依法必须进行招标的项目，招标人应当自确定中标人之日起十五日内，向有关行政监督部门提交招标投标情况的书面报告。

第48条 中标人应当按照合同约定履行义务，完成中标项目。中标人不得向他人转让中标项目,也不得将中标项目肢解后分别向他人转让。

中标人按照合同约定或者经招标人同意,可以将中标项目的部分非主体、非关键性工作分包给他人完成。接受分包的人应当具备相应的资格条件,并不得再次分包。

中标人应当就分包项目向招标人负责,接受分包的人就分包项目承担连带责任。

2. **《政府采购法》**(2014 年 8 月 31 日)

第 1 条 为了规范政府采购行为,提高政府采购资金的使用效益,维护国家利益和社会公共利益,保护政府采购当事人的合法权益,促进廉政建设,制定本法。

第 2 条 在中华人民共和国境内进行的政府采购适用本法。

本法所称政府采购,是指各级国家机关、事业单位和团体组织,使用财政性资金采购依法制定的集中采购目录以内的或者采购限额标准以上的货物、工程和服务的行为。

政府集中采购目录和采购限额标准依照本法规定的权限制定。

本法所称采购,是指以合同方式有偿取得货物、工程和服务的行为,包括购买、租赁、委托、雇用等。

本法所称货物,是指各种形态和种类的物品,包括原材料、燃料、设备、产品等。

本法所称工程,是指建设工程,包括建筑物和构筑物的新建、改建、扩建、装修、拆除、修缮等。

本法所称服务,是指除货物和工程以外的其他政府采购对象。

第 3 条 政府采购应当遵循公开透明原则、公平竞争原则、公正原则和诚实信用原则。

第 4 条 政府采购工程进行招标投标的,适用招标投标法。

第 5 条 任何单位和个人不得采用任何方式,阻挠和限制供应商自由进入本地区和本行业的政府采购市场。

第6条 政府采购应当严格按照批准的预算执行。

第7条 政府采购实行集中采购和分散采购相结合。集中采购的范围由省级以上人民政府公布的集中采购目录确定。

属于中央预算的政府采购项目，其集中采购目录由国务院确定并公布；属于地方预算的政府采购项目，其集中采购目录由省、自治区、直辖市人民政府或者其授权的机构确定并公布。

纳入集中采购目录的政府采购项目，应当实行集中采购。

第8条 政府采购限额标准，属于中央预算的政府采购项目，由国务院确定并公布；属于地方预算的政府采购项目，由省、自治区、直辖市人民政府或者其授权的机构确定并公布。

第9条 政府采购应当有助于实现国家的经济和社会发展政策目标，包括保护环境，扶持不发达地区和少数民族地区，促进中小企业发展等。

第10条 政府采购应当采购本国货物、工程和服务。但有下列情形之一的除外：

（一）需要采购的货物、工程或者服务在中国境内无法获取或者无法以合理的商业条件获取的；

（二）为在中国境外使用而进行采购的；

（三）其他法律、行政法规另有规定的。

前款所称本国货物、工程和服务的界定，依照国务院有关规定执行。

第11条 政府采购的信息应当在政府采购监督管理部门指定的媒体上及时向社会公开发布，但涉及商业秘密的除外。

第12条 在政府采购活动中，采购人员及相关人员与供应商有利害关系的，必须回避。供应商认为采购人员及相关人员与其他供应商有利害关系的，可以申请其回避。

前款所称相关人员，包括招标采购中评标委员会的组成人员，竞争性谈判采购中谈判小组的组成人员，询价采购中询价小组的组成人员等。

第13条　各级人民政府财政部门是负责政府采购监督管理的部门，依法履行对政府采购活动的监督管理职责。

各级人民政府其他有关部门依法履行与政府采购活动有关的监督管理职责。

● 行政法规

3.《政府采购法实施条例》（2015年1月30日）

第1条　根据《中华人民共和国政府采购法》（以下简称政府采购法），制定本条例。

第2条　政府采购法第二条所称财政性资金是指纳入预算管理的资金。

以财政性资金作为还款来源的借贷资金，视同财政性资金。

国家机关、事业单位和团体组织的采购项目既使用财政性资金又使用非财政性资金的，使用财政性资金采购的部分，适用政府采购法及本条例；财政性资金与非财政性资金无法分割采购的，统一适用政府采购法及本条例。

政府采购法第二条所称服务，包括政府自身需要的服务和政府向社会公众提供的公共服务。

第3条　集中采购目录包括集中采购机构采购项目和部门集中采购项目。

技术、服务等标准统一，采购人普遍使用的项目，列为集中采购机构采购项目；采购人本部门、本系统基于业务需要有特殊要求，可以统一采购的项目，列为部门集中采购项目。

第4条　政府采购法所称集中采购，是指采购人将列入集中采购目录的项目委托集中采购机构代理采购或者进行部门集中采购的行为；所称分散采购，是指采购人将采购限额标准以上的未列入集中采购目录的项目自行采购或者委托采购代理机构代理采购的行为。

第5条 省、自治区、直辖市人民政府或者其授权的机构根据实际情况，可以确定分别适用于本行政区域省级、设区的市级、县级的集中采购目录和采购限额标准。

第6条 国务院财政部门应当根据国家的经济和社会发展政策，会同国务院有关部门制定政府采购政策，通过制定采购需求标准、预留采购份额、价格评审优惠、优先采购等措施，实现节约能源、保护环境、扶持不发达地区和少数民族地区、促进中小企业发展等目标。

第7条 政府采购工程以及与工程建设有关的货物、服务，采用招标方式采购的，适用《中华人民共和国招标投标法》及其实施条例；采用其他方式采购的，适用政府采购法及本条例。

前款所称工程，是指建设工程，包括建筑物和构筑物的新建、改建、扩建及其相关的装修、拆除、修缮等；所称与工程建设有关的货物，是指构成工程不可分割的组成部分，且为实现工程基本功能所必需的设备、材料等；所称与工程建设有关的服务，是指为完成工程所需的勘察、设计、监理等服务。

政府采购工程以及与工程建设有关的货物、服务，应当执行政府采购政策。

第8条 政府采购项目信息应当在省级以上人民政府财政部门指定的媒体上发布。采购项目预算金额达到国务院财政部门规定标准的，政府采购项目信息应当在国务院财政部门指定的媒体上发布。

第9条 在政府采购活动中，采购人员及相关人员与供应商有下列利害关系之一的，应当回避：

（一）参加采购活动前3年内与供应商存在劳动关系；

（二）参加采购活动前3年内担任供应商的董事、监事；

（三）参加采购活动前3年内是供应商的控股股东或者实际控制人；

（四）与供应商的法定代表人或者负责人有夫妻、直系血亲、三代以内旁系血亲或者近姻亲关系；

（五）与供应商有其他可能影响政府采购活动公平、公正进行的关系。

供应商认为采购人员及相关人员与其他供应商有利害关系的，可以向采购人或者采购代理机构书面提出回避申请，并说明理由。采购人或者采购代理机构应当及时询问被申请回避人员，有利害关系的被申请回避人员应当回避。

第10条 国家实行统一的政府采购电子交易平台建设标准，推动利用信息网络进行电子化政府采购活动。

4.《招标投标法实施条例》(2019年3月2日)

第二章 招　　标

第7条 按照国家有关规定需要履行项目审批、核准手续的依法必须进行招标的项目，其招标范围、招标方式、招标组织形式应当报项目审批、核准部门审批、核准。项目审批、核准部门应当及时将审批、核准确定的招标范围、招标方式、招标组织形式通报有关行政监督部门。

第8条 国有资金占控股或者主导地位的依法必须进行招标的项目，应当公开招标；但有下列情形之一的，可以邀请招标：

（一）技术复杂、有特殊要求或者受自然环境限制，只有少量潜在投标人可供选择；

（二）采用公开招标方式的费用占项目合同金额的比例过大。

有前款第二项所列情形，属于本条例第七条规定的项目，由项目审批、核准部门在审批、核准项目时作出认定；其他项目由招标人申请有关行政监督部门作出认定。

第9条 除招标投标法第六十六条规定的可以不进行招标的

特殊情况外，有下列情形之一的，可以不进行招标：

（一）需要采用不可替代的专利或者专有技术；

（二）采购人依法能够自行建设、生产或者提供；

（三）已通过招标方式选定的特许经营项目投资人依法能够自行建设、生产或者提供；

（四）需要向原中标人采购工程、货物或者服务，否则将影响施工或者功能配套要求；

（五）国家规定的其他特殊情形。

招标人为适用前款规定弄虚作假的，属于招标投标法第四条规定的规避招标。

第10条 招标投标法第十二条第二款规定的招标人具有编制招标文件和组织评标能力，是指招标人具有与招标项目规模和复杂程度相适应的技术、经济等方面的专业人员。

第11条 国务院住房城乡建设、商务、发展改革、工业和信息化等部门，按照规定的职责分工对招标代理机构依法实施监督管理。

第12条 招标代理机构应当拥有一定数量的具备编制招标文件、组织评标等相应能力的专业人员。

第13条 招标代理机构在招标人委托的范围内开展招标代理业务，任何单位和个人不得非法干涉。

招标代理机构代理招标业务，应当遵守招标投标法和本条例关于招标人的规定。招标代理机构不得在所代理的招标项目中投标或者代理投标，也不得为所代理的招标项目的投标人提供咨询。

第14条 招标人应当与被委托的招标代理机构签订书面委托合同，合同约定的收费标准应当符合国家有关规定。

第15条 公开招标的项目，应当依照招标投标法和本条例的规定发布招标公告、编制招标文件。

招标人采用资格预审办法对潜在投标人进行资格审查的，应当发布资格预审公告、编制资格预审文件。

依法必须进行招标的项目的资格预审公告和招标公告,应当在国务院发展改革部门依法指定的媒介发布。在不同媒介发布的同一招标项目的资格预审公告或者招标公告的内容应当一致。指定媒介发布依法必须进行招标的项目的境内资格预审公告、招标公告,不得收取费用。

编制依法必须进行招标的项目的资格预审文件和招标文件,应当使用国务院发展改革部门会同有关行政监督部门制定的标准文本。

第16条 招标人应当按照资格预审公告、招标公告或者投标邀请书规定的时间、地点发售资格预审文件或者招标文件。资格预审文件或者招标文件的发售期不得少于5日。

招标人发售资格预审文件、招标文件收取的费用应当限于补偿印刷、邮寄的成本支出,不得以营利为目的。

第17条 招标人应当合理确定提交资格预审申请文件的时间。依法必须进行招标的项目提交资格预审申请文件的时间,自资格预审文件停止发售之日起不得少于5日。

第18条 资格预审应当按照资格预审文件载明的标准和方法进行。

国有资金占控股或者主导地位的依法必须进行招标的项目,招标人应当组建资格审查委员会审查资格预审申请文件。资格审查委员会及其成员应当遵守招标投标法和本条例有关评标委员会及其成员的规定。

第19条 资格预审结束后,招标人应当及时向资格预审申请人发出资格预审结果通知书。未通过资格预审的申请人不具有投标资格。

通过资格预审的申请人少于3个的,应当重新招标。

第20条 招标人采用资格后审办法对投标人进行资格审查

的，应当在开标后由评标委员会按照招标文件规定的标准和方法对投标人的资格进行审查。

第 21 条　招标人可以对已发出的资格预审文件或者招标文件进行必要的澄清或者修改。澄清或者修改的内容可能影响资格预审申请文件或者投标文件编制的，招标人应当在提交资格预审申请文件截止时间至少 3 日前，或者投标截止时间至少 15 日前，以书面形式通知所有获取资格预审文件或者招标文件的潜在投标人；不足 3 日或者 15 日的，招标人应当顺延提交资格预审申请文件或者投标文件的截止时间。

第 22 条　潜在投标人或者其他利害关系人对资格预审文件有异议的，应当在提交资格预审申请文件截止时间 2 日前提出；对招标文件有异议的，应当在投标截止时间 10 日前提出。招标人应当自收到异议之日起 3 日内作出答复；作出答复前，应当暂停招标投标活动。

第 23 条　招标人编制的资格预审文件、招标文件的内容违反法律、行政法规的强制性规定，违反公开、公平、公正和诚实信用原则，影响资格预审结果或者潜在投标人投标的，依法必须进行招标的项目的招标人应当在修改资格预审文件或者招标文件后重新招标。

第 24 条　招标人对招标项目划分标段的，应当遵守招标投标法的有关规定，不得利用划分标段限制或者排斥潜在投标人。依法必须进行招标的项目的招标人不得利用划分标段规避招标。

第 25 条　招标人应当在招标文件中载明投标有效期。投标有效期从提交投标文件的截止之日起算。

第 26 条　招标人在招标文件中要求投标人提交投标保证金的，投标保证金不得超过招标项目估算价的 2%。投标保证金有效期应当与投标有效期一致。

依法必须进行招标的项目的境内投标单位，以现金或者支票形式提交的投标保证金应当从其基本账户转出。

招标人不得挪用投标保证金。

第27条 招标人可以自行决定是否编制标底。一个招标项目只能有一个标底。标底必须保密。

接受委托编制标底的中介机构不得参加受托编制标底项目的投标，也不得为该项目的投标人编制投标文件或者提供咨询。

招标人设有最高投标限价的，应当在招标文件中明确最高投标限价或者最高投标限价的计算方法。招标人不得规定最低投标限价。

第28条 招标人不得组织单个或者部分潜在投标人踏勘项目现场。

第29条 招标人可以依法对工程以及与工程建设有关的货物、服务全部或者部分实行总承包招标。以暂估价形式包括在总承包范围内的工程、货物、服务属于依法必须进行招标的项目范围且达到国家规定规模标准的，应当依法进行招标。

前款所称暂估价，是指总承包招标时不能确定价格而由招标人在招标文件中暂时估定的工程、货物、服务的金额。

第30条 对技术复杂或者无法精确拟定技术规格的项目，招标人可以分两阶段进行招标。

第一阶段，投标人按照招标公告或者投标邀请书的要求提交不带报价的技术建议，招标人根据投标人提交的技术建议确定技术标准和要求，编制招标文件。

第二阶段，招标人向在第一阶段提交技术建议的投标人提供招标文件，投标人按照招标文件的要求提交包括最终技术方案和投标报价的投标文件。

招标人要求投标人提交投标保证金的，应当在第二阶段提出。

第31条 招标人终止招标的，应当及时发布公告，或者以书面形式通知被邀请的或者已经获取资格预审文件、招标文件的潜在投标人。已经发售资格预审文件、招标文件或者已经收取投标保证金的，招标人应当及时退还所收取的资格预审文件、招标文件的费用，以及所收取的投标保证金及银行同期存款利息。

第32条　招标人不得以不合理的条件限制、排斥潜在投标人或者投标人。

招标人有下列行为之一的，属于以不合理条件限制、排斥潜在投标人或者投标人：

（一）就同一招标项目向潜在投标人或者投标人提供有差别的项目信息；

（二）设定的资格、技术、商务条件与招标项目的具体特点和实际需要不相适应或者与合同履行无关；

（三）依法必须进行招标的项目以特定行政区域或者特定行业的业绩、奖项作为加分条件或者中标条件；

（四）对潜在投标人或者投标人采取不同的资格审查或者评标标准；

（五）限定或者指定特定的专利、商标、品牌、原产地或者供应商；

（六）依法必须进行招标的项目非法限定潜在投标人或者投标人的所有制形式或者组织形式；

（七）以其他不合理条件限制、排斥潜在投标人或者投标人。

第三章　投　　标

第33条　投标人参加依法必须进行招标的项目的投标，不受地区或者部门的限制，任何单位和个人不得非法干涉。

第34条　与招标人存在利害关系可能影响招标公正性的法人、其他组织或者个人，不得参加投标。

单位负责人为同一人或者存在控股、管理关系的不同单位，不得参加同一标段投标或者未划分标段的同一招标项目投标。

违反前两款规定的，相关投标均无效。

第35条 投标人撤回已提交的投标文件，应当在投标截止时间前书面通知招标人。招标人已收取投标保证金的，应当自收到投标人书面撤回通知之日起5日内退还。

投标截止后投标人撤销投标文件的，招标人可以不退还投标保证金。

第36条 未通过资格预审的申请人提交的投标文件，以及逾期送达或者不按照招标文件要求密封的投标文件，招标人应当拒收。

招标人应当如实记载投标文件的送达时间和密封情况，并存档备查。

第37条 招标人应当在资格预审公告、招标公告或者投标邀请书中载明是否接受联合体投标。

招标人接受联合体投标并进行资格预审的，联合体应当在提交资格预审申请文件前组成。资格预审后联合体增减、更换成员的，其投标无效。

联合体各方在同一招标项目中以自己名义单独投标或者参加其他联合体投标的，相关投标均无效。

第38条 投标人发生合并、分立、破产等重大变化的，应当及时书面告知招标人。投标人不再具备资格预审文件、招标文件规定的资格条件或者其投标影响招标公正性的，其投标无效。

第39条 禁止投标人相互串通投标。

有下列情形之一的，属于投标人相互串通投标：

（一）投标人之间协商投标报价等投标文件的实质性内容；

（二）投标人之间约定中标人；

（三）投标人之间约定部分投标人放弃投标或者中标；

（四）属于同一集团、协会、商会等组织成员的投标人按照该组织要求协同投标；

（五）投标人之间为谋取中标或者排斥特定投标人而采取的其他联合行动。

第40条　有下列情形之一的，视为投标人相互串通投标：

（一）不同投标人的投标文件由同一单位或者个人编制；

（二）不同投标人委托同一单位或者个人办理投标事宜；

（三）不同投标人的投标文件载明的项目管理成员为同一人；

（四）不同投标人的投标文件异常一致或者投标报价呈规律性差异；

（五）不同投标人的投标文件相互混装；

（六）不同投标人的投标保证金从同一单位或者个人的账户转出。

第41条　禁止招标人与投标人串通投标。

有下列情形之一的，属于招标人与投标人串通投标：

（一）招标人在开标前开启投标文件并将有关信息泄露给其他投标人；

（二）招标人直接或者间接向投标人泄露标底、评标委员会成员等信息；

（三）招标人明示或者暗示投标人压低或者抬高投标报价；

（四）招标人授意投标人撤换、修改投标文件；

（五）招标人明示或者暗示投标人为特定投标人中标提供方便；

（六）招标人与投标人为谋求特定投标人中标而采取的其他串通行为。

第42条　使用通过受让或者租借等方式获取的资格、资质证书投标的，属于招标投标法第三十三条规定的以他人名义投标。

投标人有下列情形之一的，属于招标投标法第三十三条规定的以其他方式弄虚作假的行为：

（一）使用伪造、变造的许可证件；

（二）提供虚假的财务状况或者业绩；

（三）提供虚假的项目负责人或者主要技术人员简历、劳动关系证明；

（四）提供虚假的信用状况；

（五）其他弄虚作假的行为。

第43条 提交资格预审申请文件的申请人应当遵守招标投标法和本条例有关投标人的规定。

第四章 开标、评标和中标

第44条 招标人应当按照招标文件规定的时间、地点开标。

投标人少于3个的，不得开标；招标人应当重新招标。

投标人对开标有异议的，应当在开标现场提出，招标人应当当场作出答复，并制作记录。

第45条 国家实行统一的评标专家专业分类标准和管理办法。具体标准和办法由国务院发展改革部门会同国务院有关部门制定。

省级人民政府和国务院有关部门应当组建综合评标专家库。

第46条 除招标投标法第三十七条第三款规定的特殊招标项目外，依法必须进行招标的项目，其评标委员会的专家成员应当从评标专家库内相关专业的专家名单中以随机抽取方式确定。任何单位和个人不得以明示、暗示等任何方式指定或者变相指定参加评标委员会的专家成员。

依法必须进行招标的项目的招标人非因招标投标法和本条例规定的事由，不得更换依法确定的评标委员会成员。更换评标委员会的专家成员应当依照前款规定进行。

评标委员会成员与投标人有利害关系的，应当主动回避。

有关行政监督部门应当按照规定的职责分工，对评标委员会成员的确定方式、评标专家的抽取和评标活动进行监督。行政监督部门的工作人员不得担任本部门负责监督项目的评标委员会成员。

第 47 条 招标投标法第三十七条第三款所称特殊招标项目，是指技术复杂、专业性强或者国家有特殊要求，采取随机抽取方式确定的专家难以保证胜任评标工作的项目。

第 48 条 招标人应当向评标委员会提供评标所必需的信息，但不得明示或者暗示其倾向或者排斥特定投标人。

招标人应当根据项目规模和技术复杂程度等因素合理确定评标时间。超过三分之一的评标委员会成员认为评标时间不够的，招标人应当适当延长。

评标过程中，评标委员会成员有回避事由、擅离职守或者因健康等原因不能继续评标的，应当及时更换。被更换的评标委员会成员作出的评审结论无效，由更换后的评标委员会成员重新进行评审。

第 49 条 评标委员会成员应当依照招标投标法和本条例的规定，按照招标文件规定的评标标准和方法，客观、公正地对投标文件提出评审意见。招标文件没有规定的评标标准和方法不得作为评标的依据。

评标委员会成员不得私下接触投标人，不得收受投标人给予的财物或者其他好处，不得向招标人征询确定中标人的意向，不得接受任何单位或者个人明示或者暗示提出的倾向或者排斥特定投标人的要求，不得有其他不客观、不公正履行职务的行为。

第 50 条 招标项目设有标底的，招标人应当在开标时公布。标底只能作为评标的参考，不得以投标报价是否接近标底作为中标条件，也不得以投标报价超过标底上下浮动范围作为否决投标的条件。

第 51 条 有下列情形之一的，评标委员会应当否决其投标：

（一）投标文件未经投标单位盖章和单位负责人签字；

（二）投标联合体没有提交共同投标协议；

（三）投标人不符合国家或者招标文件规定的资格条件；

（四）同一投标人提交两个以上不同的投标文件或者投标报价，但招标文件要求提交备选投标的除外；

（五）投标报价低于成本或者高于招标文件设定的最高投标限价；

（六）投标文件没有对招标文件的实质性要求和条件作出响应；

（七）投标人有串通投标、弄虚作假、行贿等违法行为。

第52条 投标文件中有含义不明确的内容、明显文字或者计算错误，评标委员会认为需要投标人作出必要澄清、说明的，应当书面通知该投标人。投标人的澄清、说明应当采用书面形式，并不得超出投标文件的范围或者改变投标文件的实质性内容。

评标委员会不得暗示或者诱导投标人作出澄清、说明，不得接受投标人主动提出的澄清、说明。

第53条 评标完成后，评标委员会应当向招标人提交书面评标报告和中标候选人名单。中标候选人应当不超过3个，并标明排序。

评标报告应当由评标委员会全体成员签字。对评标结果有不同意见的评标委员会成员应当以书面形式说明其不同意见和理由，评标报告应当注明该不同意见。评标委员会成员拒绝在评标报告上签字又不书面说明其不同意见和理由的，视为同意评标结果。

第54条 依法必须进行招标的项目，招标人应当自收到评标报告之日起3日内公示中标候选人，公示期不得少于3日。

投标人或者其他利害关系人对依法必须进行招标的项目的评标结果有异议的，应当在中标候选人公示期间提出。招标人应当自收到异议之日起3日内作出答复；作出答复前，应当暂停招标投标活动。

第55条 国有资金占控股或者主导地位的依法必须进行招标的项目，招标人应当确定排名第一的中标候选人为中标人。排名第一的中标候选人放弃中标、因不可抗力不能履行合同、不按照招标文件要求提交履约保证金，或者被查实存在影响中标结果的违法行为等情形，不符合中标条件的，招标人可以按照评标委员会提出的中标候选人名单排序依次确定其他中标候选人为中标人，也可以重新招标。

第56条 中标候选人的经营、财务状况发生较大变化或者存在违法行为，招标人认为可能影响其履约能力的，应当在发出中标通知书前由原评标委员会按照招标文件规定的标准和方法审查确认。

第57条 招标人和中标人应当依照招标投标法和本条例的规定签订书面合同，合同的标的、价款、质量、履行期限等主要条款应当与招标文件和中标人的投标文件的内容一致。招标人和中标人不得再行订立背离合同实质性内容的其他协议。

招标人最迟应当在书面合同签订后5日内向中标人和未中标的投标人退还投标保证金及银行同期存款利息。

第58条 招标文件要求中标人提交履约保证金的，中标人应当按照招标文件的要求提交。履约保证金不得超过中标合同金额的10%。

第59条 中标人应当按照合同约定履行义务，完成中标项目。中标人不得向他人转让中标项目，也不得将中标项目肢解后分别向他人转让。

中标人按照合同约定或者经招标人同意，可以将中标项目的部分非主体、非关键性工作分包给他人完成。接受分包的人应当具备相应的资格条件，并不得再次分包。

中标人应当就分包项目向招标人负责，接受分包的人就分包项目承担连带责任。

● 部门规章及文件

5.《政府采购合作创新采购方式管理暂行办法》(2024年4月24日)

第二章 需求管理

第7条 采购人开展合作创新采购前，应当开展市场调研和专家论证，科学设定合作创新采购项目的最低研发目标、最高研发费用和研发期限。

最低研发目标包括创新产品的主要功能、性能，主要服务内容、服务标准及其他产出目标。

最高研发费用包括该项目用于研发成本补偿的费用和创新产品的首购费用，还可以设定一定的激励费用。

第8条 合作创新采购，除只能从有限范围或者唯一供应商处采购以外，采购人应当通过公开竞争确定研发供应商。

第9条 合作创新采购中，采购人应当按照有利于降低研发风险的要求，围绕供应商需具备的研发能力设定资格条件，可以包括合作创新采购项目所必需的已有专利、计算机软件著作权、专有技术类别，同类项目的研发业绩，供应商已具备的研究基础等。

两个以上的供应商可以组成一个联合体，参与合作创新采购。

合作创新采购的研发活动应当在中国境内进行。除涉及国家安全和国家秘密的采购项目外，采购人应当保障内外资企业平等参与合作创新采购活动。

第10条 采购人开展合作创新采购应当落实政府采购支持中小企业发展相关政策。采购人应当结合采购项目情况和中小企业承接能力设置采购包，专门面向中小企业采购；对于工作内容难以分割的综合性采购项目，采购人应当要求获得采购合同的供应商将采购项目中的一定比例分包给中小企业，推动中小企业参与创新研发活动。

第11条 合作创新采购中产生的各类知识产权，按照《中华人民共和国民法典》、《中华人民共和国科学技术进步法》以及知识产权等相关法律规定，原则上属于供应商享有，但是法律另有规定或者研发合同另有约定的除外。

知识产权涉及国家安全、国家利益或者重大社会公共利益的，应当约定由采购人享有或者约定共同享有。

第12条 采购人开展合作创新采购前，应当制定采购方案。采购方案包括以下内容：

（一）创新产品的最低研发目标、最高研发费用、应用场景和研发期限；

（二）供应商邀请方式；

（三）谈判小组组成，评审专家选取办法，评审方法以及初步的评审标准；

（四）给予研发成本补偿的成本范围及该项目用于研发成本补偿的费用限额；

（五）是否开展研发中期谈判；

（六）关于知识产权权属、利益分配、使用方式的初步意见；

（七）创新产品的迭代升级服务要求；

（八）研发合同应当包括的主要条款；

（九）研发风险分析和风险管控措施；

（十）需要确定的其他事项。

采购人应当对采购方案的科学性、可行性、合规性等开展咨询论证，并按照《政府采购需求管理办法》有关规定履行内部审查、核准程序后实施。

第13条 采购人应当按照政府采购有关规定，在省级以上人民政府财政部门指定的媒体上及时发布合作创新采购项目信息，包括采购意向、采购公告、研发谈判文件、成交结果、研发合同、首购协议等，但涉及国家秘密、商业秘密的信息，以及其他依照法律、行政法规和国家有关规定不得公开的信息除外。

第 14 条　采购人、供应商、评审专家以及相关人员应当严格保守参与合作创新采购活动中所获悉的国家秘密、工作秘密和商业秘密。除已公开的信息外，未经当事人同意，不得将其提供的信息用于其他目的。

第三章　订购程序

第 15 条　采购人应当组建谈判小组，谈判小组由采购人代表和评审专家共五人以上单数组成。采购人应当自行选定相应专业领域的评审专家。评审专家中应当包含一名法律专家和一名经济专家。谈判小组具体人员组成比例，评审专家选取办法及采购过程中的人员调整程序按照采购人内部控制管理制度确定。

谈判小组负责供应商资格审查、创新概念交流、研发竞争谈判、研发中期谈判和首购评审等工作。

第 16 条　采购人应当发布合作创新采购公告邀请供应商，但受基础设施、行政许可、确需使用不可替代的知识产权或者专有技术等限制，只能从有限范围或者唯一供应商处采购的，采购人可以直接向所有符合条件的供应商发出合作创新采购邀请书。

以公告形式邀请供应商的，公告期限不得少于五个工作日。合作创新采购公告、合作创新采购邀请书应当包括采购人和采购项目名称，创新产品的最低研发目标、最高研发费用、应用场景及研发期限，对供应商的资格要求以及供应商提交参与合作创新采购申请文件的时间和地点等。同时，采购人应当在合作创新采购公告、合作创新采购邀请书中明确，最低研发目标、最高研发费用可能根据创新概念交流情况进行实质性调整。

提交参与合作创新采购申请文件的时间自采购公告、邀请书发出之日起不得少于二十个工作日。采购人应当在合作创新采购公告、合作创新采购邀请书中载明是否接受联合体参与。如未载明，不得拒绝联合体参与。

谈判小组依法对供应商的资格进行审查。提交申请文件或者通过资格审查的供应商只有两家或者一家的，可以按照本办法规定继续开展采购活动。

第17条　谈判小组集中与所有通过资格审查的供应商共同进行创新概念交流，交流内容包括创新产品的最低研发目标、最高研发费用、应用场景及采购方案的其他相关内容。

创新概念交流中，谈判小组应当全面及时回答供应商提问。必要时，采购人或者其授权的谈判小组可以组织供应商进行集中答疑和现场考察。

采购人根据创新概念交流情况，对采购方案内容进行实质性调整的，应当按照内部控制管理制度有关规定，履行必要的内部审查、核准程序。

第18条　采购人根据创新概念交流结果，形成研发谈判文件。研发谈判文件主要内容包括：

（一）创新产品的最低研发目标、最高研发费用、应用场景、研发期限及有关情况说明；

（二）研发供应商数量；

（三）给予单个研发供应商的研发成本补偿的成本范围和限额，另设激励费用的，明确激励费用的金额；

（四）创新产品首购数量或者金额；

（五）评审方法与评审标准，在谈判过程中不得更改的主要评审因素及其权重，以及是否采用两阶段评审；

（六）对研发进度安排及相应的研发中期谈判阶段划分的响应要求；

（七）各阶段研发成本补偿的成本范围和金额、标志性成果的响应要求；

（八）研发成本补偿费用的支付方式、时间和条件；

（九）创新产品的验收方法与验收标准；

（十）首购产品的评审标准；

（十一）关于知识产权权属、利益分配、使用方式等的响应要求；

（十二）落实支持中小企业发展等政策的要求；

（十三）创新产品的迭代升级服务要求；

（十四）研发合同的主要条款；

（十五）响应文件编制要求，提交方式、提交截止时间和地点，以及响应文件有效期；

（十六）省级以上财政部门规定的其他事项。

本办法所称评审因素，主要包括供应商研发方案，供应商提出的研发成本补偿金额和首购产品金额的报价，研发完成时间，创新产品的售后服务方案等。其中，供应商研发方案的分值占总分值的比重不得低于百分之五十。

本办法所称标志性成果，包括形成创新产品的详细设计方案、技术原理在实验室环境获得验证通过、创新产品的关键部件研制成功、生产出符合要求的模型样机以及创新产品通过采购人试用和履约验收等。

第19条　采购人应当向所有参与创新概念交流的供应商提供研发谈判文件，邀请其参与研发竞争谈判。从研发谈判文件发出之日起至供应商提交首次响应文件截止之日止不得少于十个工作日。

采购人可以对已发出的研发谈判文件进行必要的澄清或者修改，但不得改变采购标的和资格条件。澄清或者修改的内容可能影响响应文件编制，导致供应商准备时间不足的，采购人按照研发谈判文件规定，顺延提交响应文件的时间。

第20条　供应商应当根据研发谈判文件编制响应文件，对研发谈判文件的要求作出实质性响应。响应文件包括以下内容：

（一）供应商的研发方案。

（二）研发完成时间。

（三）响应报价，供应商应当对研发成本补偿金额和首购产品金额分别报价，且各自不得高于研发谈判文件规定的给予单个研发供应商的研发成本补偿限额和首购费用。首购产品金额除创新产品本身的购买费用以外，还包括创新产品未来一定期限内的运行维护等费用。

（四）各阶段的研发成本补偿的成本范围和金额。

（五）创新产品的验收方法与验收标准。

（六）创新产品的售后服务方案。

（七）知识产权权属、利益分配、使用方式等。

（八）创新产品的迭代升级服务方案。

（九）落实支持中小企业发展等政策要求的响应内容。

（十）其他需要响应的内容。

本办法所称供应商的研发方案，包括研发产品预计能实现的功能、性能，服务内容、服务标准及其他产出目标；研发拟采用的技术路线及其优势；可能出现的影响研发的风险及其管控措施；研发团队组成、团队成员的专业能力和经验；研发进度安排和各阶段标志性成果说明等。

第21条　谈判小组集中与单一供应商分别进行谈判，对相关内容进行细化调整。谈判主要内容包括：

（一）创新产品的最低研发目标、验收方法与验收标准；

（二）供应商的研发方案；

（三）研发完成时间；

（四）研发成本补偿的成本范围和金额，及首购产品金额；

（五）研发竞争谈判的评审标准；

（六）各阶段研发成本补偿的成本范围和金额；

（七）首购产品的评审标准；

（八）知识产权权属、利益分配、使用方式等；

（九）创新产品的迭代升级服务方案；

（十）研发合同履行中可能出现的风险及其管控措施。

在谈判中，谈判小组可以根据谈判情况实质性变动谈判文件有关内容，但不得降低最低研发目标、提高最高研发费用，也不得改变谈判文件中的主要评审因素及其权重。

谈判结束后，谈判小组根据谈判结果，确定最终的谈判文件，并以书面形式同时通知所有参加谈判的供应商。供应商按要求提交最终响应文件，谈判小组给予供应商的响应时间应当不少于五个工作日。提交最终响应文件的供应商只有两家或者一家的，可以按照本办法规定继续开展采购活动。

第22条 谈判小组对响应文件满足研发谈判文件全部实质性要求的供应商开展评审，按照评审得分从高到低排序，推荐成交候选人。

谈判小组根据谈判文件规定，可以对供应商响应文件的研发方案部分和其他部分采取两阶段评审，先评审研发方案部分，对研发方案得分达到规定名次的，再综合评审其他部分，按照总得分从高到低排序，确定成交候选人。

第23条 采购人根据谈判文件规定的研发供应商数量和谈判小组推荐的成交候选人顺序，确定研发供应商，也可以书面授权谈判小组直接确定研发供应商。研发供应商数量最多不得超过三家。成交候选人数量少于谈判文件规定的研发供应商数量的，采购人可以确定所有成交候选人为研发供应商，也可以重新开展政府采购活动。采购人应当依法与研发供应商签订研发合同。

只能从唯一供应商处采购的，采购人与供应商应当遵照本办法规定的原则，根据研发成本和可参照的同类项目合同价格协商确定合理价格，明确创新产品的功能、性能，研发完成时间，研发成本补偿的成本范围和金额，首购产品金额，研发进度安排及相应的研发中期谈判阶段划分等合同条件。

第24条 采购人根据研发合同约定，组织谈判小组与研发供应商在研发不同阶段就研发进度、标志性成果及其验收方法与标准、研发成本补偿的成本范围和金额等问题进行研发中期谈判，根据研发进展情况对相关内容细化调整，但每个研发供应商各阶段补偿成本范围不得超过研发合同约定的研发成本补偿的成本范围，且各阶段成本补偿金额之和不得超过研发合同约定的研发成本补偿金额。研发中期谈判应当在每一阶段开始前完成。

每一阶段约定期限到期后，研发供应商应当提交成果报告和成本说明，采购人根据研发合同约定和研发中期谈判结果支付研发成本补偿费用。研发供应商提供的标志性成果满足要求的，进入下一研发阶段；研发供应商未按照约定完成标志性成果的，予以淘汰并终止研发合同。

第25条 对于研发供应商提交的最终定型的创新产品和符合条件的样品，采购人应当按照研发合同约定的验收方法与验收标准开展验收，验收时可以邀请谈判小组成员参与。

第四章 首购程序

第26条 采购人按照研发合同约定开展创新产品首购。

只有一家研发供应商研制的创新产品通过验收的，采购人直接确定其为首购产品。有两家以上研发供应商研制的创新产品通过验收的，采购人应当组织谈判小组评审，根据研发合同约定的评审标准确定一家研发供应商的创新产品为首购产品。

首购评审综合考虑创新产品的功能、性能、价格、售后服务方案等，按照性价比最优的原则确定首购产品。此时研发供应商对首购产品金额的报价不得高于研发谈判文件规定的首购费用。

采购人应当在确定首购产品后十个工作日内在省级以上人民政府财政部门指定的媒体上发布首购产品信息，并按照研发合同约定的创新产品首购数量或者金额，与首购产品供应商签订创新产品首购协议，明确首购产品的功能、性能，服务内容和服务标准，首购的数量、单价和总金额，首购产品交付时间，资金支付方式和条件等内容，作为研发合同的补充协议。

第27条　研发合同有效期内，供应商按照研发合同约定提供首购产品迭代升级服务，用升级后的创新产品替代原首购产品。

因采购人调整创新产品功能、性能目标需要调整费用的，增加的费用不得超过首购金额的百分之十。

第28条　其他采购人有需求的，可以直接采购指定媒体上公布的创新产品，也可以在不降低创新产品核心技术参数的前提下，委托供应商对创新产品进行定制化改造后采购。

其他采购人采购创新产品的，应当在该创新产品研发合同终止之日前，以不高于首购价格的价格与供应商平等自愿签订采购合同。

第29条　国务院财政部门会同国务院相关行业主管部门选择首购产品中的重点产品制定相应的采购需求标准，推荐在政府采购中使用；对涉及国家安全的创新产品，可以实行强制采购。

第五章　研发合同管理

第30条　采购人应当根据研发谈判文件的所有实质性要求以及研发供应商的响应文件签订研发合同。研发合同应当包括以下内容：

（一）采购人以及研发供应商的名称、地址和联系方式；

（二）采购项目名称、编号；

（三）创新产品的功能、性能，服务内容、服务标准及其他产出目标；

（四）研发成本补偿的成本范围和金额，另设激励费用的，激励费用的金额；

（五）创新产品首购的数量、单价和总金额；

（六）研发进度安排及相应的研发中期谈判阶段划分；

（七）各阶段研发成本补偿的成本范围和金额、标志性成果；

（八）研发成本补偿费用的支付方式、时间和条件；

（九）创新产品验收方法与验收标准；

（十）首购产品评审标准；

（十一）创新产品的售后服务和迭代升级服务方案；

（十二）知识产权权属约定、利益分配、使用方式等；

（十三）落实支持中小企业发展等政策的要求；

（十四）研发合同期限；

（十五）合同履行中可能出现的风险及其管控措施；

（十六）技术信息和资料的保密；

（十七）合同解除情形；

（十八）违约责任；

（十九）争议解决方式；

（二十）需要约定的其他事项。

研发合同约定的各阶段补偿成本范围和金额、标志性成果，在研发中期谈判中作出细化调整的，采购人应当就变更事项与研发供应商签订补充协议。

第 31 条　研发合同期限包括创新产品研发、迭代升级以及首购交付的期限，一般不得超过两年，属于重大合作创新采购项目的，不得超过三年。

第 32 条　研发合同为成本补偿合同。成本补偿的范围包括供应商在研发过程中实际投入的设备费、业务费、劳务费以及间接费用等。

采购人应当按照研发合同约定向研发供应商支付研发成本补偿费用和激励费用。

预留份额专门面向中小企业的合作创新采购项目，联合协议或者分包意向协议应当明确按照研发合同成本补偿规定分担风险。

第33条　采购人应当向首购产品供应商支付预付款用于创新产品生产制造。预付款金额不得低于首购协议约定的首购总金额的百分之三十。

第34条　研发合同履行中，因市场已出现拟研发创新产品的同类产品等情形，采购人认为研发合同继续履行没有意义的，应当及时通知研发供应商终止研发合同，并按研发合同约定向研发供应商支付相应的研发成本补偿费用。

因出现无法克服的技术困难，致使研发失败或者部分失败的，研发供应商应当及时通知采购人终止研发合同，并采取适当补救措施减少损失，采购人按研发合同约定向研发供应商支付相应的研发成本补偿费用。因研发供应商违反合同约定致使研发工作发生重大延误、停滞或者失败的，采购人可以解除研发合同，研发供应商承担相应违约责任。

6.《政府采购促进中小企业发展管理办法》(2020年12月18日)

第1条　为了发挥政府采购的政策功能，促进中小企业健康发展，根据《中华人民共和国政府采购法》、《中华人民共和国中小企业促进法》等有关法律法规，制定本办法。

第2条　本办法所称中小企业，是指在中华人民共和国境内依法设立，依据国务院批准的中小企业划分标准确定的中型企业、小型企业和微型企业，但与大企业的负责人为同一人，或者与大企业存在直接控股、管理关系的除外。

符合中小企业划分标准的个体工商户，在政府采购活动中视同中小企业。

第3条　采购人在政府采购活动中应当通过加强采购需求管理，落实预留采购份额、价格评审优惠、优先采购等措施，提高中小企业在政府采购中的份额，支持中小企业发展。

第4条　在政府采购活动中，供应商提供的货物、工程或者服务符合下列情形的，享受本办法规定的中小企业扶持政策：

（一）在货物采购项目中，货物由中小企业制造，即货物由中小企业生产且使用该中小企业商号或者注册商标；

（二）在工程采购项目中，工程由中小企业承建，即工程施工单位为中小企业；

（三）在服务采购项目中，服务由中小企业承接，即提供服务的人员为中小企业依照《中华人民共和国劳动合同法》订立劳动合同的从业人员。

在货物采购项目中，供应商提供的货物既有中小企业制造货物，也有大型企业制造货物的，不享受本办法规定的中小企业扶持政策。

以联合体形式参加政府采购活动，联合体各方均为中小企业的，联合体视同中小企业。其中，联合体各方均为小微企业的，联合体视同小微企业。

第5条 采购人在政府采购活动中应当合理确定采购项目的采购需求，不得以企业注册资本、资产总额、营业收入、从业人员、利润、纳税额等规模条件和财务指标作为供应商的资格要求或者评审因素，不得在企业股权结构、经营年限等方面对中小企业实行差别待遇或者歧视待遇。

第6条 主管预算单位应当组织评估本部门及所属单位政府采购项目，统筹制定面向中小企业预留采购份额的具体方案，对适宜由中小企业提供的采购项目和采购包，预留采购份额专门面向中小企业采购，并在政府采购预算中单独列示。

符合下列情形之一的，可不专门面向中小企业预留采购份额：

（一）法律法规和国家有关政策明确规定优先或者应当面向事业单位、社会组织等非企业主体采购的；

（二）因确需使用不可替代的专利、专有技术，基础设施限制，或者提供特定公共服务等原因，只能从中小企业之外的供应商处采购的；

（三）按照本办法规定预留采购份额无法确保充分供应、充分竞争，或者存在可能影响政府采购目标实现的情形；

（四）框架协议采购项目；

（五）省级以上人民政府财政部门规定的其他情形。

除上述情形外，其他均为适宜由中小企业提供的情形。

第7条 采购限额标准以上，200万元以下的货物和服务采购项目、400万元以下的工程采购项目，适宜由中小企业提供的，采购人应当专门面向中小企业采购。

第8条 超过200万元的货物和服务采购项目、超过400万元的工程采购项目中适宜由中小企业提供的，预留该部分采购项目预算总额的30%以上专门面向中小企业采购，其中预留给小微企业的比例不低于60%。预留份额通过下列措施进行：

（一）将采购项目整体或者设置采购包专门面向中小企业采购；

（二）要求供应商以联合体形式参加采购活动，且联合体中中小企业承担的部分达到一定比例；

（三）要求获得采购合同的供应商将采购项目中的一定比例分包给一家或者多家中小企业。

组成联合体或者接受分包合同的中小企业与联合体内其他企业、分包企业之间不得存在直接控股、管理关系。

第9条 对于经主管预算单位统筹后未预留份额专门面向中小企业采购的采购项目，以及预留份额项目中的非预留部分采购包，采购人、采购代理机构应当对符合本办法规定的小微企业报价给予6%—10%（工程项目为3%—5%）的扣除，用扣除后的价格参加评审。适用招标投标法的政府采购工程建设项目，采用综合评估法但未采用低价优先法计算价格分的，评标时应当在采用原报价进行评分的基础上增加其价格得分的3%—5%作为其价格分。

接受大中型企业与小微企业组成联合体或者允许大中型企业向一家或者多家小微企业分包的采购项目，对于联合协议或者分包意向协议约定小微企业的合同份额占到合同总金额30%以上的，采购人、采购代理机构应当对联合体或者大中型企业的报价给予2%—3%（工程项目为1%—2%）的扣除，用扣除后的价格参加评审。适用招标投标法的政府采购工程建设项目，采用综合评估法但未采用低价优先法计算价格分的，评标时应当在采用原报价进行评分的基础上增加其价格得分的1%—2%作为其价格分。组成联合体或者接受分包的小微企业与联合体内其他企业、分包企业之间存在直接控股、管理关系的，不享受价格扣除优惠政策。

价格扣除比例或者价格分加分比例对小型企业和微型企业同等对待，不作区分。具体采购项目的价格扣除比例或者价格分加分比例，由采购人根据采购标的相关行业平均利润率、市场竞争状况等，在本办法规定的幅度内确定。

第10条　采购人应当严格按照本办法规定和主管预算单位制定的预留采购份额具体方案开展采购活动。预留份额的采购项目或者采购包，通过发布公告方式邀请供应商后，符合资格条件的中小企业数量不足3家的，应当中止采购活动，视同未预留份额的采购项目或者采购包，按照本办法第九条有关规定重新组织采购活动。

第11条　中小企业参加政府采购活动，应当出具本办法规定的《中小企业声明函》（附1），否则不得享受相关中小企业扶持政策。任何单位和个人不得要求供应商提供《中小企业声明函》之外的中小企业身份证明文件。

第12条　采购项目涉及中小企业采购的，采购文件应当明确以下内容：

（一）预留份额的采购项目或者采购包，明确该项目或相关

采购包专门面向中小企业采购,以及相关标的及预算金额;

（二）要求以联合体形式参加或者合同分包的,明确联合协议或者分包意向协议中中小企业合同金额应当达到的比例,并作为供应商资格条件;

（三）非预留份额的采购项目或者采购包,明确有关价格扣除比例或者价格分加分比例;

（四）规定依据本办法规定享受扶持政策获得政府采购合同的,小微企业不得将合同分包给大中型企业,中型企业不得将合同分包给大型企业;

（五）采购人认为具备相关条件的,明确对中小企业在资金支付期限、预付款比例等方面的优惠措施;

（六）明确采购标的对应的中小企业划分标准所属行业;

（七）法律法规和省级以上人民政府财政部门规定的其他事项。

第13条 中标、成交供应商享受本办法规定的中小企业扶持政策的,采购人、采购代理机构应当随中标、成交结果公开中标、成交供应商的《中小企业声明函》。

适用招标投标法的政府采购工程建设项目,应当在公示中标候选人时公开中标候选人的《中小企业声明函》。

第14条 对于通过预留采购项目、预留专门采购包、要求以联合体形式参加或者合同分包等措施签订的采购合同,应当明确标注本合同为中小企业预留合同。其中,要求以联合体形式参加采购活动或者合同分包的,应当将联合协议或者分包意向协议作为采购合同的组成部分。

第15条 鼓励各地区、各部门在采购活动中允许中小企业引入信用担保手段,为中小企业在投标（响应）保证、履约保证等方面提供专业化服务。鼓励中小企业依法合规通过政府采购合同融资。

第16条　政府采购监督检查、投诉处理及政府采购行政处罚中对中小企业的认定，由货物制造商或者工程、服务供应商注册登记所在地的县级以上人民政府中小企业主管部门负责。

中小企业主管部门应当在收到财政部门或者有关招标投标行政监督部门关于协助开展中小企业认定函后10个工作日内做出书面答复。

第17条　各地区、各部门应当对涉及中小企业采购的预算项目实施全过程绩效管理，合理设置绩效目标和指标，落实扶持中小企业有关政策要求，定期开展绩效监控和评价，强化绩效评价结果应用。

第18条　主管预算单位应当自2022年起向同级财政部门报告本部门上一年度面向中小企业预留份额和采购的具体情况，并在中国政府采购网公开预留项目执行情况（附2）。未达到本办法规定的预留份额比例的，应当作出说明。

第19条　采购人未按本办法规定为中小企业预留采购份额，采购人、采购代理机构未按照本办法规定要求实施价格扣除或者价格分加分的，属于未按照规定执行政府采购政策，依照《中华人民共和国政府采购法》等国家有关规定追究法律责任。

第20条　供应商按照本办法规定提供声明函内容不实的，属于提供虚假材料谋取中标、成交，依照《中华人民共和国政府采购法》等国家有关规定追究相应责任。

适用招标投标法的政府采购工程建设项目，投标人按照本办法规定提供声明函内容不实的，属于弄虚作假骗取中标，依照《中华人民共和国招标投标法》等国家有关规定追究相应责任。

第21条　财政部门、中小企业主管部门及其工作人员在履行职责中违反本办法规定及存在其他滥用职权、玩忽职守、徇私舞弊等违法违纪行为的，依照《中华人民共和国政府采购法》、

《中华人民共和国公务员法》、《中华人民共和国监察法》、《中华人民共和国政府采购法实施条例》等国家有关规定追究相应责任；涉嫌犯罪的，依法移送有关国家机关处理。

第 22 条　对外援助项目、国家相关资格或者资质管理制度另有规定的项目，不适用本办法。

第 23 条　关于视同中小企业的其他主体的政府采购扶持政策，由财政部会同有关部门另行规定。

第 24 条　省级财政部门可以会同中小企业主管部门根据本办法的规定制定具体实施办法。

第 25 条　本办法自 2021 年 1 月 1 日起施行。《财政部、工业和信息化部关于印发〈政府采购促进中小企业发展暂行办法〉的通知》（财库〔2011〕181 号）同时废止。

附：1. 中小企业声明函（略）

2. 面向中小企业预留项目执行情况公告（略）

第十五条　预防和制止垄断、不正当竞争行为

反垄断和反不正当竞争执法机构按照职责权限，预防和制止市场经济活动中的垄断、不正当竞争行为，对滥用行政权力排除、限制竞争的行为依法处理，为民营经济组织提供良好的市场环境。

● 法　律

1.《反垄断法》（2022 年 6 月 24 日）

第二章　垄断协议

第 16 条　本法所称垄断协议，是指排除、限制竞争的协议、决定或者其他协同行为。

第 17 条　禁止具有竞争关系的经营者达成下列垄断协议：

（一）固定或者变更商品价格；

（二）限制商品的生产数量或者销售数量；

（三）分割销售市场或者原材料采购市场；

（四）限制购买新技术、新设备或者限制开发新技术、新产品；

（五）联合抵制交易；

（六）国务院反垄断执法机构认定的其他垄断协议。

第18条 禁止经营者与交易相对人达成下列垄断协议：

（一）固定向第三人转售商品的价格；

（二）限定向第三人转售商品的最低价格；

（三）国务院反垄断执法机构认定的其他垄断协议。

对前款第一项和第二项规定的协议，经营者能够证明其不具有排除、限制竞争效果的，不予禁止。

经营者能够证明其在相关市场的市场份额低于国务院反垄断执法机构规定的标准，并符合国务院反垄断执法机构规定的其他条件的，不予禁止。

第19条 经营者不得组织其他经营者达成垄断协议或者为其他经营者达成垄断协议提供实质性帮助。

第20条 经营者能够证明所达成的协议属于下列情形之一的，不适用本法第十七条、第十八条第一款、第十九条的规定：

（一）为改进技术、研究开发新产品的；

（二）为提高产品质量、降低成本、增进效率，统一产品规格、标准或者实行专业化分工的；

（三）为提高中小经营者经营效率，增强中小经营者竞争力的；

（四）为实现节约能源、保护环境、救灾救助等社会公共利益的；

（五）因经济不景气，为缓解销售量严重下降或者生产明显过剩的；

（六）为保障对外贸易和对外经济合作中的正当利益的；

（七）法律和国务院规定的其他情形。

属于前款第一项至第五项情形，不适用本法第十七条、第十八条第一款、第十九条规定的，经营者还应当证明所达成的协议不会严重限制相关市场的竞争，并且能够使消费者分享由此产生的利益。

第 21 条　行业协会不得组织本行业的经营者从事本章禁止的垄断行为。

第三章　滥用市场支配地位

第 22 条　禁止具有市场支配地位的经营者从事下列滥用市场支配地位的行为：

（一）以不公平的高价销售商品或者以不公平的低价购买商品；

（二）没有正当理由，以低于成本的价格销售商品；

（三）没有正当理由，拒绝与交易相对人进行交易；

（四）没有正当理由，限定交易相对人只能与其进行交易或者只能与其指定的经营者进行交易；

（五）没有正当理由搭售商品，或者在交易时附加其他不合理的交易条件；

（六）没有正当理由，对条件相同的交易相对人在交易价格等交易条件上实行差别待遇；

（七）国务院反垄断执法机构认定的其他滥用市场支配地位的行为。

具有市场支配地位的经营者不得利用数据和算法、技术以及平台规则等从事前款规定的滥用市场支配地位的行为。

本法所称市场支配地位，是指经营者在相关市场内具有能够控制商品价格、数量或者其他交易条件，或者能够阻碍、影响其他经营者进入相关市场能力的市场地位。

第 23 条　认定经营者具有市场支配地位，应当依据下列因素：

（一）该经营者在相关市场的市场份额，以及相关市场的竞争状况；

（二）该经营者控制销售市场或者原材料采购市场的能力；

（三）该经营者的财力和技术条件；

（四）其他经营者对该经营者在交易上的依赖程度；

（五）其他经营者进入相关市场的难易程度；

（六）与认定该经营者市场支配地位有关的其他因素。

第24条 有下列情形之一的，可以推定经营者具有市场支配地位：

（一）一个经营者在相关市场的市场份额达到二分之一的；

（二）两个经营者在相关市场的市场份额合计达到三分之二的；

（三）三个经营者在相关市场的市场份额合计达到四分之三的。

有前款第二项、第三项规定的情形，其中有的经营者市场份额不足十分之一的，不应当推定该经营者具有市场支配地位。

被推定具有市场支配地位的经营者，有证据证明不具有市场支配地位的，不应当认定其具有市场支配地位。

第四章 经营者集中

第25条 经营者集中是指下列情形：

（一）经营者合并；

（二）经营者通过取得股权或者资产的方式取得对其他经营者的控制权；

（三）经营者通过合同等方式取得对其他经营者的控制权或者能够对其他经营者施加决定性影响。

第26条 经营者集中达到国务院规定的申报标准的，经营者应当事先向国务院反垄断执法机构申报，未申报的不得实施集中。

经营者集中未达到国务院规定的申报标准，但有证据证明该经营者集中具有或者可能具有排除、限制竞争效果的，国务院反垄断执法机构可以要求经营者申报。

经营者未依照前两款规定进行申报的，国务院反垄断执法机构应当依法进行调查。

第27条 经营者集中有下列情形之一的，可以不向国务院反垄断执法机构申报：

（一）参与集中的一个经营者拥有其他每个经营者百分之五十以上有表决权的股份或者资产的；

（二）参与集中的每个经营者百分之五十以上有表决权的股份或者资产被同一个未参与集中的经营者拥有的。

第28条 经营者向国务院反垄断执法机构申报集中，应当提交下列文件、资料：

（一）申报书；

（二）集中对相关市场竞争状况影响的说明；

（三）集中协议；

（四）参与集中的经营者经会计师事务所审计的上一会计年度财务会计报告；

（五）国务院反垄断执法机构规定的其他文件、资料。

申报书应当载明参与集中的经营者的名称、住所、经营范围、预定实施集中的日期和国务院反垄断执法机构规定的其他事项。

第29条 经营者提交的文件、资料不完备的，应当在国务院反垄断执法机构规定的期限内补交文件、资料。经营者逾期未补交文件、资料的，视为未申报。

第30条 国务院反垄断执法机构应当自收到经营者提交的符合本法第二十八条规定的文件、资料之日起三十日内，对申报的经营者集中进行初步审查，作出是否实施进一步审查的决定，并书面通知经营者。国务院反垄断执法机构作出决定前，经营者不得实施集中。

国务院反垄断执法机构作出不实施进一步审查的决定或者逾期未作出决定的，经营者可以实施集中。

第31条　国务院反垄断执法机构决定实施进一步审查的，应当自决定之日起九十日内审查完毕，作出是否禁止经营者集中的决定，并书面通知经营者。作出禁止经营者集中的决定，应当说明理由。审查期间，经营者不得实施集中。

有下列情形之一的，国务院反垄断执法机构经书面通知经营者，可以延长前款规定的审查期限，但最长不得超过六十日：

（一）经营者同意延长审查期限的；

（二）经营者提交的文件、资料不准确，需要进一步核实的；

（三）经营者申报后有关情况发生重大变化的。

国务院反垄断执法机构逾期未作出决定的，经营者可以实施集中。

第32条　有下列情形之一的，国务院反垄断执法机构可以决定中止计算经营者集中的审查期限，并书面通知经营者：

（一）经营者未按照规定提交文件、资料，导致审查工作无法进行；

（二）出现对经营者集中审查具有重大影响的新情况、新事实，不经核实将导致审查工作无法进行；

（三）需要对经营者集中附加的限制性条件进一步评估，且经营者提出中止请求。

自中止计算审查期限的情形消除之日起，审查期限继续计算，国务院反垄断执法机构应当书面通知经营者。

第33条　审查经营者集中，应当考虑下列因素：

（一）参与集中的经营者在相关市场的市场份额及其对市场的控制力；

（二）相关市场的市场集中度；

（三）经营者集中对市场进入、技术进步的影响；

（四）经营者集中对消费者和其他有关经营者的影响；

（五）经营者集中对国民经济发展的影响；

（六）国务院反垄断执法机构认为应当考虑的影响市场竞争的其他因素。

第34条　经营者集中具有或者可能具有排除、限制竞争效果的，国务院反垄断执法机构应当作出禁止经营者集中的决定。但是，经营者能够证明该集中对竞争产生的有利影响明显大于不利影响，或者符合社会公共利益的，国务院反垄断执法机构可以作出对经营者集中不予禁止的决定。

第35条　对不予禁止的经营者集中，国务院反垄断执法机构可以决定附加减少集中对竞争产生不利影响的限制性条件。

第36条　国务院反垄断执法机构应当将禁止经营者集中的决定或者对经营者集中附加限制性条件的决定，及时向社会公布。

第37条　国务院反垄断执法机构应当健全经营者集中分类分级审查制度，依法加强对涉及国计民生等重要领域的经营者集中的审查，提高审查质量和效率。

第38条　对外资并购境内企业或者以其他方式参与经营者集中，涉及国家安全的，除依照本法规定进行经营者集中审查外，还应当按照国家有关规定进行国家安全审查。

第五章　滥用行政权力排除、限制竞争

第39条　行政机关和法律、法规授权的具有管理公共事务职能的组织不得滥用行政权力，限定或者变相限定单位或者个人经营、购买、使用其指定的经营者提供的商品。

第40条　行政机关和法律、法规授权的具有管理公共事务职能的组织不得滥用行政权力，通过与经营者签订合作协议、备忘录等方式，妨碍其他经营者进入相关市场或者对其他经营者实

行不平等待遇，排除、限制竞争。

第41条　行政机关和法律、法规授权的具有管理公共事务职能的组织不得滥用行政权力，实施下列行为，妨碍商品在地区之间的自由流通：

（一）对外地商品设定歧视性收费项目、实行歧视性收费标准，或者规定歧视性价格；

（二）对外地商品规定与本地同类商品不同的技术要求、检验标准，或者对外地商品采取重复检验、重复认证等歧视性技术措施，限制外地商品进入本地市场；

（三）采取专门针对外地商品的行政许可，限制外地商品进入本地市场；

（四）设置关卡或者采取其他手段，阻碍外地商品进入或者本地商品运出；

（五）妨碍商品在地区之间自由流通的其他行为。

第42条　行政机关和法律、法规授权的具有管理公共事务职能的组织不得滥用行政权力，以设定歧视性资质要求、评审标准或者不依法发布信息等方式，排斥或者限制经营者参加招标投标以及其他经营活动。

第43条　行政机关和法律、法规授权的具有管理公共事务职能的组织不得滥用行政权力，采取与本地经营者不平等待遇等方式，排斥、限制、强制或者变相强制外地经营者在本地投资或者设立分支机构。

第44条　行政机关和法律、法规授权的具有管理公共事务职能的组织不得滥用行政权力，强制或者变相强制经营者从事本法规定的垄断行为。

第45条　行政机关和法律、法规授权的具有管理公共事务职能的组织不得滥用行政权力，制定含有排除、限制竞争内容的规定。

2. 《反不正当竞争法》(2019 年 4 月 23 日)

第 6 条 经营者不得实施下列混淆行为，引人误认为是他人商品或者与他人存在特定联系：

（一）擅自使用与他人有一定影响的商品名称、包装、装潢等相同或者近似的标识；

（二）擅自使用他人有一定影响的企业名称（包括简称、字号等）、社会组织名称（包括简称等）、姓名（包括笔名、艺名、译名等）；

（三）擅自使用他人有一定影响的域名主体部分、网站名称、网页等；

（四）其他足以引人误认为是他人商品或者与他人存在特定联系的混淆行为。

第 7 条 经营者不得采用财物或者其他手段贿赂下列单位或者个人，以谋取交易机会或者竞争优势：

（一）交易相对方的工作人员；

（二）受交易相对方委托办理相关事务的单位或者个人；

（三）利用职权或者影响力影响交易的单位或者个人。

经营者在交易活动中，可以以明示方式向交易相对方支付折扣，或者向中间人支付佣金。经营者向交易相对方支付折扣、向中间人支付佣金的，应当如实入账。接受折扣、佣金的经营者也应当如实入账。

经营者的工作人员进行贿赂的，应当认定为经营者的行为；但是，经营者有证据证明该工作人员的行为与为经营者谋取交易机会或者竞争优势无关的除外。

第 8 条 经营者不得对其商品的性能、功能、质量、销售状况、用户评价、曾获荣誉等作虚假或者引人误解的商业宣传，欺骗、误导消费者。

经营者不得通过组织虚假交易等方式，帮助其他经营者进行虚假或者引人误解的商业宣传。

第9条 经营者不得实施下列侵犯商业秘密的行为：

（一）以盗窃、贿赂、欺诈、胁迫、电子侵入或者其他不正当手段获取权利人的商业秘密；

（二）披露、使用或者允许他人使用以前项手段获取的权利人的商业秘密；

（三）违反保密义务或者违反权利人有关保守商业秘密的要求，披露、使用或者允许他人使用其所掌握的商业秘密；

（四）教唆、引诱、帮助他人违反保密义务或者违反权利人有关保守商业秘密的要求，获取、披露、使用或者允许他人使用权利人的商业秘密。

经营者以外的其他自然人、法人和非法人组织实施前款所列违法行为的，视为侵犯商业秘密。

第三人明知或者应知商业秘密权利人的员工、前员工或者其他单位、个人实施本条第一款所列违法行为，仍获取、披露、使用或者允许他人使用该商业秘密的，视为侵犯商业秘密。

本法所称的商业秘密，是指不为公众所知悉、具有商业价值并经权利人采取相应保密措施的技术信息、经营信息等商业信息。

第10条 经营者进行有奖销售不得存在下列情形：

（一）所设奖的种类、兑奖条件、奖金金额或者奖品等有奖销售信息不明确，影响兑奖；

（二）采用谎称有奖或者故意让内定人员中奖的欺骗方式进行有奖销售；

（三）抽奖式的有奖销售，最高奖的金额超过五万元。

第11条 经营者不得编造、传播虚假信息或者误导性信息，损害竞争对手的商业信誉、商品声誉。

第12条 经营者利用网络从事生产经营活动，应当遵守本法的各项规定。

经营者不得利用技术手段，通过影响用户选择或者其他方式，实施下列妨碍、破坏其他经营者合法提供的网络产品或者服务正常运行的行为：

（一）未经其他经营者同意，在其合法提供的网络产品或者服务中，插入链接、强制进行目标跳转；

（二）误导、欺骗、强迫用户修改、关闭、卸载其他经营者合法提供的网络产品或者服务；

（三）恶意对其他经营者合法提供的网络产品或者服务实施不兼容；

（四）其他妨碍、破坏其他经营者合法提供的网络产品或者服务正常运行的行为。

3.《中小企业促进法》（2017年9月1日）

第六章 市场开拓

第38条 国家完善市场体系，实行统一的市场准入和市场监管制度，反对垄断和不正当竞争，营造中小企业公平参与竞争的市场环境。

第39条 国家支持大型企业与中小企业建立以市场配置资源为基础的、稳定的原材料供应、生产、销售、服务外包、技术开发和技术改造等方面的协作关系，带动和促进中小企业发展。

第40条 国务院有关部门应当制定中小企业政府采购的相关优惠政策，通过制定采购需求标准、预留采购份额、价格评审优惠、优先采购等措施，提高中小企业在政府采购中的份额。

向中小企业预留的采购份额应当占本部门年度政府采购项目预算总额的百分之三十以上；其中，预留给小型微型企业的比例不低于百分之六十。中小企业无法提供的商品和服务除外。

政府采购不得在企业股权结构、经营年限、经营规模和财务指标等方面对中小企业实行差别待遇或者歧视待遇。

政府采购部门应当在政府采购监督管理部门指定的媒体上及

时向社会公开发布采购信息，为中小企业获得政府采购合同提供指导和服务。

第41条　县级以上人民政府有关部门应当在法律咨询、知识产权保护、技术性贸易措施、产品认证等方面为中小企业产品和服务出口提供指导和帮助，推动对外经济技术合作与交流。

国家有关政策性金融机构应当通过开展进出口信贷、出口信用保险等业务，支持中小企业开拓境外市场。

第42条　县级以上人民政府有关部门应当为中小企业提供用汇、人员出入境等方面的便利，支持中小企业到境外投资，开拓国际市场。

第三章　投资融资促进

第十六条　参与国家重大战略和重大工程

支持民营经济组织参与国家重大战略和重大工程。支持民营经济组织在战略性新兴产业、未来产业等领域投资和创业，鼓励开展传统产业技术改造和转型升级，参与现代化基础设施投资建设。

● 法　律

1.《科学技术进步法》（2021年12月24日）

第39条　国家建立以企业为主体，以市场为导向，企业同科学技术研究开发机构、高等学校紧密合作的技术创新体系，引导和扶持企业技术创新活动，支持企业牵头国家科技攻关任务，发挥企业在技术创新中的主体作用，推动企业成为技术创新决策、科研投入、组织科研和成果转化的主体，促进各类创新要素向企业集聚，提高企业技术创新能力。

国家培育具有影响力和竞争力的科技领军企业，充分发挥科技领军企业的创新带动作用。

第40条　国家鼓励企业开展下列活动：

（一）设立内部科学技术研究开发机构；

（二）同其他企业或者科学技术研究开发机构、高等学校开展合作研究，联合建立科学技术研究开发机构和平台，设立科技企业孵化机构和创新创业平台，或者以委托等方式开展科学技术研究开发；

（三）培养、吸引和使用科学技术人员；

（四）同科学技术研究开发机构、高等学校、职业院校或者培训机构联合培养专业技术人才和高技能人才，吸引高等学校毕业生到企业工作；

（五）设立博士后工作站或者流动站；

（六）结合技术创新和职工技能培训，开展科学技术普及活动，设立向公众开放的普及科学技术的场馆或者设施。

第41条　国家鼓励企业加强原始创新，开展技术合作与交流，增加研究开发和技术创新的投入，自主确立研究开发课题，开展技术创新活动。

国家鼓励企业对引进技术进行消化、吸收和再创新。

企业开发新技术、新产品、新工艺发生的研究开发费用可以按照国家有关规定，税前列支并加计扣除，企业科学技术研究开发仪器、设备可以加速折旧。

第42条　国家完善多层次资本市场，建立健全促进科技创新的机制，支持符合条件的科技型企业利用资本市场推动自身发展。

国家加强引导和政策扶持，多渠道拓宽创业投资资金来源，对企业的创业发展给予支持。

国家完善科技型企业上市融资制度，畅通科技型企业国内上市融资渠道，发挥资本市场服务科技创新的融资功能。

第43条　下列企业按照国家有关规定享受税收优惠：

（一）从事高新技术产品研究开发、生产的企业；

（二）科技型中小企业；

（三）投资初创科技型企业的创业投资企业；

（四）法律、行政法规规定的与科学技术进步有关的其他企业。

第44条　国家对公共研究开发平台和科学技术中介、创新创业服务机构的建设和运营给予支持。

公共研究开发平台和科学技术中介、创新创业服务机构应当为中小企业的技术创新提供服务。

第45条　国家保护企业研究开发所取得的知识产权。企业应当不断提高知识产权质量和效益，增强自主创新能力和市场竞争能力。

第46条　国有企业应当建立健全有利于技术创新的研究开发投入制度、分配制度和考核评价制度，完善激励约束机制。

国有企业负责人对企业的技术进步负责。对国有企业负责人的业绩考核，应当将企业的创新投入、创新能力建设、创新成效等情况纳入考核范围。

第47条　县级以上地方人民政府及其有关部门应当创造公平竞争的市场环境，推动企业技术进步。

国务院有关部门和省级人民政府应当通过制定产业、财政、金融、能源、环境保护和应对气候变化等政策，引导、促使企业研究开发新技术、新产品、新工艺，进行技术改造和设备更新，淘汰技术落后的设备、工艺，停止生产技术落后的产品。

2.《中小企业促进法》（2017年9月1日）

第二章　财税支持

第8条　中央财政应当在本级预算中设立中小企业科目，安排中小企业发展专项资金。

县级以上地方各级人民政府应当根据实际情况，在本级财政预算中安排中小企业发展专项资金。

第9条　中小企业发展专项资金通过资助、购买服务、奖励等方式，重点用于支持中小企业公共服务体系和融资服务体系建设。

中小企业发展专项资金向小型微型企业倾斜，资金管理使用坚持公开、透明的原则，实行预算绩效管理。

第10条　国家设立中小企业发展基金。国家中小企业发展基金应当遵循政策性导向和市场化运作原则，主要用于引导和带动社会资金支持初创期中小企业，促进创业创新。

县级以上地方各级人民政府可以设立中小企业发展基金。

中小企业发展基金的设立和使用管理办法由国务院规定。

第 11 条　国家实行有利于小型微型企业发展的税收政策，对符合条件的小型微型企业按照规定实行缓征、减征、免征企业所得税、增值税等措施，简化税收征管程序，减轻小型微型企业税收负担。

第 12 条　国家对小型微型企业行政事业性收费实行减免等优惠政策，减轻小型微型企业负担。

第三章　融资促进

第 13 条　金融机构应当发挥服务实体经济的功能，高效、公平地服务中小企业。

第 14 条　中国人民银行应当综合运用货币政策工具，鼓励和引导金融机构加大对小型微型企业的信贷支持，改善小型微型企业融资环境。

第 15 条　国务院银行业监督管理机构对金融机构开展小型微型企业金融服务应当制定差异化监管政策，采取合理提高小型微型企业不良贷款容忍度等措施，引导金融机构增加小型微型企业融资规模和比重，提高金融服务水平。

第 16 条　国家鼓励各类金融机构开发和提供适合中小企业特点的金融产品和服务。

国家政策性金融机构应当在其业务经营范围内，采取多种形式，为中小企业提供金融服务。

第 17 条　国家推进和支持普惠金融体系建设，推动中小银行、非存款类放贷机构和互联网金融有序健康发展，引导银行业金融机构向县域和乡镇等小型微型企业金融服务薄弱地区延伸网点和业务。

国有大型商业银行应当设立普惠金融机构，为小型微型企业提供金融服务。国家推动其他银行业金融机构设立小型微型企业金融服务专营机构。

地区性中小银行应当积极为其所在地的小型微型企业提供金融服务，促进实体经济发展。

第 18 条　国家健全多层次资本市场体系，多渠道推动股权融资，发展并规范债券市场，促进中小企业利用多种方式直接融资。

第 19 条　国家完善担保融资制度，支持金融机构为中小企业提供以应收账款、知识产权、存货、机器设备等为担保品的担保融资。

第 20 条　中小企业以应收账款申请担保融资时，其应收账款的付款方，应当及时确认债权债务关系，支持中小企业融资。

国家鼓励中小企业及付款方通过应收账款融资服务平台确认债权债务关系，提高融资效率，降低融资成本。

第 21 条　县级以上人民政府应当建立中小企业政策性信用担保体系，鼓励各类担保机构为中小企业融资提供信用担保。

第 22 条　国家推动保险机构开展中小企业贷款保证保险和信用保险业务，开发适应中小企业分散风险、补偿损失需求的保险产品。

第 23 条　国家支持征信机构发展针对中小企业融资的征信产品和服务，依法向政府有关部门、公用事业单位和商业机构采集信息。

国家鼓励第三方评级机构开展中小企业评级服务。

● 部门规章及文件

3.《银行业保险业科技金融高质量发展实施方案》（2025 年 3 月 13 日）

为深入实施创新驱动发展战略，做好科技金融大文章，强化科技型企业全生命周期金融服务，推动更多金融资源用于科技创新领域，促进科技创新和产业创新深度融合，助力发展新质生产力，支持打造现代化产业体系，加快实现高水平科技自立自强和科技强国建设目标，特制定本实施方案。

一、基本原则

——坚持问题导向。锚定"四个面向"，从科技创新金融需求出发，聚焦银行业保险业支持科技创新的堵点、难点和痛点，聚合优质金融资源，建立健全科技金融长效机制，优化科技金融制度安排和服务体系，为科技创新提供有力金融服务保障。

——坚持市场主导。顺应经济发展规律，充分发挥市场在资源配置中的决定性作用，强化企业科技创新主体地位。金融机构自主决策、自主经营，按照市场化、法治化原则做好科技金融服务。金融监管、科技、发展改革部门协力营造服务科技创新良好环境。

——坚持系统推进。将科技金融发展各项因素作为有机整体统筹谋划推进，健全多层次科技金融服务体系，加快构建多元化科技金融服务供给体系，推动完善科技投入机制，切实提升科技金融服务的适配性、针对性和有效性。

——坚持安全发展。统筹发展与安全，坚持商业可持续发展和金融风险防范并重。明确金融机构科技金融风险防控和合规管理主体责任，完善全面风险管理机制，将安全可控贯穿科技金融发展全过程。

二、主要目标

未来5年，银行业保险业加快构建同科技创新相适应的金融服务体制机制，科技金融制度逐步健全，专业化服务机制、产品体系、专业能力和风控能力不断完善，外部生态体系持续发展，科技信贷和科技保险扩面、提质、增效，为科技创新重点领域和薄弱环节提供更加精准、优质、高效的金融保障，加快实现科技金融高质量发展。

三、加强科技金融服务机制建设

（一）健全机构组织体系。鼓励金融机构因行（司）制宜、因地制宜探索健全科技金融服务内部管理组织形式，强化资源统筹协调，发挥各自服务优势。在安全可控前提下，支持向科技金融专业或特色分支机构适当授权。鼓励加快引进具有科技、产业背景的复合型人才，完善科技金融人才培育机制。

（二）优化内部考核和激励约束机制。支持金融机构健全多维度科技金融服务质效评价体系，适当提高科技金融相关指标在内部绩效考核中的占比。科学制定尽职免责内部认定标准和流程，符合普惠信贷条件的科技型企业贷款适用《国家金融监督管理总局关于普惠信贷尽职免责工作的通知》（金规〔2024〕11号）有关规定，切实提升业务人员支持科技创新的主动性。适当提高科技型企业贷款不良容忍度，并综合区域、行业、市场等情况动态调整。

（三）做好科技创新重点领域和薄弱环节金融服务。鼓励金融机构加强对国家重大科技任务和科技型中小企业的金融支持。做好国家科技重大项目、国家战略科技力量和国家级科技创新平台基地的金融服务。统筹支持传统产业技术改造和转型升级、新兴产业培育发展、未来产业前瞻布局，为战略性新兴产业、先进制造业、高技术制造业、高技术服务业、知识产权密集型产业等行业，高新技术、专精特新、独角兽、"隐形"冠军、制造业重点产业链高质量发展行动链主企业和实施主体等企业，"两新一重"、人工智能、量子科技、生物技术、农业科技、绿色低碳等领域，提供优质金融服务。一视同仁服务民营、外商投资的科技型企业和研发中心。

（四）完善科技金融服务生态体系。支持各级政府、科技型企业、金融机构、创业投资基金、第三方中介服务机构等共建多层次科技金融服务生态体系。鼓励金融机构助推国际科技创新中心和区域科技创新中心，综合性国家科学中心，科创金融改革试验区，宁波国家保险创新综合试验区、东湖科技保险创新示范区、中国（上海）自由贸易试验区临港新片区科技保险创新引领区高质量发展。结合区域协调发展战略需求，为跨区域科技创新成果转移转化提供优质金融服务。依托国家自主创新示范区、国家高新技术产业开发区等科技产业园区，加强与研发机构、中试验证平台、科技创新孵化器和加速器等合作，助力知识产权转移转化及产业化应用。

四、加强科技金融产品体系建设

（五）加大科技信贷投放力度。鼓励银行加大科技型企业信用贷款和中长期贷款投放，灵活设置贷款利率定价和利息偿付方式。充分利用知识产权、创新积分制、技术合同、产业链交易等信息，完善科技金融特色产品。对科技型企业营运资金需求测算的具体方法，可根据经营管理实际自行统筹确定。对于经营现金流回收周期较长的流动资金贷款，可适当延长贷款期限，最长可达到 5 年。对知识产权等无形资产办理的贷款，可根据贷款合同约定的目的和用途，参照《固定资产贷款管理办法》执行或适用《流动资金贷款管理办法》，贷款可以用于研发及专利产业化。

（六）优化科技保险保障服务。引导保险公司围绕技术研发、成果转化及其应用推广、知识产权运用保护等关键环节，针对研发损失、设备损失、专利保护等重点领域，提供与科技型企业生命周期阶段相适应、覆盖科技创新活动全流程的保险产品。根据国家科技重大项目保险需求，研发新型科技保险产品，健全重大技术攻关风险分散机制。加大科技创新人才和相关从业人员保险供给，提升健康管理、养老服务、职业责任等方面保险保障质效。

（七）推进科技金融政策试点。将金融资产投资公司股权投资试点，有序扩大至具备经济实力较强、科技企业数量较多、研发投入量较大、股权投资活跃等条件的地区，支持符合条件的商业银行发起设立金融资产投资公司。深化保险资金长期投资改革试点，支持保险公司发起设立私募证券基金，投资股市并长期持有。开展科技企业并购贷款试点，研究扩大试点银行、地区和企业范围，支持科技企业特别是"链主"企业进行产业整合，畅通资本循环。开展知识产权金融生态综合试点，发展知识产权金融业务，研究扩大知识产权内部评估试点。

（八）加强与创业投资等机构合作。鼓励银行机构与资产管理机构、创业投资基金、政府引导基金、产业投资基金等加强信息共享和项目推介，探索同各类科技创新基金全流程合作，开展"贷款+外部直投"等业务，优选被投企业做好信贷支持。鼓励保险机构按照市场化原则，通过多元化投资工具加大对创业投资等投资机构的支持力度，发展长期资本和耐心资本。

（九）支持科技型企业债券融资。鼓励银行机构为符合条件的科技型企业发行科创票据、资产支持票据、资产担保债券等提供承销服务。支持银行保险机构、资产管理机构等加大科创类债券投资配置力度，推动保险机构投资资产支持计划等证券化产品。

五、加强科技金融专业能力建设

（十）强化数字赋能。鼓励金融机构加大数字化转型投入，运用云计算、大数据、人工智能、机器学习、隐私计算等技术，研发数字化经营工具，集成展示科技型企业评价、评估结果，增强企业识别和筛选能力，提升经营管理质效和风险防控水平。支持 GB 18030《信息技术 中文编码字符集》运用，保障金融业务顺畅办理。强化金融消费者数据隐私保护，促进数据有效保护和合法利用。

（十一）健全科技金融风险分担机制。深入实施支持科技创新专项担保计划，发展针对科技型企业的融资担保业务，健全差异化评估评价体系，优化科技创新担保增信服务。针对缺乏历史数据、潜在损失较大的科技保险，通过组建共保体、再保险等方式分散风险，减轻企业投保财务负担。

（十二）促进企业信息共享。推动强化科技创新相关领域信息基础设施建设，加快发展系统集成、动态更新、高效便利的科技型企业数据要素归集、整理和共享机制，为科技信贷评审和保险定价提供全面、及时、便利的信息支持。

（十三）改进第三方中介服务。推动完善中介服务领域政策法规，引导中介服务机构建立公允合理的收费机制，提供有公信力的科技咨询、科技价值评估、技术风险评价等服务，为科技金融业务开展提供参考。

六、加强科技金融风控能力建设

（十四）强化风险识别。鼓励金融机构加强科技创新行业研究，深入研究初创期、成长期、成熟期科技型企业差异化的规律特点和风险特征。鼓励有条件的金融机构综合行业规范引导、企业创新能力、研发投入、科技团队建设、科技成果和知识产权价值、研发成果转化及其市场前景、直接融资可获得性等关键要素信息，努力实现科技型企业全景式评价，提高科技风险特征识别能力。

（十五）完善授信审批。鼓励有条件的银行机构设立专门的科技信贷授信审批机制，推动风险管理前移。组织培养专职审批人员和审查人员，提升审查审批专业性科学性。针对科技型企业特征，综合运用"线上+线下"相结合的授信审批模式，逐步设立分层分类的企业专属评价模型或评估方法，制定差别化的申报材料模板、审查要点和审批指引，持续提升科技型企业评价指标体系设计全面性。授信审批不得过度依赖第三方担保和外部评估。

（十六）做实贷后管理。金融机构要加强贷款资金用途管理，防范资金套用挪用。综合参考内外部信息，密切关注授信企业银行账户行为、市场份额变化、后续融资进度以及实际控制人及主要科技研发人员任职变动、履约守信、行政司法等情况，统筹考虑企业持续经营能力。强化科技型企业监测预警，及时发现企业潜在风险苗头，落实差别化贷后管理要求，针对性制定风险预警方案并及时跟踪处理。

（十七）建立智能风控体系。鼓励有条件的金融机构将数字化风控工具嵌入科技金融业务流程。研发科技金融授信审批人工智能模型，强化深度学习模型训练，在安全可控前提下将模型输出成果应用到业务审批等场景，提升客户选择和审批服务能力。持续优化科技金融智能监控预警规则，赋能风险减量管理。

七、组织保障

（十八）加强组织领导。各金融监管局要明确科技金融牵头部门和职责分工，统筹做好辖内科技金融发展与安全工作。督促金融机构切实提高科技金融统计工作质量，全面准确反映科技金融发展情况，严防数据造假。探索建立科技金融监测评估体系，研究强化金融监管正向激励作用。

（十九）深化多方合作。各金融监管局要加强与辖内科技、发展改革部门的协同合作，在政策引导、措施联动和联合研究等方面形成合力，促进企业信息共享，及时解决科技金融服务面临的实际问题。鼓励地方科技、发展改革部门通过贷款贴息、保费补偿、风险缓释等措施，加强对科技创新重点领域薄弱环节金融服务的引导。

（二十）及时总结交流。金融监管、科技、发展改革部门要及时总结科技金融典型案例和特色做法。组织开展形式多样的宣传活动，交流共享良好实践经验，协同推进科技金融高质量发展。

4. 《促进中小企业特色产业集群发展暂行办法》（2022年9月13日）

第二章 培育要求

第6条 各级中小企业主管部门重点围绕以下方面开展集群培育工作：

（一）提升集群主导产业优势。精准定位集群主导产业，有针对性地固链强链补链延链，畅通集群协作网络，增强专业化配套能力，强化质量品牌建设，发挥龙头企业带头作用，促进大中小企业协同发展，加强优质中小企业梯度培育，支持集群参与先进制造业集群的培育和建设。

（二）激发集群创新活力。构建多层次集群创新平台，集成和开放创新基础设施和服务资源，推动集群与大型企业、高等院校和科研院所建立稳定的创新合作机制，开展主导产业大中小企业融通创新、共性技术产学研协同创新，强化知识产权运用和标准研制。

（三）推进集群数字化升级。加强集群新型信息基础设施建设，建立健全工业互联网安全保障体系，推动先进安全应急装备应用，搭建资源共享和管理平台，提升集群数字化管理水平。引导集群企业运用中小企业数字化转型指南及评测指标，推广智能制造装备、标准和系统解决方案，深化工业互联网、工业软件集成应用，提高数字化转型水平。

（四）加快集群绿色低碳转型。优化集群能源消费结构，推广清洁能源应用，开展节能改造和绿色低碳技术改造，强化资源综合利用与污染防治，完善绿色制造体系。

（五）深化集群开放合作。支持集群积极参与"一带一路"建设，深化人才、技术、资本、资源等合作，以集群为单位参与国际合作机制和交流活动，建立贸易投资合作境外安全风险防控机制。

（六）提升集群治理和服务能力。加强集群公共服务体系建设，丰富服务内容，提升服务质量，强化服务考核，建立"共商、共建、共享、共赢"的集群治理机制，强化安全生产意识和中小企业合法权益保护。统筹规划集群发展，制定集群培育方案，明确发展目标和工作措施。

第7条　省级中小企业主管部门制定和完善本地区集群发展规划和专项扶持政策，建立集群培育库，加大引导，加强服务。

第8条　各级中小企业主管部门加强对集群的财政、金融、产业、创新、土地、人才等政策支持，落实好各类惠企政策，加强对集群参与重大项目的支持力度，推动各类产业投资基金加大对集群的投资力度，营造稳定公平透明可预期的营商环境。

第9条　各级中小企业主管部门充分发挥集群运营管理机构、龙头企业、商协会、专业机构、各级中小企业公共服务示范平台和小型微型企业创业创新示范基地作用，不断完善提升集群服务体系。

第10条　省级中小企业主管部门及时总结集群在提升创新、服务、数字化、绿色化和国际化水平，以及推动产业链供应链协同发展的经验做法，开展集群典型实践案例和优秀集群品牌宣传。

第三章　认定程序

第11条　中小企业特色产业集群认定坚持申报自愿、公开透明、以评促建、持续提升、跟踪监测、动态调整的原则，工业和信息化部与省级中小企业主管部门分工负责，统筹开展，有序推进。

第12条　申报认定的集群应在县级区划范围内，并已认定为省级集群（首批申请除外），由所在地县（市、区）中小企业主管部门作为申报主体。

第13条　省级中小企业主管部门负责对集群申报进行受理、初审和实地抽查，在符合认定标准（见附件）的基础上，择优推荐至工业和信息化部。

第14条　工业和信息化部组织对省级中小企业主管部门推荐的集群申报材料进行复审（包括实地抽查），择优形成集群名单，经公示无异议的，确定为"中小企业特色产业集群"，并在工业和信息化部门户网站公布。

第四章 动态管理

第 15 条 集群有效期为三年。有效期满后，由工业和信息化部组织开展复核工作，并考核集群三年发展规划目标完成情况，复核通过的有效期延长三年。

第 16 条 省级中小企业主管部门加强对集群发展规划执行情况、目标进展、工作经验、问题与改进措施等进行持续跟踪，并组织集群于每年 4 月 30 日前填报集群上一年度有关工作开展情况，报送至工业和信息化部。工业和信息化部组织开展监督和考核，编制集群发展评估报告。

第 17 条 已认定的中小企业特色产业集群如发生以下情形之一的，撤销其认定：

（一）有效期满未申请复核或经复核未通过的；

（二）发现虚假申报或存在违法违规行为的；

（三）未及时报送集群年度培育情况信息表，不接受、不配合监测监督工作的；

（四）集群发生主导产业、空间范围、运营管理机构变更等重大变动未及时更新报备的；

（五）集群企业发生较大及以上安全、质量和环境污染等事故，重大及以上网络安全事件和数据安全事件，以及偷税漏税、违法违规、严重失信和其它重大问题的行为。

● 案例指引

实业公司及其十家全资子公司司法重整案（最高人民法院发布十起人民法院助推民营经济高质量发展典型民商事案例之一）

裁判摘要：通过司法重整，整体化解了企业危机，维护了中小投资者、职工的合法利益，保障了上下游产业链千余家企业的正常生产经营。法院在该案的司法重整中，充分发挥"府院"协调机制作用，创新采用"财务投资人+产业投资人"的模式引入战略投资人，形成了推动企业重生的双重"驱动力"，即：一方面，通过国有平台公司和民营企业共同牵头设立投资基金引入社会资本参与企业重整，为企业发展给予资金支持；另一方面，通过行业龙头企业导入新技术、新业态，将传统的汽车、摩托车制造业务升级为智能新能源汽车产业新生态。经过司法重整，助力实业公司产业转型升级，推动了民营企业高质量发展。之后，证券交易所撤销了对实业公司的退市风险警示及其他风险警示。实业公司及十家子公司也都实现了扭亏为盈，全面实现了企业脱困重生。

第十七条　投资重点领域

国务院有关部门根据国家重大发展战略、发展规划、产业政策等，统筹研究制定促进民营经济投资政策措施，发布鼓励民营经济投资重大项目信息，引导民营经济投资重点领域。

民营经济组织投资建设符合国家战略方向的固定资产投资项目，依法享受国家支持政策。

● 部门规章及文件

《国家发展改革委办公厅等关于建立促进民间投资资金和要素保障工作机制的通知》（2024年8月16日）

各省、自治区、直辖市及计划单列市、新疆生产建设兵团发展改革委、自然资源主管部门、生态环境厅（局）、金融监管局：

为贯彻党中央、国务院决策部署，进一步增强促进民间投资政策制定的针对性，持续加大对民间投资项目的支持力度，抓好抓紧抓实促进民间投资工作，国家发展改革委、自然资源部、生态环境部、金融监管总局共同决定建立以统计数据为基础，以重点项目为抓手，以政策为支撑的促进民间投资资金和要素保障工作机制。现就有关工作通知如下。

一、加强统计数据分析，找准政策着力点和结合点

国家发展改革委聚焦基础设施、制造业、房地产开发等民间投资重点行业重点领域，进一步加强民间投资增速、结构、占比

等统计数据分析，依据全国投资在线审批监管平台汇集共享的投资项目数据，同步开展民间意向投资分析，发现民间投资需要加力支持的领域，找准民间投资存在的短板弱项，为更加精准、更加务实地制定相应支持政策和措施奠定基础。

二、建立重点领域项目常态化推介机制，加大政府投资支持力度

国家发展改革委依托全国向民间资本推介项目平台，组织地方持续向社会公开推介并严格审核把关，形成滚动接续的向民间资本推介项目清单。按照好中选优的原则，再遴选一批交通、能源、水利等重点领域向民间资本推介的项目，进一步加大集中推介力度。组织各地方持续筛选符合政策要求、投资规模较大、示范性较强的民间投资项目，经评估审核后，按程序纳入全国重点民间投资项目库，形成全国重点民间投资项目清单。筛选全国重点民间投资项目时，优先考虑重点领域向民间资本推介项目清单中的成功推介项目。国家发展改革委将针对全国重点民间投资项目，通过安排中央预算内投资等方式，按照规定予以政府投资支持。

三、加强用地用海等要素保障，协同提升项目前期工作质效

国家发展改革委将存在用地用海保障需求的全国重点民间投资项目清单推送至自然资源部，由自然资源部依据土地管理法、海域使用管理法等法律法规和国土空间规划，对全国重点民间投资项目予以用地用海保障支持。自然资源部、国家发展改革委将加强项目前期工作的协同配合，共同研究分析民间投资项目用地用海要素保障中存在的问题，指导民营企业用足用好现有用地用海要素保障系列措施，提升民间投资项目前期工作质量和效率，依法依规、节约集约用地用海。

四、做好环评要素保障，促进投资建设与环评管理协同推进

国家发展改革委将全国重点民间投资项目清单及时推送至生

态环境部，由生态环境部依据环境影响评价法、《规划环境影响评价条例》等法律法规，根据对项目环评分级分类管理要求，做好全国重点民间投资项目环评保障。生态环境部、国家发展改革委将深化沟通协作，结合民间投资项目有关环评工作诉求，不断优化投资决策管理与环评审批服务，加强政策解读和培训，指导民营企业在前期工作阶段同步启动、同等深度开展环评工作，扎实推进项目前期工作。

五、坚持市场化导向，引导加大民间投资项目融资支持力度

国家发展改革委将全国重点民间投资项目清单通过全国投资项目在线审批监管平台推送至有关合作银行，同步请金融监管总局向其他银行保险机构推送，引导各家机构按照市场化法治化原则，独立评审、自主选择符合条件的项目给予融资支持。国家发展改革委将依托全国投资项目在线审批监管平台，协助各家银行准确核验民间投资项目法人单位、建设内容、审批事项以及建设进度等信息，为银行贷款审批提供信息支撑，助力提升审贷效能。金融监管总局、国家发展改革委共同研究促进民间投资发展的融资支持政策，引导银行业、保险业等金融机构创新金融产品和服务，合理确定民营企业贷款利率水平，严格规范信贷融资各环节收费，持续提升民间投资项目融资便利化水平，促进解决民营企业融资难、融资贵问题。

六、加强组织领导，不断提升促进民间投资工作效能

国家发展改革委、自然资源部、生态环境部、金融监管总局共同建立促进民间投资资金和要素保障工作机制，定期召开工作会议，研究解决民间投资项目推进存在的共性问题，共同完善民间投资项目投资、融资和要素保障政策，并加强对各地方的政策指导，切实提升民营企业对相关改革和审批服务的获得感。各地方发展改革、自然资源、生态环境、金融监管等部门要根据本通知精神，建立健全本地区有关工作机制，帮助民营企业切实解决

项目推进遇到的资金、要素等难点堵点问题，不断促进民间投资工作走深走实。

第十八条　资产盘活、参与政府和社会资本合作项目

支持民营经济组织通过多种方式盘活存量资产，提高再投资能力，提升资产质量和效益。

各级人民政府及其有关部门支持民营经济组织参与政府和社会资本合作项目。政府和社会资本合作项目应当合理设置双方权利义务，明确投资收益获得方式、风险分担机制、纠纷解决方式等事项。

● 部门规章及文件

《国家发展改革委办公厅关于进一步做好政府和社会资本合作新机制项目规范实施工作的通知》（2024年12月12日）

各省、自治区、直辖市及计划单列市、新疆生产建设兵团发展改革委：

为贯彻党中央、国务院决策部署，进一步推动政府和社会资本合作（PPP）新机制落实落细，推进PPP新机制项目规范有序实施，按照《关于规范实施政府和社会资本合作新机制的指导意见》（国办函〔2023〕115号）等要求，现就有关工作通知如下。

一、高度重视PPP新机制规范实施

各省级发展改革委要高度重视，切实负起牵头责任，认真履职尽责，对本省（区、市）所有PPP新机制项目加强监督管理，强化项目全流程把关，指导督促地方各级发展改革部门切实发挥综合协调作用，在有效防范地方政府债务风险的基础上，做好PPP新机制政策执行。要加强政策解读和培训宣传，指导地方各级发展改革部门和有关方面深刻理解聚焦使用者付费项目、全部采取特许经营模式、优先选择民营企业参与等政策导向，严格按

照PPP新机制要求规范实施特许经营项目。

二、严格聚焦使用者付费项目

PPP新机制项目应为具有明确收费渠道和方式的使用者付费项目。使用者付费包括特许经营者直接向用户收费，以及由政府或其依法授权机构代为向用户收费。对拟在建设期提供政府投资支持的项目，要在特许经营方案中明确政府投资支持资金来源、支持方式以及额度上限。对拟在运营期按规定补贴运营的项目，要按照地市级以上人民政府或其行业主管部门制定的补贴政策及具体标准执行，并在特许经营方案中明确相关依据。相关补贴政策应当具有普适性，不得仅适用于个别项目。除法律法规和国家政策有明确规定外，不得针对具体项目设定任何保底安排，不得在特许经营协议中对具体项目作出保底约定或承诺。

三、合理使用特许经营模式

要准确把握PPP新机制定位，不应强制规定特定领域和范围必须采用特许经营模式。对具有一定投资回报的基础设施和公用事业固定资产投资项目，要充分论证采取特许经营模式的必要性和可行性，合理决策是否采取特许经营模式。要鼓励特许经营者通过技术创新、管理创新和商业模式创新等降低建设和运营成本，鼓励特许经营者充分挖掘项目市场价值，提高基础设施和公用事业项目建设运营水平，提升项目投资收益。市场化程度高的商业项目和产业项目，以及没有经营收入的公益项目，不得采用特许经营模式。路侧停车服务、垃圾清运服务等不涉及固定资产投资项目的经营权或收费权转让等，不得采取特许经营模式。

四、优先选择民营企业参与

严格按照《支持民营企业参与的特许经营新建（含改扩建）项目清单（2023年版）》要求，推动有关特许经营新建或改扩建项目吸引民营企业参与。优先采取公开招标方式选择特许经营者，如不采取公开招标方式，要充分论证采取其他方式的合法性、合理性；不得采取拍卖等方式选择特许经营者。不得规避项目管理经验、专业运营能力、企业综合实力、信用评级状况等设定的评审条件，将标的物总价作为唯一标准选择特许经营者。要将项目运营方案、收费单价、特许经营期限等作为选择特许经营者的重要评定标准，不得设置限制民营企业参与的招标条件、评标标准。对因通过资格预审的申请人少于3人等招标失败的，重新组织招标时应重新审查项目基本条件、评标标准，确保不存在不利于民营企业参与的招标条件，最大程度鼓励民营企业参与；若无法选择符合条件的特许经营者，应重新论证采取特许经营模式的必要性和可行性。

五、规范盘活存量资产

对不涉及新建、改扩建的盘活存量资产项目，要结合项目历史运营和本地区实际情况，合理预测项目收益、确定项目估值，深入论证采取特许经营模式的可行性和必要性。要严格落实防范化解地方政府隐性债务风险的要求，不得以盘活存量资产为名，将特许经营模式异化为地方政府、地方国有企业或平台公司变卖资产、变相融资的手段，严禁在盘活存量资产过程中新增地方政府隐性债务等各类风险。要优先支持民营企业通过特许经营模式参与盘活存量资产项目，鼓励符合条件的国有企业规范参与不涉及新建和改扩建的盘活存量资产特许经营项目。

六、加强特许经营方案把关

地方各级发展改革部门要切实负起特许经营方案审核责任。对采取资本金注入的政府投资项目，应比照政府投资项目可行性研究报告审批权限，由相关发展改革部门审核特许经营方案；对企业投资项目，应比照核准（备案）权限，由相关发展改革部门审核特许经营方案。对由其他部门负责审批、核准或备案的项目，原则上应由与其他部门同级的发展改革部门审核特许经营方案。负责审核特许经营方案的发展改革部门要在全国PPP项目信息系统中及时上传完整规范的特许经营方案审核证明文件。

七、做好信息填报和审核把关

各省级发展改革委要用好全国PPP项目信息系统，指导地方各级发展改革部门组织实施机构、特许经营者等及时填报项目信息，并对填报信息进行审核确认。经省级发展改革委确认通过且实施机构启动特许经营者选择程序的项目，将通过全国PPP项目信息系统向社会公开。对不符合PPP新机制要求的特许经营项目，省级发展改革委要指导有关地方发展改革部门，及时组织有关方面优化完善特许经营方案，规范推进建设实施流程，严格按照PPP新机制要求实施特许经营项目。

八、强化事中事后监管

国家发展改革委将健全事中事后监管机制，持续组织对经省级发展改革委确认后的项目是否符合PPP新机制政策导向进行抽查复核，并通过各种渠道摸排项目实施情况，督促各地切实将PPP新机制各项政策要求逐一落到实处。同时，持续完善PPP新机制现行制度体系，切实加强政策指导和培训交流，针对各方关注较高的共性问题适时发布问答口径，帮助各方全面准确把握PPP新机制定位、作用和要求，推动PPP新机制深入实施，最大程度鼓励民营企业参与，不断提升基础设施等项目建设运营水平。

第十九条 政府提供项目推介对接等服务

各级人民政府及其有关部门在项目推介对接、前期工作和报建审批事项办理、要素获取和政府投资支持等方面，为民营经济组织投资提供规范高效便利的服务。

● 行政法规

1. 《政府投资条例》（2019年4月14日）

第二章　政府投资决策

第8条　县级以上人民政府应当根据国民经济和社会发展规划、中期财政规划和国家宏观调控政策，结合财政收支状况，统筹安排使用政府投资资金的项目，规范使用各类政府投资资金。

第9条　政府采取直接投资方式、资本金注入方式投资的项目（以下统称政府投资项目），项目单位应当编制项目建议书、可行性研究报告、初步设计，按照政府投资管理权限和规定的程序，报投资主管部门或者其他有关部门审批。

项目单位应当加强政府投资项目的前期工作，保证前期工作的深度达到规定的要求，并对项目建议书、可行性研究报告、初步设计以及依法应当附具的其他文件的真实性负责。

第10条　除涉及国家秘密的项目外，投资主管部门和其他有关部门应当通过投资项目在线审批监管平台（以下简称在线平台），使用在线平台生成的项目代码办理政府投资项目审批手续。

投资主管部门和其他有关部门应当通过在线平台列明与政府投资有关的规划、产业政策等，公开政府投资项目审批的办理流程、办理时限等，并为项目单位提供相关咨询服务。

第11条　投资主管部门或者其他有关部门应当根据国民经济和社会发展规划、相关领域专项规划、产业政策等，从下列方面对政府投资项目进行审查，作出是否批准的决定：

（一）项目建议书提出的项目建设的必要性；

（二）可行性研究报告分析的项目的技术经济可行性、社会效益以及项目资金等主要建设条件的落实情况；

（三）初步设计及其提出的投资概算是否符合可行性研究报告批复以及国家有关标准和规范的要求；

（四）依照法律、行政法规和国家有关规定应当审查的其他事项。

投资主管部门或者其他有关部门对政府投资项目不予批准的，应当书面通知项目单位并说明理由。

对经济社会发展、社会公众利益有重大影响或者投资规模较大的政府投资项目，投资主管部门或者其他有关部门应当在中介服务机构评估、公众参与、专家评议、风险评估的基础上作出是否批准的决定。

第12条　经投资主管部门或者其他有关部门核定的投资概算是控制政府投资项目总投资的依据。

初步设计提出的投资概算超过经批准的可行性研究报告提出的投资估算10%的，项目单位应当向投资主管部门或者其他有关部门报告，投资主管部门或者其他有关部门可以要求项目单位重新报送可行性研究报告。

第13条　对下列政府投资项目，可以按照国家有关规定简化需要报批的文件和审批程序：

（一）相关规划中已经明确的项目；

（二）部分扩建、改建项目；

（三）建设内容单一、投资规模较小、技术方案简单的项目；

（四）为应对自然灾害、事故灾难、公共卫生事件、社会安全事件等突发事件需要紧急建设的项目。

前款第三项所列项目的具体范围，由国务院投资主管部门会同国务院其他有关部门规定。

第14条　采取投资补助、贷款贴息等方式安排政府投资资金的，项目单位应当按照国家有关规定办理手续。

第三章　政府投资年度计划

第15条　国务院投资主管部门对其负责安排的政府投资编制政府投资年度计划，国务院其他有关部门对其负责安排的本行业、本领域的政府投资编制政府投资年度计划。

县级以上地方人民政府有关部门按照本级人民政府的规定，编制政府投资年度计划。

第16条　政府投资年度计划应当明确项目名称、建设内容及规模、建设工期、项目总投资、年度投资额及资金来源等事项。

第17条　列入政府投资年度计划的项目应当符合下列条件：

（一）采取直接投资方式、资本金注入方式的，可行性研究报告已经批准或者投资概算已经核定；

（二）采取投资补助、贷款贴息等方式的，已经按照国家有关规定办理手续；

（三）县级以上人民政府有关部门规定的其他条件。

第18条　政府投资年度计划应当和本级预算相衔接。

第19条　财政部门应当根据经批准的预算，按照法律、行政法规和国库管理的有关规定，及时、足额办理政府投资资金拨付。

第四章　政府投资项目实施

第20条　政府投资项目开工建设，应当符合本条例和有关法律、行政法规规定的建设条件；不符合规定的建设条件的，不得开工建设。

国务院规定应当审批开工报告的重大政府投资项目，按照规定办理开工报告审批手续后方可开工建设。

第21条　政府投资项目应当按照投资主管部门或者其他有关部门批准的建设地点、建设规模和建设内容实施；拟变更建设地点或者拟对建设规模、建设内容等作较大变更的，应当按照规定的程序报原审批部门审批。

第22条　政府投资项目所需资金应当按照国家有关规定确保落实到位。

政府投资项目不得由施工单位垫资建设。

第23条　政府投资项目建设投资原则上不得超过经核定的

投资概算。

因国家政策调整、价格上涨、地质条件发生重大变化等原因确需增加投资概算的，项目单位应当提出调整方案及资金来源，按照规定的程序报原初步设计审批部门或者投资概算核定部门核定；涉及预算调整或者调剂的，依照有关预算的法律、行政法规和国家有关规定办理。

第 24 条 政府投资项目应当按照国家有关规定合理确定并严格执行建设工期，任何单位和个人不得非法干预。

第 25 条 政府投资项目建成后，应当按照国家有关规定进行竣工验收，并在竣工验收合格后及时办理竣工财务决算。

政府投资项目结余的财政资金，应当按照国家有关规定缴回国库。

第 26 条 投资主管部门或者其他有关部门应当按照国家有关规定选择有代表性的已建成政府投资项目，委托中介服务机构对所选项目进行后评价。后评价应当根据项目建成后的实际效果，对项目审批和实施进行全面评价并提出明确意见。

● 部门规章及文件

2.《政府投资基金暂行管理办法》(2015 年 11 月 12 日)

第二章 政府投资基金的设立

第 5 条 政府出资设立投资基金，应当由财政部门或财政部门会同有关行业主管部门报本级政府批准。

第 6 条 各级财政部门应当控制政府投资基金的设立数量，不得在同一行业或领域重复设立基金。

第 7 条 各级财政部门一般应在以下领域设立投资基金：

(一) 支持创新创业。为了加快有利于创新发展的市场环境，增加创业投资资本的供给，鼓励创业投资企业投资处于种子期、起步期等创业早期的企业。

（二）支持中小企业发展。为了体现国家宏观政策、产业政策和区域发展规划意图，扶持中型、小型、微型企业发展，改善企业服务环境和融资环境，激发企业创业创新活力，增强经济持续发展内生动力。

（三）支持产业转型升级和发展。为了落实国家产业政策，扶持重大关键技术产业化，引导社会资本增加投入，有效解决产业发展投入大、风险大的问题，有效实现产业转型升级和重大发展，推动经济结构调整和资源优化配置。

（四）支持基础设施和公共服务领域。为改革公共服务供给机制，创新公共设施投融资模式，鼓励和引导社会资本进入基础设施和公共服务领域，加快推进重大基础设施建设，提高公共服务质量和水平。

第8条 设立政府投资基金，可采用公司制、有限合伙制和契约制等不同组织形式。

第9条 政府投资基金出资方应当按照现行法律法规，根据不同的组织形式，制定投资基金公司章程、有限合伙协议、合同等（以下简称章程），明确投资基金设立的政策目标、基金规模、存续期限、出资方案、投资领域、决策机制、基金管理机构、风险防范、投资退出、管理费用和收益分配等。

第三章 政府投资基金的运作和风险控制

第10条 政府投资基金应按照"政府引导、市场运作，科学决策、防范风险"的原则进行运作。

第11条 政府投资基金募资、投资、投后管理、清算、退出等通过市场化运作。财政部门应指导投资基金建立科学的决策机制，确保投资基金政策性目标实现，一般不参与基金日常管理事务。

第12条 政府投资基金在运作过程中不得从事以下业务：

1. 从事融资担保以外的担保、抵押、委托贷款等业务；
2. 投资二级市场股票、期货、房地产、证券投资基金、评级

AAA 以下的企业债、信托产品、非保本型理财产品、保险计划及其他金融衍生品；

3. 向任何第三方提供赞助、捐赠（经批准的公益性捐赠除外）；

4. 吸收或变相吸收存款，或向第三方提供贷款和资金拆借；

5. 进行承担无限连带责任的对外投资；

6. 发行信托或集合理财产品募集资金；

7. 其他国家法律法规禁止从事的业务。

第13条 投资基金各出资方应当按照"利益共享、风险共担"的原则，明确约定收益处理和亏损负担方式。对于归属政府的投资收益和利息等，除明确约定继续用于投资基金滚动使用外，应按照财政国库管理制度有关规定及时足额上缴国库。投资基金的亏损应由出资方共同承担，政府应以出资额为限承担有限责任。

为更好地发挥政府出资的引导作用，政府可适当让利，但不得向其他出资人承诺投资本金不受损失，不得承诺最低收益。国务院另有规定的除外。

第14条 政府投资基金应当遵照国家有关财政预算和财务管理制度等规定，建立健全内部控制和外部监管制度，建立投资决策和风险约束机制，切实防范基金运作过程中可能出现的风险。

第15条 政府投资基金应选择在中国境内设立的商业银行进行托管。托管银行依据托管协议负责账户管理、资金清算、资产保管等事务，对投资活动实施动态监管。

第16条 加强政府投资基金信用体系建设，建立政府投资基金及其高级管理人员信用记录，并将其纳入全国统一的社会信用信息共享交换平台。

第四章 政府投资基金的终止和退出

第17条 政府投资基金一般应当在存续期满后终止。确需延长存续期限的，应当报经同级政府批准后，与其他出资方按章程约定的程序办理。

第18条 政府投资基金终止后，应当在出资人监督下组织清算，将政府出资额和归属政府的收益，按照财政国库管理制度有关规定及时足额上缴国库。

第19条 政府投资基金中的政府出资部分一般应在投资基金存续期满后退出，存续期未满如达到预期目标，可通过股权回购机制等方式适时退出。

第20条 财政部门应与其他出资人在投资基金章程中约定，有下述情况之一的，政府出资可无需其他出资人同意，选择提前退出：

（一）投资基金方案确认后超过一年，未按规定程序和时间要求完成设立手续的；

（二）政府出资拨付投资基金账户一年以上，基金未开展投资业务的；

（三）基金投资领域和方向不符合政策目标的；

（四）基金未按章程约定投资的；

（五）其他不符合章程约定情形的。

第21条 政府出资从投资基金退出时，应当按照章程约定的条件退出；章程中没有约定的，应聘请具备资质的资产评估机构对出资权益进行评估，作为确定投资基金退出价格的依据。

第五章 政府投资基金的预算管理

第22条 各级政府出资设立投资基金，应由同级财政部门根据章程约定的出资方案将当年政府出资额纳入年度政府预算。

第23条 上级政府可通过转移支付支持下级政府设立投资基金，也可与下级政府共同出资设立投资基金。

第24条 各级政府单独出资设立的投资基金，由财政部门根据年度预算、项目投资进度或实际用款需要将资金拨付到投资基金。

政府部门与社会资本共同出资设立的投资基金，由财政部门根据投资基金章程中约定的出资方案、项目投资进度或实际用款需求以及年度预算安排情况，将资金拨付到投资基金。

第25条　各级财政部门向政府投资基金拨付资金时，增列当期预算支出，按支出方向通过相应的支出分类科目反映；

收到投资收益时，作增加当期预算收入处理，通过相关预算收入科目反映；

基金清算或退出收回投资时，作冲减当期财政支出处理。

第六章　政府投资基金的资产管理

第26条　各级财政部门应按照《财政总预算会计制度》规定，完整准确反映政府投资基金中政府出资部分形成的资产和权益，在保证政府投资安全的前提下实现保值增值。

各级财政部门向投资基金拨付资金，在增列财政支出的同时，要相应增加政府资产——"股权投资"和净资产——"资产基金"，并要根据本级政府投资基金的种类进行明细核算。基金清算或退出收回投资本金时，应按照政府累计出资额相应冲减政府资产——"股权投资"和净资产——"资产基金"。

第27条　政府应分享的投资损益按权益法进行核算。政府投资基金应当在年度终了后及时将全年投资收益或亏损情况向本级财政部门报告。财政部门按当期损益情况作增加或减少政府资产——"股权投资"和净资产——"资产基金"处理；财政部门收取政府投资基金上缴投资收益时，相应增加财政收入。

第28条　政府投资基金应当定期向财政部门报告基金运行情况、资产负债情况、投资损益情况及其他可能影响投资者权益的其他重大情况。按季编制并向财政部门报送资产负债表、损益表及现金流量表等报表。

第29条　本办法实施前已经设立的政府投资基金，要按本办法规定将政府累计投资形成的资产、权益和应分享的投资收益及时向财政部门报告。财政部门要按照本办法和《财政总预算会计制度》要求，相应增加政府资产和权益。

第二十条　金融服务差异化监管

国务院有关部门依据职责发挥货币政策工具和宏观信贷政策的激励约束作用，按照市场化、法治化原则，对金融机构向小型微型民营经济组织提供金融服务实施差异化政策，督促引导金融机构合理设置不良贷款容忍度、建立健全尽职免责机制、提升专业服务能力，提高为民营经济组织提供金融服务的水平。

● 部门规章及文件

1.《银行业金融机构小微企业金融服务监管评价办法》（2024年11月25日）

第二章　评价体系

第5条　小微金融监管评价体系由信贷总体投放情况、成本及风险情况、服务结构优化情况、激励约束机制情况、合规经营及内控情况、服务地方经济情况等评价要素构成。

各项评价要素下设若干评价指标。每项评价要素的得分通过对评价指标的打分，结合监管人员的专业判断综合得出。

评价得分由各部分要素各自得分加总产生。定量指标依据计算结果得分（保留小数点后一位），定性指标最小计分单位为0.5分。

第6条　评价指标是评价要素的构成单元。对法人银行业金融机构评价的指标具体内容及分值以附件《银行业金融机构小微企业金融服务监管评价指标表》（以下简称《评价指标表》）为准。

国家金融监督管理总局负责普惠金融职能的司局在每年开展

小微金融监管评价前，可根据小微企业金融服务有关政策法规最新要求和实践需要，结合当年小微企业金融工作重点，牵头对评价范围、评价要素、评价指标、评价标准、分值权重等作必要和适当的调整，制定年度《评价指标表》。

第7条 评价指标包含常规指标和加分指标两类。常规指标与加分指标的合计得分为被评价银行的最终得分。

常规指标分值以正向赋分为主，符合指标要求的，按具体情况得分，不符合要求的不得分。对于监管法律法规和规范性文件明令禁止银行业金融机构实施的行为，或明文规定银行业金融机构应当实施但未能实施、情节严重的行为，给予负向赋分。常规指标合计满分100分。

加分指标分值为正向赋分，符合指标要求的，按具体情况得分，不符合要求的不得分。

第8条 小微金融监管评价结果根据各指标加总得分划分为四个评价等级。

评价得分在90分（含）以上者为一级；得分在 [75, 90) 区间者为二级，其中得分在 [85, 90) 区间者为二A，[80, 85) 区间者为二B，[75, 80) 区间者为二C；得分在 [60, 75) 区间者为三级，其中得分在 [70, 75) 区间者为三A，[65, 70) 区间者为三B，[60, 65) 区间者为三C；得分在60分以下者为四级。

常规指标得分在60分以下者，当年评价结果等级直接判定为四级。

第9条 小微金融监管评价结果等级对应的评价含义如下：

（一）评价结果为一级，表示该机构对小微企业金融服务工作的重要性有充分的认识，内部机制体制健全，政策落实和制度保障有力，较好实现了监管目标，小微企业金融产品、业务、服务成效突出，经营服务行为基本规范。

（二）评价结果为二级，表示该机构围绕小微企业金融服务进行了专门的内部机制体制安排，能够落实政策要求，基本实现了监管目标，小微企业金融产品、业务、服务取得一定成效，但工作还存在一些不足，需及时予以改进。

（三）评价结果为三级，表示该机构小微企业金融服务的各项机制体制、产品、业务尚有欠缺，主动作为不足，存在政策落实不得力、部分监管目标不达标的问题，亟需采取有针对性的改进措施。

（四）评价结果为四级，表示该机构小微企业金融服务工作存在严重缺陷，未按照要求落实相关政策，主要监管目标不达标，没有围绕小微企业金融服务建立专门的机制体制、开发特色产品、改进业务流程，应当对小微企业金融服务工作进行全面检视、切实整改，国家金融监督管理总局及其派出机构必要时可依法采取相应的监管措施。

第三章　评价机制

第10条　小微金融监管评价按年度进行，评价周期为当年1月1日至12月31日。

各金融监管局当年度小微金融监管评价工作原则上应于次年4月30日前完成。

第11条　国家金融监督管理总局负责组织、督导全国银行业金融机构小微金融监管评价工作，并直接负责开展对大型商业银行、股份制银行的小微金融监管评价工作。

各金融监管局负责组织开展对辖内属地监管的地方法人银行业金融机构，以及大型商业银行、股份制银行一级分行的小微金融监管评价工作。对大型商业银行、股份制银行分支机构的评价，可参照法人银行业金融机构确定评价指标和分值权重。

各金融监管局可根据辖内实际情况，自主决定是否对辖内的城市商业银行异地分支机构等其他分支机构开展小微金融监管评价。

第12条　国家金融监督管理总局、各金融监管局应当建立小微金融监管评价协调机制，具体负责对所管辖银行业金融机构的评价工作。协调机制由各级普惠金融职能司局（处室）牵头，参与司局（处室）应当至少包括同级机构监管、现场检查、统计、消费者权益保护等职能司局（处室）。

国家金融监督管理总局普惠金融职能司局负责对小微金融监管评价的总体规划、统筹协调和督促指导。

各金融监管局可根据工作需要，决定是否在辖内金融监管分局建立小微金融监管评价协调机制，并可参照本条第一款规定，自行确定分局层面相关协调机制的具体安排。

第13条　国家金融监督管理总局各级派出机构应当加强对银行分支机构小微企业金融服务情况的信息共享。

各金融监管局应当将大型商业银行、股份制银行分支机构评价结果抄报国家金融监督管理总局负责普惠金融及相应机构监管的职能司局。对地方法人银行的异地分支机构开展小微金融监管评价的，应当将评价结果抄报该法人银行属地金融监管局。

地方法人银行异地分支机构所在地金融监管局应积极配合法人银行属地金融监管局，向其提供分支机构在辖内小微企业金融服务的情况。

第四章　评价流程

第14条　小微金融监管评价流程分为以下七个环节：确定评价范围、银行自评、监管信息收集、监管初评、监管复审、评价结果通报、档案归集。

第15条　国家金融监督管理总局及其派出机构每年按照本办法，结合工作实际确定年度小微金融监管评价的银行业金融机构范围。

第16条　银行业金融机构应按照本办法及《评价指标表》，对本行年度小微企业金融服务工作情况开展自评，并于次年2月底前向国家金融监督管理总局及其派出机构书面报告自评结果。书面报告内容应当包括：自评等级，各项评价要素及指标得分，对每项评价指标得分的证明材料。

银行业金融机构应当高度重视、严肃对待自评工作，做到客观、全面、证据充分。对于自评得分显著高于小微金融监管评价得分，且自评得分缺乏必要证据支持的银行业金融机构，国家金融监督管理总局及其派出机构可视情形进行额外扣分。

银行业金融机构向国家金融监督管理总局及其派出机构提交的自评证明材料，应当确保真实性。对于提交虚假证明材料、影响小微金融监管评价结果的银行业金融机构，监管评价结果应直接认定为四级。

《评价指标表》规定需作为评价参照值的监管统计数据，国家金融监督管理总局及其派出机构应在银行自评工作开始前，以适当形式向相关银行业金融机构告知。

第17条　国家金融监督管理总局及其派出机构应当通过小微金融监管评价协调机制，全面收集银行业金融机构相关信息，为监管评价做好准备。监管信息收集工作原则上由监管初评牵头职能部门负责。信息收集内容及渠道包括：

（一）定量评价指标，原则上以从国家金融监督管理总局非现场监管信息系统中获取的数据为准。

定量指标在国家金融监督管理总局非现场监管信息系统中确无数据的，可通过监管检查报告、银行内外部审计报告、银行年报等材料获取。

（二）定性评价指标，可从以下方面收集相关信息：

1. 要求银行提供本行正式印发的文件（包括内部制度文件、会议纪要、考核评价通报、内外部审计报告等）。

2. 国家金融监督管理总局及其派出机构开展的小微企业金融服务相关调研、调查、检查、督导、督查、暗访中反映的，经核查属实的情况。

3. 国家金融监督管理总局及其派出机构接到的有关小微企业金融服务的信访、举报、投诉等，经核查属实的情况。

4. 其他国家机关开展的有关小微企业金融服务的外部审计、检查、处罚等情况。

5. 在前述材料的基础上，通过现场走访、抽查、监管会谈等途径进一步掌握的情况。

第18条 国家金融监督管理总局及其派出机构综合前期信息采集和银行业金融机构自评结果，并结合日常工作中掌握的银行业金融机构小微企业金融服务有关情况，开展监管初评。

大型商业银行、股份制银行的监管初评，由国家金融监督管理总局普惠金融职能司局牵头，按照小微金融监管评价协调机制实施。地方法人银行业金融机构，以及大型商业银行、股份制银行一级分行的监管初评，由属地金融监管局普惠金融职能处室牵头，根据内部小微金融监管评价协调机制具体开展。

初评人员应当对照《评价指标表》，逐项填写银行业金融机构得分情况及评分依据，并保存好相应的工作底稿和证明材料。初评人员可根据评价工作需要，参照第十七条规定，补充收集相关信息。属于必须由银行业金融机构提交证明材料的评价指标，可要求银行业金融机构补充提交证明材料，银行业金融机构不愿或不能按要求提供的，相关指标应直接判定为最低分值。

第19条 在初评基础上，国家金融监督管理总局及其派出机构应当对银行业金融机构小微企业金融服务工作进行复审。

监管复审工作应当成立专门小组负责。大型商业银行、股份制银行的监管复审，由国家金融监督管理总局普惠金融职能司局主要负责同志担任复审小组组长。普惠金融职能司局负责具体组织，按照国家金融监督管理总局小微金融监管评价协调机制开展工作。地方法人银行业金融机构，以及大型商业银行、股份制银行一级分行的监管复审小组，由属地金融监管局分管普惠金融工作的负责同志担任小组组长，普惠金融职能处室具体负责组织，按照本局小微金融监管评价协调机制实施。

复审人员可视实际情况，要求银行业金融机构补充提交证明材料，或请初评人员对打分依据进行补充说明。初评等级为一级或四级的银行业金融机构，应当作为复审重点关注对象。对于各项要素及指标的评价得分，复审结果高于初评结果的，应当逐一书面阐明理由。

第20条 监管复审小组形成复审评价结果后，应提请国家金融监督管理总局及其派出机构本级主要负责同志审核。审核批准后的结果，即为小微金融监管评价最终结果。

第21条 小微金融监管评价结果形成后，国家金融监督管理总局及其派出机构应及时向被评价的银行业金融机构通报。

第22条 年度小微金融监管评价工作结束后，国家金融监督管理总局及其派出机构普惠金融职能部门应做好相关文件及证明材料的归档工作。

第23条 各金融监管局应于次年5月10日前汇总形成辖内银行业金融机构年度小微金融监管评价结果，书面报送国家金融监督管理总局。书面报告应附辖内银行业金融机构监管评价结果明细，对评价结果为一级或四级的银行业金融机构，应专门说明评价依据。

国家金融监督管理总局应于次年5月31日前汇总形成全国银行业金融机构年度小微金融监管评价结果。汇总工作由国家金融监督管理总局负责普惠金融的职能司局负责。

第五章 评价结果运用

第24条 小微金融监管评价结果通过以下方式运用：

（一）在对单家机构的相关监管通报中，专题通报评价结果。

（二）将单家机构评价结果抄送有关组织部门、纪检监察机构和财政、国资等相关部门。

（三）将辖内银行业金融机构总体评价结果抄送人民银行同级机构，并根据工作需要，以适当形式全辖通报。

（四）将评价结果作为小微企业金融服务相关的政策试点、奖励激励的主要依据，优先选择或推荐评价结果为一级或二A级的银行业金融机构。

（五）评价结果为三级的银行业金融机构，国家金融监督管理总局及其派出机构应要求其提出针对性的改进措施，并加强监管督导。

（六）评价结果为四级的银行业金融机构，国家金融监督管理总局及其派出机构应专题约谈其主要负责人，责令限时制定专项整改方案，并跟踪督促评估其后续落实情况。

（七）评价结果为四级，或合规经营、体制机制建设等方面评价指标中扣分较多的银行业金融机构，在相关现场检查中应作为重点检查对象。

对当年新成立银行业金融机构开展监管评价的，评价结果可不按前款要求运用。

银行业金融机构应当将评价结果作为对小微企业金融业务条线绩效考核的重要参考。大中型商业银行应当将一级分行评价结果与对分行的绩效考核挂钩。

第25条　国家金融监督管理总局及其派出机构责令银行业金融机构开展小微企业金融服务专项整改的，在下一年度的小微金融监管评价中，应当重点关注其整改落实情况。

对于违反国家金融监督管理总局相关规定，整改措施不力或下一年度监管评价时仍无明显整改效果的银行业金融机构，国家金融监督管理总局及其派出机构可根据《中华人民共和国银行业监督管理法》第三十七条规定，区别情形，对其采取暂停部分业务、停止批准开办新业务等监管措施。

第26条　国家金融监督管理总局各级派出机构可根据相关监管法规，结合辖内实践，积极探索创新小微金融监管评价与其他监管措施的联动，进一步丰富监管工具箱，完善监管激励和约束手段，强化监管评价结果对提升小微企业金融服务水平的导向作用。

第27条　国家金融监督管理总局及其派出机构应将小微金融监管评价与小微企业金融服务日常监管工作充分结合。在按年度开展监管评价的同时，应继续做实对银行业金融机构的数据监测、业务推动、监督检查等工作。

国家金融监督管理总局及其派出机构应当依据监管评价结果及各项评价要素和指标的具体得分情况，分行施策，精准发力，对银行业金融机构小微企业金融服务工作确定督导、督促、检查的重点。

2.《中国人民银行、金融监管总局、中国证监会、国家外汇局、国家发展改革委、工业和信息化部、财政部、全国工商联关于强化金融支持举措助力民营经济发展壮大的通知》（2023年11月27日）

为深入贯彻党的二十大精神和中央金融工作会议要求，全面落实《中共中央 国务院关于促进民营经济发展壮大的意见》，坚持"两个毫不动摇"，引导金融机构树立"一视同仁"理念，持续加强民营企业金融服务，努力做到金融对民营经济的支持与民营经济对经济社会发展的贡献相适应，现就有关事宜通知如下。

一、持续加大信贷资源投入，助力民营经济发展壮大

（一）明确金融服务民营企业目标和重点。银行业金融机构要制定民营企业年度服务目标，提高服务民营企业相关业务在绩效考核中的权重，加大对民营企业的金融支持力度，逐步提升民营企业贷款占比。健全适应民营企业融资需求特点的组织架

构和产品服务，加大对科技创新、"专精特新"、绿色低碳、产业基础再造工程等重点领域民营企业的支持力度，支持民营企业技术改造投资和项目建设，积极满足民营中小微企业的合理金融需求，优化信贷结构。合理提高民营企业不良贷款容忍度，建立健全民营企业贷款尽职免责机制，充分保护基层展业人员的积极性。

（二）加大首贷、信用贷支持力度。银行业金融机构要积极开展首贷客户培育拓展行动，加强与发展改革和行业管理部门、工商联、商会协会对接合作，挖掘有市场、有效益、信用好、有融资需求的优质民营企业，制定针对性综合培育方案，提升民营企业的金融获得率。强化科技赋能，开发适合民营企业的信用类融资产品，推广"信易贷"模式，发挥国家产融合作平台作用，持续扩大信用贷款规模。

（三）积极开展产业链供应链金融服务。银行业金融机构要积极探索供应链脱核模式，支持供应链上民营中小微企业开展订单贷款、仓单质押贷款等业务。进一步完善中征应收账款融资服务平台功能，加强服务平台应用。促进供应链票据规范发展。深入实施"一链一策一批"中小微企业融资促进行动，支持重点产业链和先进制造业集群、中小企业特色产业集群内民营中小微企业融资。

（四）主动做好资金接续服务。鼓励主办银行和银团贷款牵头银行积极发挥牵头协调作用，对暂时遇到困难但产品有市场、项目有发展前景、技术有市场竞争力的民营企业，按市场化原则提前对接接续融资需求，不盲目停贷、压贷、抽贷、断贷。抓好《关于做好当前金融支持房地产市场平稳健康发展工作的通知》（银发〔2022〕254号文）等政策落实落地，保持信贷、债券等重点融资渠道稳定，合理满足民营房地产企业金融需求。

（五）切实抓好促发展和防风险。银行业金融机构要增强服务民营企业的可持续性，依法合规审慎经营。健全信用风险管控机制，加强享受优惠政策低成本资金使用管理，严格监控资金流向。加强关联交易管理，提高对关联交易的穿透识别、监测预警能力。

二、深化债券市场体系建设，畅通民营企业债券融资渠道

（六）扩大民营企业债券融资规模。支持民营企业注册发行科创票据、科创债券、股债结合类产品、绿色债券、碳中和债券、转型债券等，进一步满足科技创新、绿色低碳等领域民营企业资金需求。支持民营企业发行资产支持证券，推动盘活存量资产。优化民营企业债务融资工具注册机制，注册全流程采用"快速通道"，支持储架式注册发行，提高融资服务便利度。

（七）充分发挥民营企业债券融资支持工具作用。鼓励中债信用增进投资股份有限公司、中国证券金融股份有限公司以及市场机构按照市场化、法治化原则，通过担保增信、创设信用风险缓释工具、直接投资等方式，推动民营企业债券融资支持工具扩容增量、稳定存量。

（八）加大对民营企业债券投资力度。鼓励和引导商业银行、保险公司、各类养老金、公募基金等机构投资者积极科学配置民营企业债券。支持民营企业在符合信息披露、公允定价、公平交易等规范基础上，以市场化方式购回本企业发行的债务融资工具。

（九）探索发展高收益债券市场。研究推进高收益债券市场建设，面向科技型中小企业融资需求，建设高收益债券专属平台，设计符合高收益特征的交易机制与系统，加强专业投资者培育，提高市场流动性。

三、更好发挥多层次资本市场作用，扩大优质民营企业股权融资规模

（十）支持民营企业上市融资和并购重组。推动注册制改革

走深走实，大力支持民营企业发行上市和再融资。支持符合条件的民营企业赴境外上市，利用好两个市场、两种资源。继续深化并购重组市场化改革，研究优化并购重组"小额快速"审核机制，支持民营企业通过并购重组提质增效、做大做强。

（十一）强化区域性股权市场对民营企业的支持服务。推动区域性股权市场突出私募股权市场定位，稳步拓展私募基金份额转让、认股权综合服务等创新业务试点，提升私募基金、证券服务机构等参与区域性股权市场积极性。支持保险、信托等机构以及资管产品在依法合规、风险可控、商业自愿的前提下，投资民营企业重点建设项目和未上市企业股权。

（十二）发挥股权投资基金支持民营企业融资的作用。发挥政府资金引导作用，支持更多社会资本投向重点产业、关键领域民营企业。积极培育天使投资、创业投资等早期投资力量，增加对初创期民营中小微企业的投入。完善投资退出机制，优化创投基金所投企业上市解禁期与投资期限反向挂钩制度安排。切实落实国有创投机构尽职免责机制。

四、加大外汇便利化政策和服务供给，支持民营企业"走出去""引进来"

（十三）提升经常项目收支便利化水平。鼓励银行业金融机构开展跨境人民币"首办户"拓展行动。支持银行业金融机构为更多优质民营企业提供贸易外汇收支便利化服务，提升资金跨境结算效率。支持银行业金融机构统筹运用好本外币结算政策，为跨境电商等贸易新业态提供优质的贸易便利化服务。

（十四）完善跨境投融资便利化政策。优化外汇账户和资本项目资金使用管理，完善资本项目收入支付结汇便利化政策，支持符合条件的银行业金融机构开展资本项目数字化服务。扩大高新技术和"专精特新"中小企业跨境融资便利化试点范围。支持符合条件的民营企业开展跨国公司本外币一体化资金池业务试点，便利民营企业统筹境内外资金划转和使用。有序扩大外资企业境内再投资免登记试点范围，提升外资企业境内开展股权投资便利化水平和民营企业利用外资效率。支持跨境股权投资基金投向优质民营企业。

（十五）优化跨境金融外汇特色服务。鼓励银行业金融机构健全汇率风险管理服务体系和工作机制，加强政银企担保多方联动合作，减轻民营中小微企业外汇套期保值成本。持续创新跨境金融服务平台应用场景、拓展覆盖范围，为民营企业提供线上化、便利化的融资结算服务。

五、强化正向激励，提升金融机构服务民营经济的积极性

（十六）加大货币政策工具支持力度。继续实施好多种货币政策工具，支持银行业金融机构增加对重点领域民营企业的信贷投放。用好支农支小再贷款额度，将再贷款优惠利率传导到民营小微企业，降低民营小微企业融资成本。

（十七）强化财政奖补和保险保障。优化创业担保贷款政策，简化办理流程，推广线上化业务模式。发挥首台（套）重大技术装备、重点新材料首批次应用保险补偿机制作用。在风险可控前提下，稳步扩大出口信用保险覆盖面。

（十八）拓宽银行业金融机构资金来源渠道。支持银行业金融机构发行金融债券，募集资金用于发放民营企业贷款。对于支持民营企业力度较大的银行业金融机构，在符合发债条件的前提下，优先支持发行各类资本工具补充资本。

六、优化融资配套政策，增强民营经济金融承载力

（十九）完善信用激励约束机制。完善民营企业信用信息共享机制，健全中小微企业和个体工商户信用评级和评价体系。推动水电、工商、税务、政府补贴等涉企信用信息在依法合规前提下向银行业金融机构开放查询，缓解信息不对称。健全失信行为纠正后信用修复机制。

（二十）健全风险分担和补偿机制。发挥国家融资担保基金体系引领作用，稳定再担保业务规模，引导各级政府性融资担保机构合理厘定担保费率，积极培育民营企业"首保户"，加大对民营小微企业的融资增信支持力度。建立国家融资担保基金风险补偿机制，鼓励有条件的地方完善政府性融资担保机构的资本补充和风险补偿机制，进一步增强政府性融资担保机构的增信分险作用。

（二十一）完善票据市场信用约束机制。支持民营企业更便利地使用票据进行融资，强化对民营企业使用票据的保护，对票据持续逾期的失信企业，限制其开展票据业务，更好防范拖欠民营企业账款。引导票据市场基础设施优化系统功能，便利企业查询票据信息披露结果，更有效地识别评估相关信用风险。

（二十二）强化应收账款确权。鼓励机关、事业单位、大型企业等应收账款付款方在中小企业提出确权请求后，及时确认债权债务关系。鼓励地方政府积极采取多种措施，加大辖区内小微企业应收账款确权力度，提高应收账款融资效率。推动核心企业、政府部门、金融机构加强与中征应收账款融资服务平台对接，通过服务平台及时确认账款，缓解核心企业、政府部门确权难和金融机构风控难问题。

（二十三）加大税收政策支持力度。落实以物抵债资产税收政策，银行业金融机构处置以物抵债资产时无法取得进项发票的，允许按现行规定适用差额征收增值税政策，按现行规定减免接收、处置环节的契税、印花税等。推动落实金融企业呆账核销管理制度，进一步支持银行业金融机构加快不良资产处置。

七、强化组织实施保障

（二十四）加强宣传解读。金融机构要积极开展宣传解读，丰富宣传形式、提高宣传频率、扩大宣传范围，主动将金融支持政策、金融产品和服务信息推送至民营企业。发展改革和行业管理部门、工商联通过培训等方式，引导民营企业依法合规诚信经营，珍惜商业信誉和信用记录，防范化解风险。

（二十五）强化工作落实。各地金融管理、发展改革、工信、财税、工商联等部门加强沟通协调，推动解决政策落实中的堵点、难点问题，强化政策督导，梳理总结典型经验，加强宣传推介，提升政策实效。进一步完善统计监测，加强政策效果评估。工商联要发挥好桥梁纽带和助手作用，建立优质民营企业名录，及时向金融机构精准推送，加强银企沟通。各金融机构要履行好主体责任，抓紧制定具体实施细则，加快政策落实落细。

第二十一条　民营经济组织贷款担保

银行业金融机构等依据法律法规，接受符合贷款业务需要的担保方式，并为民营经济组织提供应收账款、仓单、股权、知识产权等权利质押贷款。

各级人民政府及其有关部门应当为动产和权利质押登记、估值、交易流通、信息共享等提供支持和便利。

● 法　律

1.《民法典》（2020 年 5 月 28 日）

第 440 条　债务人或者第三人有权处分的下列权利可以出质：

（一）汇票、本票、支票；

（二）债券、存款单；

（三）仓单、提单；

（四）可以转让的基金份额、股权；

（五）可以转让的注册商标专用权、专利权、著作权等知识产权中的财产权；

（六）现有的以及将有的应收账款；

（七）法律、行政法规规定可以出质的其他财产权利。

第 444 条　以注册商标专用权、专利权、著作权等知识产权中的财产权出质的，质权自办理出质登记时设立。

知识产权中的财产权出质后，出质人不得转让或者许可他人使用，但是出质人与质权人协商同意的除外。出质人转让或者许可他人使用出质的知识产权中的财产权所得的价款，应当向质权人提前清偿债务或者提存。

● 部门规章及文件

2.《国家金融监督管理总局关于做好续贷工作提高小微企业金融服务水平的通知》（2024年9月24日）
各金融监管局，各政策性银行、大型银行、股份制银行、外资银行、金融资产管理公司：

为深入贯彻落实党的二十届三中全会和中央金融工作会议、中央经济工作会议精神，进一步做好续贷工作，切实提升小微企业金融服务质量，现就有关事项通知如下：

一、优化贷款服务模式。银行业金融机构应当根据小微企业生产经营特点、风险状况和偿付能力等因素，优化贷款服务模式，合理设置贷款期限，丰富还款结息方式，扩大信贷资金覆盖面。持续开发续贷产品，完善续贷产品功能，并建立健全相关管理机制。可以办理续期的贷款产品包括小微企业流动资金贷款和小微企业主、个体工商户及农户经营性贷款等。

二、加大续贷支持力度。对贷款到期后仍有融资需求，又临时存在资金困难的债务人，在贷款到期前经其主动申请，银行业金融机构按照市场化、法治化原则，可以提前开展贷款调查和评审，经审核合格后办理续贷。

银行业金融机构同意续贷的，应当在原贷款到期前与小微企业签订新的借款合同，需要担保的签订新的担保合同，落实借款条件，通过新发放贷款结清已有贷款等形式，允许小微企业继续使用贷款资金。

三、合理确定续期贷款风险分类。银行业金融机构对小微企业续贷的，应当按照金融资产风险分类的原则和标准，考虑借款人的履约能力、担保等因素，确定续期贷款的风险分类。

原贷款为正常类，且借款人符合下列条件的，不因续贷单独下调风险分类，可以归为正常类：

（一）依法合规经营；

（二）生产经营正常，具有持续经营能力；

（三）信用状况良好，还款意愿强，没有挪用贷款资金、欠息和逃废债等不良行为；

（四）符合发放贷款标准；

（五）银行业金融机构要求的其他条件。

对不符合本条前款规定的续期贷款，银行业金融机构应当根据借款人偿债能力等因素开展风险分类，真实、准确反映金融资产质量。

四、加强续期贷款风险管理。银行业金融机构应当按照风险为本的原则，制定续贷管理制度，建立业务操作流程，明确客户准入和业务授权标准，合理设计和完善借款合同与担保合同等配套文件。

银行业金融机构应当多渠道掌握小微企业经营情况和续贷资产相关信息，防止小微企业利用续贷隐瞒真实经营与财务状况或者短贷长用、改变贷款用途。切实加大对续贷贷款的贷后管理力度，及时做好风险评估和风险预警。加强对续贷业务的内部控制，在信贷系统中单独标识续贷贷款，建立对续贷业务的监测分析机制，防止通过续贷人为操纵贷款风险分类，掩盖贷款的真实风险状况。

五、完善尽职免责机制。银行业金融机构应当建立健全贷款尽职免责机制，完善内部制度，规范工作流程，并将不良容忍与绩效考核、尽职免责有机结合，切实为信贷人员松绑减负，有效保护信贷人员的积极性，真正实现"应免尽免"。统筹考虑履职过程、履职结果和损失程度等因素，明确信贷业务不同岗位、不同类型产品的尽职认定标准，细化免责情形，畅通异议申诉渠道，提升责任认定效率。

六、提升融资服务水平。银行业金融机构应当贯彻落实金融支持实体经济发展的要求，加大小微金融投入，提升融资对接力度，切实增强小微企业金融服务获得感。根据小微企业客户的实际需求，改进业务流程，积极提升金融服务水平，推动小微企业高质量发展。

七、阶段性拓展适用对象。对 2027 年 9 月 30 日前到期的中型企业流动资金贷款，银行业金融机构可以根据自身风险管控水平和信贷管理制度，比照小微企业续贷相关要求提供续贷支持。

本通知由国家金融监督管理总局负责解释。自本通知印发之日起，《中国银监会关于完善和创新小微企业贷款服务提高小微企业金融服务水平的通知》（银监发〔2014〕36 号）废止。

第二十二条　融资风险市场化分担

国家推动构建完善民营经济组织融资风险的市场化分担机制，支持银行业金融机构与融资担保机构有序扩大业务合作，共同服务民营经济组织。

● 部门规章及文件

《政府性融资担保发展管理办法》（2025 年 2 月 19 日）

第二章　经营要求

第 6 条　政府性融资担保机构应当坚持以政策性融资担保业务为主业，聚焦重点对象和薄弱领域，重点为单户担保金额 1000 万元及以下的小微企业和"三农"主体等提供融资担保服务。支小支农担保金额占全部担保金额的比例原则上不得低于 80%，其中单户担保金额 500 万元及以下的占比原则上不得低于 50%。

第7条　政府性融资担保机构应当积极支持吸纳就业能力强、劳动密集型的小微企业和"三农"等经营主体，促进稳岗扩岗，积极服务县域特色产业，实现服务实体经济发展和支持就业创业协同联动。

第8条　政府性融资担保机构不得偏离主业盲目扩大业务范围，不得为政府债券发行提供担保，不得为地方政府融资平台融资提供增信，不得向非融资担保机构进行股权投资，国家政策鼓励开展的科技创新担保与股权投资机构联动模式除外。

第9条　政府性融资担保机构应当严格落实国家政策要求，在可持续经营的前提下，合理收取担保费、再担保费，积极向经营主体让利。

第10条　政府性融资担保机构应当加强组织和人才建设，建立健全公司治理结构，完善议事规则、决策程序、风险管理及内控制度，不断增强公司治理的规范性和有效性。

政府性融资担保机构自主经营、独立决策、自担风险，地方各级政府及有关部门不得干预其日常经营活动。

第11条　政府性融资担保机构应当切实承担风险防控主体责任，严格控制担保代偿风险，坚持审慎经营原则，强化自我约束，构建全面风险管理体系，加强业务管理信息系统建设和应用，规范保前评估、保后管理、代偿追偿和风险处置等业务开展流程，建立健全风险监测、预警、应急处置等风险管控机制，确保风险事件早识别、早发现、早处置。

第12条　政府性融资担保机构应当逐步减少、取消对小微企业、"三农"等经营主体资产抵（质）押等反担保要求，在风险可控的前提下积极开展信用担保业务。

第三章　政策支持

第13条　在防止新增隐性债务前提下，地方各级财政部门可通过资本金补充、风险补偿、担保费补贴、业务奖补等方式对政府性融资担保机构给予支持，提升地方政府性融资担保机构的担保实力和资本规模，推动地方政府性融资担保机构在可持续经营的前提下，稳步扩大业务规模，更好助企纾困、稳岗扩岗、服务实体经济。

地方各级财政部门应当统筹宏观经济形势、经营主体融资需求、财政承受能力、政府性融资担保机构可持续经营能力等因素，合理研究确定对政府性融资担保机构的支持规模，以及政府性融资担保机构政策性融资担保业务规模、担保费率、代偿率、风险管控情况等绩效考核目标，更好发挥逆周期、跨周期调节作用。

第 14 条　财政部依托国家融资担保基金搭建全国政府性融资担保业务管理服务平台，加强与相关政府部门信息共享，为地方各级政府性融资担保机构业务管理、风险监测、绩效评价等提供支撑。

中国人民银行、国家发展改革委等部门支持政府性融资担保机构按规定接入金融信用信息基础数据库、全国信用信息共享平台，为政府性融资担保机构提供相关信息服务。

地方各级政府有关部门应当依托全国一体化融资信用服务平台网络，建立政府、银行、政府性融资担保机构等多方合作机制，向政府性融资担保机构开放共享涉企、涉农信用信息，支持政府性融资担保机构业务规范健康发展。

第 15 条　政府性融资担保机构开展的融资担保业务，应当根据融资担保公司准备金计提有关规定，按照风险实质提取相应的准备金，确保拨备充足。

政府性融资担保机构取得财政风险补偿资金，应当计入专项担保赔偿准备金，用于业务风险补偿。

第 16 条　政府性融资担保机构代偿资产处置参照金融企业不良资产处置管理有关规定，由政府性融资担保机构根据公司治理规则履行内部决策程序后实施。政府性融资担保机构应当建立健全内部管理制度，完善内部审批程序，强化监督管理和责任追究，严格防范各类风险，在代偿资产转让工作结束后30个工作日内，向股东单位、同级财政部门和地方金融管理机构报告转让方案及处置结果。

第17条 政府性融资担保机构担保代偿损失核销参照金融企业呆账核销管理有关规定，由政府性融资担保机构根据公司治理规则履行内部决策程序后实施，在每个会计年度终了6个月内向股东单位、同级财政部门和地方金融管理机构报送上年度相关情况以及专项审计报告。

对于已核销的资产，除依据法律法规规定权利义务已终结的情形外，政府性融资担保机构应当按照账销案存、权在力催的原则，继续开展追索清收，切实维护合法权益。

第18条 被担保人或者第三人以抵押、质押方式向政府性融资担保机构提供反担保，依法需要办理登记的，有关登记机关应当依法及时办理。

第19条 银行业金融机构与政府性融资担保机构开展的政策性担保业务，应当按照资本监管相关规定，根据实际承担的风险责任计算风险资产和资本占用。

银行业金融机构应当遵循平等互利、公平诚信原则，完善融资担保机构授信准入办法，降低或取消保证金要求，落实银担分险，实行优惠利率，积极开展银担合作业务，共同做好风险管理，合力为小微企业、"三农"等经营主体做好融资服务。

第四章 绩效考核

第20条 地方各级财政部门负责开展本级政府性融资担保机构绩效评价工作，会同相关部门按照政府性融资担保、再担保机构绩效评价指引，根据政策目标并结合当地经济金融和融资担保体系等实际情况，科学合理制定评价指标体系，降低或取消盈利要求，重点考核小微企业和"三农"融资担保业务规模、服务质量、风险管控等情况。

第21条 地方各级财政部门应当建立健全激励约束机制，加强政府性融资担保机构的绩效评价结果应用，与政策扶持、担保机构工资总额和负责人薪酬等挂钩。

第22条 地方金融管理机构应当会同财政等部门建立健全政府性融资担保机构尽职免责制度。在不违反有关法律、法规、规章、规范性文件等制度的前提下，对妥善履行授信审批和担保审核职责的相关工作人员按规定免除全部或部分责任。

第二十三条 开发和提供金融产品和服务

金融机构在依法合规前提下，按照市场化、可持续发展原则开发和提供适合民营经济特点的金融产品和服务，为资信良好的民营经济组织融资提供便利条件，增强信贷供给、贷款周期与民营经济组织融资需求、资金使用周期的适配性，提升金融服务可获得性和便利度。

● 部门规章及文件

1.《中国人民银行、金融监管总局、最高人民法院、国家发展改革委、商务部、市场监管总局关于规范供应链金融业务引导供应链信息服务机构更好服务中小企业融资有关事宜的通知》（2025年4月26日）

为深入贯彻党的二十届三中全会、中央经济工作会议和中央金融工作会议精神，提升金融服务实体经济质效，减少对中小企业资金挤占和账款拖欠，优化中小企业融资环境，强化供应链金融规范，防控相关业务风险，根据《中华人民共和国中国人民银行法》、《中华人民共和国银行业监督管理法》、《中华人民共和国商业银行法》、《保障中小企业款项支付条例》、《中国人民银行

工业和信息化部 司法部 商务部 国资委 市场监管总局 银保监会 外汇局关于规范发展供应链金融 支持供应链产业链稳定循环和优化升级的意见》（银发〔2020〕226号）、《关于推动动产和权利融资业务健康发展的指导意见》（银保监发〔2022〕29号）等法律法规和文件精神，现就有关事宜通知如下：

一、规范发展供应链金融业务，促进供应链上下游互利共赢发展

（一）正确把握供应链金融内涵与方向。发展供应链金融应完整、准确、全面贯彻新发展理念，深刻把握金融工作的政治性、人民性，以服务实体经济、服务社会民生、服务国家战略为出发点，促进加速发展新质生产力，着力做好金融"五篇大文章"。以支持产业链供应链优化升级为着力点，聚焦制造业等重点行业和关键领域，增强产业链供应链韧性和竞争力。以维护市场公平有序为立足点，促进降低产业链供应链整体融资成本，实现上下游企业互利共赢发展。

（二）鼓励发展多样化的供应链金融模式。鼓励商业银行加强自身能力建设，更多采取直接服务方式触达供应链企业，提升应收账款融资服务质效，积极探索供应链脱核模式，利用供应链"数据信用"和"物的信用"，支持供应链企业尤其是中小企业开展信用贷款及基于订单、存货、仓单等动产和权利的质押融资业务。鼓励商业银行完善供应链票据业务管理制度、优化业务流程和系统功能，推动供应链票据扩大应用。研究推动经营主体在平等自愿的前提下，通过市场化、法治化方式试点供应链票据有限追索服务。引导金融机构在依法合规、风险可控的前提下，有序开展供应链票据资产证券化试点，拓宽票据融资渠道。

（三）促进供应链核心企业及时支付账款。供应链核心企业应遵守《保障中小企业款项支付条例》等法律法规和有关规定，及时支付中小企业款项，保障中小企业的合法权益，合理共担供

应链融资成本，不得利用优势地位拖欠中小企业账款或不当增加中小企业应收账款，不得要求中小企业接受不合理的付款期限，不得强制中小企业接受各类非现金支付方式和滥用非现金支付方式变相延长付款期限。

（四）坚持供应链信息服务机构本职定位。运营、管理供应链信息服务系统的供应链信息服务机构，要按照依法、诚信、自愿、公平、自律的原则，做好"四流合一"等供应链信息归集、整合等信息服务工作，切实维护供应链金融各参与主体合法权益。供应链信息服务机构应回归信息服务本源，未依法获得许可不得开展支付结算、融资担保、保理融资或贷款等金融业务，不得直接或间接归集资金。杜绝信息中介异化为信用中介，从事企业征信业务的应当依法办理企业征信机构备案。严禁以供应链金融名义开展非法金融活动。

二、规范商业银行供应链金融管理，切实履行贷款管理主体责任

（五）完善供应链金融信用风险管理。商业银行要建立健全基于供应链核心企业的贷款、债券、票据、应付账款等全口径债务监测机制，认真审核核心企业的融资需求和资金用途，加强对核心企业生产经营、市场销售、存货周转、货款支付等经营状况监控，及时跟踪其信用评级、授信余额、资产质量等因素，对于出现财务状况恶化、预付账款或应付账款比例异常、严重信贷违约等情况的核心企业，严格控制风险敞口。要严防对核心企业多头授信、过度授信以及不当利用供应链金融业务加剧上下游账款拖欠。积极研究建立涵盖供应链上下游授信企业的信用风险防控体系。

（六）切实履行贷款管理主体责任。商业银行要在建立健全贷款尽职免责机制基础上，严格履行贷款调查、风险评估、授信管理、贷款资金监测等主体责任，加强核心风控环节管理，提高

贷款风险管控能力，不得因业务合作降低风险管控标准，不得将贷前、贷中、贷后管理的关键环节外包，防范贷款管理"空心化"。贷款资金发放等关键环节要由商业银行自主决策，指令由商业银行发起，采用自主支付的，资金直接发放至借款人银行账户，采用受托支付的，商业银行应当履行受托支付责任，将贷款资金最终支付给符合借款人合同约定用途的交易对象，防范供应链信息服务机构截留、汇集、挪用，并严格落实金融管理部门对征信、支付和反洗钱等方面的要求。

（七）规范供应链金融业务合作管理。商业银行与供应链信息服务机构开展营销获客、信息科技合作的，要遵循公平、公正、公开原则，及时签订合作协议并明确各方权责，定期评估合作供应链信息服务机构的经营情况、管理能力、服务质量等。对于供应链信息服务机构存在违法违规归集贷款资金、设定不公平不合理合作条件、提供虚假客户资料或数据信息、服务收费质价不符或者违反其他法律规定与自律规则等情况，商业银行应当限制或者拒绝合作。商业银行建设运营供应链信息服务系统，均限于自身开展业务使用，不得对外提供建设运营供应链信息服务系统的服务。

（八）强化供应链金融信息数据管理。商业银行与供应链信息服务机构合作，要严格执行《中华人民共和国民法典》、《中华人民共和国个人信息保护法》、《征信业管理条例》、《征信业务管理办法》（中国人民银行令〔2021〕第4号发布）等法律法规和监管规定，遵循合法、正当、必要原则，完整准确获取身份验证、贷前调查、风险评估和贷后管理所需要的信息数据，并采取有效措施核实其真实性，在数据使用、加工、保管等方面加强对借款人信息的保护。商业银行要结合有关自律评估情况，定期对合作供应链信息服务机构进行信息安全评估，评估内容包括但不限于信息保护合规制度体系、监督机制、处理信息规范、安全防护措施等，相关评估费用应由商业银行承担。

三、规范应收账款电子凭证业务，完善管理框架，防范业务风险

（九）本通知所称应收账款电子凭证，是指供应链核心企业等应收账款债务人依据真实贸易关系，通过供应链信息服务系统向供应链链上企业等应收账款债权人出具的，承诺按期支付相应款项的电子化记录。

供应链信息服务系统，是指商业银行、供应链核心企业或第三方公司等建设运营的，为应收账款电子凭证等供应链金融业务或其他供应链管理活动提供信息服务和技术支撑的系统。供应链信息服务机构，是指负责运营、管理供应链信息服务系统并承担相应经济责任、法律责任的法人主体。

（十）应收账款电子凭证的开立、供应链链上企业间转让应具备真实贸易背景，不得基于预付款开立。供应链信息服务机构应做好贸易背景材料的信息归集。商业银行提供应收账款电子凭证融资服务，应当严格审查贸易背景材料，有效识别和防范虚构贸易背景套取银行资金和无贸易背景的资金交易行为，同时应积极优化资金供给结构，优先支持科技创新、先进制造、绿色发展相关企业及中小企业融资，严禁借此新增地方政府隐性债务。

（十一）应收账款电子凭证付款期限原则上应在 6 个月以内，最长不超过 1 年。付款期限超过 6 个月的，商业银行应对应收账款电子凭证开立的账期合理性和行业结算惯例加强审查，审慎开展融资业务。

（十二）供应链信息服务机构为应收账款电子凭证提供拆分转让功能的，应强化自律约束，对凭证转让层级、笔数进行合理管控，对异常的拆分转让行为及时进行风险核查和提示报告，防范供应链核心企业信用风险扩散外溢。商业银行为拆分后的应收账款电子凭证提供融资，应加强贸易背景审查，不得为债权债务

关系不清晰的应收账款电子凭证提供融资。

（十三）应收账款电子凭证融资，由当事人通过中国人民银行征信中心动产融资统一登记公示系统办理登记，并对登记内容的真实性、完整性和合法性负责。鼓励推进应收账款电子凭证融资业务登记标准化，提升登记质效，促进供应链金融健康规范发展。

（十四）应收账款电子凭证的资金清结算应通过商业银行等具备相关业务资质的机构开展。供应链信息服务机构不得以自身账户作为应收账款电子凭证业务的资金结算账户，不得占用、挪用相关资金。

应收账款电子凭证到期付款时，提供清结算服务的商业银行等应根据应收账款电子凭证开立人（供应链核心企业）的支付指令或授权划转资金，并采取必要措施核验支付指令或授权的有效性、完整性；供应链链上企业持有应收账款电子凭证到期的，应将资金划转至持有应收账款电子凭证的供应链链上企业指定账户；供应链链上企业申请保理融资的，应将资金划转至持有应收账款电子凭证的融资机构指定账户；供应链链上企业申请质押融资的，应将资金按约定分别划转至供应链链上企业及融资机构指定账户。

（十五）供应链核心企业等应收账款债务人到期未按约定支付应收账款电子凭证款项，或存在发行债券违约、承兑票据持续逾期等情形且尚未完成清偿的，供应链信息服务机构应及时停止为其新开立应收账款电子凭证提供服务。

（十六）供应链核心企业不得利用优势地位，强制供应链链上企业与特定融资方以高于合理市场利率的水平获取融资服务，不得以应收账款确权有关名义对链上企业进行收费、获取不当费用返还或者侵害链上企业合法权益。供应链信息服务机构提供应收账款电子凭证相关服务，应合理制定服务收费标准、明确收费对象，并将收费标准公示或与相关方进行协议约定，供应链信息服务收费和银行融资利息要严格区分。

（十七）供应链信息服务机构应切实保障供应链信息服务系统的安全性、可靠性、稳定性，保护用户隐私和数据安全，准确、完整记录并妥善保存相关信息，支撑应收账款电子凭证业务安全、稳定开展，及时按要求向行业自律组织、上海票据交易所报送自律管理、业务统计监测等所需数据。

（十八）中国人民银行等部门指导有关供应链金融行业自律组织对供应链信息服务机构和应收账款电子凭证业务开展自律管理，研究制定自律管理规则，组织开展自律备案和风险监测，督促各业务参与主体合规审慎经营，强化供应链信息服务安全性、合规性评估。供应链信息服务机构、商业银行、供应链核心企业等各业务参与主体遵循自愿原则加入行业自律组织。

（十九）中国人民银行等部门指导上海票据交易所组织应收账款电子凭证业务信息归集，开展统计监测分析，提供信息查询服务，并与行业自律组织做好数据对接和信息共享。供应链信息服务机构、为应收账款电子凭证提供融资或资金清结算服务的商业银行应切实做好信息报送工作，并对报送信息的真实性、准确性和完整性负责。

（二十）中国人民银行、金融监管总局依照本通知及法定职责分工，对供应链金融业务实施监督管理，并加强与最高人民法院、国家发展改革委、商务部、国务院国资委、市场监管总局等相关部门的政策协同和信息共享，共同强化对应收账款电子凭证业务有关参与主体的政策指导。地方金融管理部门依照本通知精神及相关职责，对商业保理公司等地方金融组织参与应收账款电子凭证业务实施监督管理。

（二十一）本通知自 2025 年 6 月 15 日起实施。

关于应收账款电子凭证业务的相关规定，自实施之日起设置两年过渡期，过渡期内，各参与主体应积极做好业务整改；过渡期后，各参与主体应严格按照通知要求加强业务规范。行业自律组织、金融基础设施做好有关落实工作。国家开发银行、政策性银行、农村合作银行、农村信用社、外资银行、企业集团财务公司、商业保理公司等金融机构及地方金融组织开展相关业务，参照本通知执行。

2.《中国银保监会关于进一步加强金融服务民营企业有关工作的通知》（2019年2月27日）

为深入贯彻落实中共中央办公厅、国务院办公厅印发的《关于加强金融服务民营企业的若干意见》精神，进一步缓解民营企业融资难融资贵问题，切实提高民营企业金融服务的获得感，现就有关工作通知如下：

一、持续优化金融服务体系

（一）国有控股大型商业银行要继续加强普惠金融事业部建设，严格落实"五专"经营机制，合理配置服务民营企业的内部资源。鼓励中型商业银行设立普惠金融事业部，结合各自特色和优势，探索创新更加灵活的普惠金融服务方式。

（二）地方法人银行要坚持回归本源，继续下沉经营管理和服务重心，充分发挥了解当地市场的优势，创新信贷产品，服务地方实体经济。

（三）银行要加快处置不良资产，将盘活资金重点投向民营企业。加强与符合条件的融资担保机构的合作，通过利益融合、激励相容实现增信分险，为民营企业提供更多服务。银行保险机构要加大对民营企业债券投资力度。

（四）保险机构要不断提升综合服务水平，在风险可控情况下提供更灵活的民营企业贷款保证保险服务，为民营企业获得融资提供增信支持。

（五）支持银行保险机构通过资本市场补充资本，提高服务实体经济能力。加快商业银行资本补充债券工具创新，通过发行无固定期限资本债券、转股型二级资本债券等创新工具补充资本，支持保险资金投资银行发行的二级资本债券和无固定期限资本债券。加快研究取消保险资金开展财务性股权投资行业范围限制，规范实施战略性股权投资。

（六）银保监会及派出机构将继续按照"成熟一家、设立一家"的原则，有序推进民营银行常态化发展，推动其明确市场定位，积极服务民营企业发展，加快建设与民营中小微企业需求相匹配的金融服务体系。

二、抓紧建立"敢贷、愿贷、能贷"的长效机制

（七）商业银行要于每年年初制定民营企业服务年度目标，在内部绩效考核机制中提高民营企业融资业务权重，加大正向激励力度。对服务民营企业的分支机构和相关人员，重点对其服务企业数量、信贷质量进行综合考核，提高不良贷款考核容忍度。对民营企业贷款增速和质量高于行业平均水平，以及在客户体验好、可复制、易推广服务项目创新上表现突出的分支机构和个人，要予以奖励。

（八）商业银行要尽快建立健全民营企业贷款尽职免责和容错纠错机制。重点明确对分支机构和基层人员的尽职免责认定标准和免责条件，将授信流程涉及的人员全部纳入尽职免责评价范畴。设立内部问责申诉通道，对已尽职但出现风险的项目，可免除相关人员责任，激发基层机构和人员服务民营企业的内生动力。

三、公平精准有效开展民营企业授信业务

（九）商业银行贷款审批中不得对民营企业设置歧视性要求，同等条件下民营企业与国有企业贷款利率和贷款条件保持一致，有效提高民营企业融资可获得性。

（十）商业银行要根据民营企业融资需求特点，借助互联网、大数据等新技术，设计个性化产品满足企业不同需求。综合考虑资金成本、运营成本、服务模式以及担保方式等因素科学定价。

（十一）商业银行要坚持审核第一还款来源，减轻对抵押担保的过度依赖，合理提高信用贷款比重。把主业突出、财务稳健、大股东及实际控制人信用良好作为授信主要依据。对于制造业企业，要把经营稳健、订单充足和用水用电正常等作为授信重要考虑因素。对于科创型轻资产企业，要把创始人专业专注、有知识产权等作为授信重要考虑因素。要依托产业链核心企业信用、真实交易背景和物流、信息流、资金流闭环，为上下游企业提供无需抵押担保的订单融资、应收应付账款融资。

四、着力提升民营企业信贷服务效率

（十二）商业银行要积极运用金融科技手段加强对风险评估与信贷决策的支持，提高贷款需求响应速度和授信审批效率。在探索线上贷款审批操作的同时，结合自身实际，将一定额度民营企业信贷业务的发起权和审批权下放至分支机构，进一步下沉经营重心。

（十三）商业银行要根据自身风险管理制度和业务流程，通过推广预授信、平行作业、简化年审等方式，提高信贷审批效率。特别是对于材料齐备的首次申贷中小企业、存量客户1000万元以内的临时性融资需求等，要在信贷审批及放款环节提高时效。加大续贷支持力度，要至少提前一个月主动对接续贷需求，切实降低民营企业贷款周转成本。

五、从实际出发帮助遭遇风险事件的民营企业融资纾困

（十四）支持资管产品、保险资金依法合规通过监管部门认可的私募股权基金等机构，参与化解处置民营上市公司股票质押风险。

（十五）对暂时遇到困难的民营企业，银行保险机构要按照市场化、法治化原则，区别对待、"一企一策"，分类采取支持处置措施，着力化解企业流动性风险。对符合经济结构优化升级方向、有发展前景和一定竞争力但暂时遇到困难的民营企业，银行业金融机构债权人委员会要加强统一协调，不盲目停贷、压贷，

可提供必要的融资支持，帮助企业维持或恢复正常生产经营；对其中困难较大的民营企业，可在平等自愿前提下，综合运用增资扩股、财务重组、兼并重组或市场化债转股等方式，帮助企业优化负债结构，完善公司治理。对于符合破产清算条件的"僵尸企业"，应积极配合各方面坚决破产清算。

六、推动完善融资服务信息平台

（十六）银行保险机构要加强内外部数据的积累、集成和对接，搭建大数据综合信息平台，精准分析民营企业生产经营和信用状况。健全优化与民营企业信息对接机制，实现资金供需双方线上高效对接，让信息"多跑路"，让企业"少跑腿"，为民营企业融资提供支持。

（十七）银保监会及派出机构要积极协调配合地方政府，进一步整合金融、税务、市场监管、社保、海关、司法等领域的企业信用信息，建设区域性的信用信息服务平台，加强数据信息的自动采集、查询和实时更新，推动实现跨层级跨部门跨地域互联互通。

七、处理好支持民营企业发展与防范金融风险的关系

（十八）商业银行要遵循经济金融规律，坚持审慎稳健的经营理念，建立完善行之有效的风险管控体系和精细高效的管理机制。科学设定信贷计划，不得组织运动式信贷投放。

（十九）商业银行要健全信用风险管控机制，不断提升数据治理、客户评级和贷款风险定价能力，强化贷款全生命周期的穿透式风险管理。加强对贷款资金流向的监测，做好贷中贷后管理，确保贷款资金真正用于支持民营企业和实体经济，防止被截留、挪用甚至转手套利，有效防范道德风险和形成新的风险隐患。

（二十）银行业金融机构要继续深化联合授信试点工作，与民营企业构建中长期银企关系，遏制多头融资、过度融资，有效防控信用风险。

八、加大对金融服务民营企业的监管督查力度

（二十一）商业银行要在2019年3月底前制定2019年度民营企业服务目标，结合民营企业经营实际科学安排贷款投放。国有控股大型商业银行要充分发挥"头雁"效应，2019年普惠型小微企业贷款力争总体实现余额同比增长30%以上，信贷综合融资成本控制在合理水平。

（二十二）银保监会将在2019年2月底前明确民营企业贷款统计口径。按季监测银行业金融机构民营企业贷款情况。根据实际情况按法人机构制定实施差异化考核方案，形成贷款户数和金额并重的年度考核机制。加强监管督导和考核，确保民营企业贷款在新发放公司类贷款中的比重进一步提高，并将融资成本保持在合理水平。

（二十三）银保监会将对金融服务民营企业政策落实情况进行督导和检查。2019年督查重点将包括贷款尽职免责和容错纠错机制是否有效建立、贷款审批中对民营企业是否设置歧视性要求、授信中是否附加以贷转存等不合理条件、民营企业贷款数据是否真实、享受优惠政策低成本资金的使用是否合规等方面。相关违规行为一经查实，依法严肃处理相关机构和责任人员。严厉打击金融信贷领域强行返点等行为，对涉嫌违法犯罪的机构和个人，及时移送司法机关等有关机关依法查处。

第二十四条　金融机构平等对待民营经济组织

金融机构在授信、信贷管理、风控管理、服务收费等方面应当平等对待民营经济组织。

金融机构违反与民营经济组织借款人的约定，单方面增加发放贷款条件、中止发放贷款或者提前收回贷款的，依法承担违约责任。

● **部门规章及文件**

《银行业金融机构联合授信管理办法（试行）》(2018年5月22日)

第二章 联合授信管理架构

第5条 多家银行业金融机构对同一企业进行授信时，可建立信息共享机制，共同收集汇总、交叉验证企业经营和财务信息。

第6条 对在3家以上银行业金融机构有融资余额，且融资余额合计在50亿元以上的企业，银行业金融机构应建立联合授信机制。

对在3家以上的银行业金融机构有融资余额，且融资余额合计在20~50亿元之间的企业，银行业金融机构可自愿建立联合授信机制。

第7条 银行业金融机构发现企业符合第六条明确的建立联合授信机制条件时，应通知银行业协会。银行业协会协调企业的债权银行业金融机构在1个月内建立联合授信机制。

第8条 企业债权银行业金融机构应签署联合授信成员银行协议（以下简称"成员银行协议"），并组建联合授信委员会。成员银行协议内容包括但不限于：联合授信委员会的组织架构、议事规则、运作方式，成员银行的权利义务和违约责任，联合风险防控、风险预警、风险处置的工作规则等。

第9条 联合授信委员会应履行以下职能：

（一）共同收集汇总、交叉验证企业经营和财务信息，防止企业隐藏真实信息或提供虚假信息，规避银行授信管理要求。

（二）共同挖掘企业内外部信息源，运用必要技术手段，汇总梳理企业关联关系，识别隐性关联企业和实际控制人。

（三）联合评估企业的整体负债状况、实际融资需求和经营状况，测算企业可承受的最高债务水平，设置企业融资风险预警线。

（四）与企业就确定联合授信额度和风险管理要求等进行协

商并签订相关协议。其中，联合授信额度包括企业在银行业金融机构、非银行业金融机构、其他渠道的债务融资，以及对集团外企业的担保。

（五）协同监测企业履约情况，发现企业存在不当行为，或出现风险信号时，联合采取风险防控、风险预警和风险处置措施。

第10条 联合授信委员会全体成员银行和企业之间应签署联合授信框架协议（以下简称"银企协议"）。银企协议内容应包括但不限于以下内容：

（一）成员银行应按融资合同和相关协议的约定向企业提供融资，满足企业合理融资需求；

（二）成员银行调低对企业授信额度时应提前1个月告知企业；

（三）成员银行在与企业约定的联合授信额度内向企业提供融资；

（四）企业在联合授信额度内，可自主选择成员银行作为融资业务合作对象，协商确定融资条件。

（五）企业应及时完整地向联合授信委员会披露所有关联方及关联交易情况，提供真实财务报表，在各类融资行为发生后5个工作日内告知联合授信委员会；

（六）企业通过联合授信委员会外的其他渠道，进行可能实质性改变企业债务状况的重大融资和重大对外担保前，应征得联合授信委员会同意；

（七）企业应允许在成员银行范围内共享企业提供的各类信息，并在银行业金融机构范围内共享企业融资台账信息，成员银行不得在约定的信息共享范围外泄露和滥用企业提供的信息。

银企协议中的约定事项应在成员银行与企业签订的融资合同中予以体现。

第 11 条　联合授信委员会应建立联席会议制度，负责审议决定重大事项。联席会议是联合授信委员会的决策机构，其决议对全体成员银行有约束力。联席会议应制定明确的议事规则和工作流程。

第 12 条　联席会议原则上每个季度召开一次。如遇重大事项，由牵头银行或占成员银行债权总金额三分之一以上比例成员银行提请，可召开临时联席会议。

第 13 条　联席会议审议批准事项，涉及设定和调整企业联合授信额度、启动和解除风险预警、制定和修订成员银行协议和银企协议等重大事项，应经占成员银行债权总金额三分之二以上比例成员银行及全体成员银行过半数同意；其他事项应经占成员银行债权总金额二分之一以上比例成员银行同意。

第 14 条　银行业金融机构向企业提供融资前，应查询该企业和企业所在集团联合授信机制的建立情况。已建立联合授信机制的企业，银行业金融机构应在成为联合授信委员会成员银行后，方可在联合授信额度内向该企业提供融资。

银行业金融机构在签署成员银行协议或以其他适当形式认可并承诺遵守成员银行协议后，自动加入联合授信委员会。牵头银行应做好相关登记和报备工作。

第 15 条　对企业的存量融资额以及拟新增融资额合计不超过企业融资总额 5‰ 的银行业金融机构，在企业不突破联合授信额度的前提下，可不加入联合授信委员会向企业提供融资。但应在每次融资行为发生或融资余额发生变动 5 个工作日内向联合授信委员会报告该笔融资的相关信息。

第 16 条　对企业融资余额为零的成员银行可主动退出该企业的联合授信委员会。连续 12 个月对企业融资余额为零的成员银行，自动退出该企业的联合授信委员会。牵头银行应做好相关登记和报备工作。

第17条 成员银行具有以下权利和义务：

（一）获得其他成员银行共享的企业信息；

（二）向联席会议提交议案；

（三）提请召开临时联席会议；

（四）遵守成员银行协议、银企协议和联席会议形成的各项决议；

（五）向成员银行真实全面地共享本行对企业的融资信息，以及企业向其报送的其他与融资相关的信息；

（六）调查收集企业其他相关信息，并及时与各成员银行共享；

（七）成员银行协议中约定的其他权利或义务。

第18条 联合授信委员会应从成员银行中推选产生一家牵头银行，并可增设副牵头银行。担任牵头银行应符合以下条件：

（一）向企业提供的实际融资额居所有债权银行业金融机构前三位；

（二）与企业无关联关系。

第19条 牵头银行不再符合作为牵头银行条件或不愿意继续履行牵头银行职责的，联席会议应改选牵头银行。牵头银行履职不到位，可由二分之一以上成员银行提议改选牵头银行。

第20条 牵头银行应牵头履行以下职责：

（一）制定联合授信机制的各项工作制度；

（二）召集成员银行联席会议；

（三）研究认定企业集团的全部成员，提交联席会议审议；

（四）测算企业联合授信额度，设置融资风险预警线，提交联席会议审议；

（五）建立和维护企业融资台账，监测企业整体负债水平，监督企业银企协议履行情况；

（六）监督成员银行协议和联席会议各项决议的执行，向联席会议或银行业协会提出违约成员银行处理建议；

（七）按照本办法要求，代表联合授信委员会向银行业协会报送融资台账等应报送或备案的信息；

（八）成员银行协议中约定的其他权利和义务。

第三章　联合风险防控

第21条　联合授信委员会应对企业运行管理、经营效益、重大项目投资、对外担保、关联交易、交叉违约等信用风险有关情况进行监测。

信息搜集、共享工作由牵头银行组织实施。各成员银行应按照成员银行协议，向牵头银行提供相关信息；牵头银行应及时向各成员银行分发相关信息。

第22条　各成员银行应健全信用风险管理体系，落实统一授信、穿透管理等要求，确保向联合授信机制报送信息真实准确。

第23条　联合授信委员会可以根据企业的风险状况提出风险防控要求，但不得统一规定对企业的利率、期限、抵（质）押要求等融资条件。成员银行在不违反成员银行协议的前提下，自行确定融资条件，自主作出授信决策、独立进行审批，并按照本行对企业风险的评估，实施后续管理和资产分类。

第24条　联合授信委员会应根据企业经营和财务情况测算其可承受的最高债务水平，就测算依据和测算结果与企业充分沟通，协商一致后共同确认企业联合授信额度。企业实际融资总额不得超过双方确认的联合授信额度。

联合授信委员会测算企业联合授信额度时应至少考虑以下要素：资产负债水平、利润及其增长率水平、经营现金流、所属行业、所在区域、还款历史、经营年限等。

第25条　联合授信委员会应会同企业定期复评企业联合授信额度，企业因经营需要需调整联合授信额度的，可向联合授信委员会申请复评。

第 26 条　计算企业集团实际融资总额时，应包括各成员银行认定的该企业集团所有成员（不含集团内金融类子公司）的融资。

第 27 条　联合授信机制建立后，由牵头银行牵头组建专职小组，建立并维护企业融资台账。

融资台账应至少包括企业联合授信额度、实际融资和对外担保情况、剩余融资额度、融资违约情况等内容。

已确认的企业实际融资及对集团外企业担保，应在企业融资额度使用台账中逐笔登记，并等额扣减企业剩余融资额度。

第 28 条　牵头银行应在成员银行间共享融资台账，并报送银行业协会。

第四章　联合风险预警处置

第 29 条　当企业发生以下情况之一时，进入企业融资风险预警状态：

（一）企业实际融资达到联合授信额度 90% 或联合授信委员会设置的融资风险预警线；

（二）银行对企业融资中出现数额较大的不良资产，企业发行的债券违约或出现其他重大风险事件；

（三）企业所处外部环境、公司治理、经营管理、对外投资、对外担保、关联交易等方面出现重大变化，有可能引发企业偿付困难的。

第 30 条　进入风险预警状态后，牵头银行要组织召开联席会议，研究应对方案。对企业可能加大成员银行债权风险的新增融资，银行业金融机构要采取更加审慎严格的信贷审批标准、风险管控措施和相应风险缓释手段。

第 31 条　当预警情形已消除，或联合授信委员会认定相关预警信息对各成员银行债权不构成重大风险时，可解除风险预警状态。

第32条　当企业可能发生偿债风险时,联合授信委员会应与企业的其他债权人联合组建债权人委员会,集体研究债务重组等措施,有序开展债务重组、资产保全等相关工作。

第五章　联合惩戒及监督管理

第33条　银行业协会应建立配套的统计信息系统,监测联合授信机制建立和运行情况,动态更新企业融资信息,并向银行业金融机构提供信息查询服务。

第34条　联合授信委员会授权牵头银行向银行业协会备案以下事项:

（一）联合授信机制成立后应在5个工作日内报备;

（二）修改银企协议或成员银行协议,做出调整联合授信额度等重大决策的,应于10个工作日内报备;

（三）企业进入风险预警状态应立即报备。

第35条　银行业协会应向银行业监督管理机构全面开放相关统计信息系统,并定期报告联合授信机制建立和运行情况。

第36条　对于违反银企协议,提供虚假信息,超出联合授信额度对外融资,逃废成员银行债务的企业,可由牵头银行组织成员银行按银企协议约定进行联合惩戒。情况严重的,银行业协会可将企业列入失信企业名单,并推送至全国信用信息共享平台,按照有关规定实现跨领域联合惩戒。

第37条　对不履行约定义务的成员银行,联合授信委员会可依据成员银行协议予以处理。

第38条　对存在以下行为之一的银行业金融机构,银行业协会可采取相应的自律惩戒措施。对拒不纠正整改,影响联合授信机制运行,可能引发重大风险事件的,银行业协会应向银行业监督管理机构报告,银行业监督管理机构可依据有关规定采取监管措施或依法实施行政处罚:

（一）银行业金融机构在未加入联合授信委员会前向已建立

联合授信委员会的企业提供融资，符合第十五条规定情形的除外；

（二）成员银行违反成员银行协议，并未按照联合授信委员会要求采取纠正措施；

（三）成员银行违反银企协议，损害企业合法权益；

（四）未按要求向银行业协会报送和备案相关信息。

第二十五条　多层次资本市场体系

健全多层次资本市场体系，支持符合条件的民营经济组织通过发行股票、债券等方式平等获得直接融资。

● 法　律

1. 《公司法》（2023 年 12 月 29 日）

第 142 条　公司的资本划分为股份。公司的全部股份，根据公司章程的规定择一采用面额股或者无面额股。采用面额股的，每一股的金额相等。

公司可以根据公司章程的规定将已发行的面额股全部转换为无面额股或者将无面额股全部转换为面额股。

采用无面额股的，应当将发行股份所得股款的二分之一以上计入注册资本。

第 143 条　股份的发行，实行公平、公正的原则，同类别的每一股份应当具有同等权利。

同次发行的同类别股份，每股的发行条件和价格应当相同；认购人所认购的股份，每股应当支付相同价额。

第 144 条　公司可以按照公司章程的规定发行下列与普通股权利不同的类别股：

（一）优先或者劣后分配利润或者剩余财产的股份；

（二）每一股的表决权数多于或者少于普通股的股份；

（三）转让须经公司同意等转让受限的股份；

（四）国务院规定的其他类别股。

公开发行股份的公司不得发行前款第二项、第三项规定的类别股；公开发行前已发行的除外。

公司发行本条第一款第二项规定的类别股的，对于监事或者审计委员会成员的选举和更换，类别股与普通股每一股的表决权数相同。

第145条　发行类别股的公司，应当在公司章程中载明以下事项：

（一）类别股分配利润或者剩余财产的顺序；

（二）类别股的表决权数；

（三）类别股的转让限制；

（四）保护中小股东权益的措施；

（五）股东会认为需要规定的其他事项。

第146条　发行类别股的公司，有本法第一百一十六条第三款规定的事项等可能影响类别股股东权利的，除应当依照第一百一十六条第三款的规定经股东会决议外，还应当经出席类别股股东会议的股东所持表决权的三分之二以上通过。

公司章程可以对需经类别股股东会议决议的其他事项作出规定。

第147条　公司的股份采取股票的形式。股票是公司签发的证明股东所持股份的凭证。

公司发行的股票，应当为记名股票。

第148条　面额股股票的发行价格可以按票面金额，也可以超过票面金额，但不得低于票面金额。

第149条　股票采用纸面形式或者国务院证券监督管理机构规定的其他形式。

股票采用纸面形式的，应当载明下列主要事项：

（一）公司名称；

（二）公司成立日期或者股票发行的时间；

（三）股票种类、票面金额及代表的股份数，发行无面额股的，股票代表的股份数。

股票采用纸面形式的，还应当载明股票的编号，由法定代表人签名，公司盖章。

发起人股票采用纸面形式的，应当标明发起人股票字样。

第150条　股份有限公司成立后，即向股东正式交付股票。公司成立前不得向股东交付股票。

第151条　公司发行新股，股东会应当对下列事项作出决议：

（一）新股种类及数额；

（二）新股发行价格；

（三）新股发行的起止日期；

（四）向原有股东发行新股的种类及数额；

（五）发行无面额股的，新股发行所得股款计入注册资本的金额。

公司发行新股，可以根据公司经营情况和财务状况，确定其作价方案。

第152条　公司章程或者股东会可以授权董事会在三年内决定发行不超过已发行股份百分之五十的股份。但以非货币财产作价出资的应当经股东会决议。

董事会依照前款规定决定发行股份导致公司注册资本、已发行股份数发生变化的，对公司章程该项记载事项的修改不需再由股东会表决。

第153条　公司章程或者股东会授权董事会决定发行新股的，董事会决议应当经全体董事三分之二以上通过。

第154条　公司向社会公开募集股份，应当经国务院证券监督管理机构注册，公告招股说明书。

招股说明书应当附有公司章程，并载明下列事项：

（一）发行的股份总数；

（二）面额股的票面金额和发行价格或者无面额股的发行价格；

（三）募集资金的用途；

（四）认股人的权利和义务；

（五）股份种类及其权利和义务；

（六）本次募股的起止日期及逾期未募足时认股人可以撤回所认股份的说明。

公司设立时发行股份的，还应当载明发起人认购的股份数。

第 155 条　公司向社会公开募集股份，应当由依法设立的证券公司承销，签订承销协议。

第 156 条　公司向社会公开募集股份，应当同银行签订代收股款协议。

代收股款的银行应当按照协议代收和保存股款，向缴纳股款的认股人出具收款单据，并负有向有关部门出具收款证明的义务。

公司发行股份募足股款后，应予公告。

第 194 条　本法所称公司债券，是指公司发行的约定按期还本付息的有价证券。

公司债券可以公开发行，也可以非公开发行。

公司债券的发行和交易应当符合《中华人民共和国证券法》等法律、行政法规的规定。

第 195 条　公开发行公司债券，应当经国务院证券监督管理机构注册，公告公司债券募集办法。

公司债券募集办法应当载明下列主要事项：

（一）公司名称；

（二）债券募集资金的用途；

（三）债券总额和债券的票面金额；

（四）债券利率的确定方式；

（五）还本付息的期限和方式；

（六）债券担保情况；

（七）债券的发行价格、发行的起止日期；

（八）公司净资产额；

（九）已发行的尚未到期的公司债券总额；

（十）公司债券的承销机构。

第 196 条　公司以纸面形式发行公司债券的，应当在债券上载明公司名称、债券票面金额、利率、偿还期限等事项，并由法定代表人签名，公司盖章。

第 197 条　公司债券应当为记名债券。

第 198 条　公司发行公司债券应当置备公司债券持有人名册。发行公司债券的，应当在公司债券持有人名册上载明下列事项：

（一）债券持有人的姓名或者名称及住所；

（二）债券持有人取得债券的日期及债券的编号；

（三）债券总额，债券的票面金额、利率、还本付息的期限和方式；

（四）债券的发行日期。

第 199 条　公司债券的登记结算机构应当建立债券登记、存管、付息、兑付等相关制度。

第 200 条　公司债券可以转让，转让价格由转让人与受让人约定。

公司债券的转让应当符合法律、行政法规的规定。

第 201 条　公司债券由债券持有人以背书方式或者法律、行政法规规定的其他方式转让；转让后由公司将受让人的姓名或者名称及住所记载于公司债券持有人名册。

第 202 条　股份有限公司经股东会决议，或者经公司章程、股东会授权由董事会决议，可以发行可转换为股票的公司债券，并规定具体的转换办法。上市公司发行可转换为股票的公司债券，应当经国务院证券监督管理机构注册。

发行可转换为股票的公司债券，应当在债券上标明可转换公司债券字样，并在公司债券持有人名册上载明可转换公司债券的数额。

第203条 发行可转换为股票的公司债券的，公司应当按照其转换办法向债券持有人换发股票，但债券持有人对转换股票或者不转换股票有选择权。法律、行政法规另有规定的除外。

第204条 公开发行公司债券的，应当为同期债券持有人设立债券持有人会议，并在债券募集办法中对债券持有人会议的召集程序、会议规则和其他重要事项作出规定。债券持有人会议可以对与债券持有人有利害关系的事项作出决议。

除公司债券募集办法另有约定外，债券持有人会议决议对同期全体债券持有人发生效力。

第205条 公开发行公司债券的，发行人应当为债券持有人聘请债券受托管理人，由其为债券持有人办理受领清偿、债权保全、与债券相关的诉讼以及参与债务人破产程序等事项。

第206条 债券受托管理人应当勤勉尽责，公正履行受托管理职责，不得损害债券持有人利益。

受托管理人与债券持有人存在利益冲突可能损害债券持有人利益的，债券持有人会议可以决议变更债券受托管理人。

债券受托管理人违反法律、行政法规或者债券持有人会议决议，损害债券持有人利益的，应当承担赔偿责任。

● **行政法规**

2.《企业债券管理条例》(2011年1月8日)

第二章 企业债券

第5条 本条例所称企业债券，是指企业依照法定程序发行、约定在一定期限内还本付息的有价证券。

第6条 企业债券的票面应当载明下列内容：

（一）企业的名称、住所；

（二）企业债券的面额；

（三）企业债券的利率；

（四）还本期限和方式；

（五）利息的支付方式；

（六）企业债券发行日期和编号；

（七）企业的印记和企业法定代表人的签章；

（八）审批机关批准发行的文号、日期。

第7条 企业债券持有人有权按照约定期限取得利息、收回本金，但是无权参与企业的经营管理。

第8条 企业债券持有人对企业的经营状况不承担责任。

第9条 企业债券可以转让、抵押和继承。

第三章 企业债券的管理

第10条 国家计划委员会会同中国人民银行、财政部、国务院证券委员会拟订全国企业债券发行的年度规模和规模内的各项指标，报国务院批准后，下达各省、自治区、直辖市、计划单列市人民政府和国务院有关部门执行。

未经国务院同意，任何地方、部门不得擅自突破企业债券发行的年度规模，并不得擅自调整年度规模内的各项指标。

第11条 企业发行企业债券必须按照本条例的规定进行审批；未经批准的，不得擅自发行和变相发行企业债券。

中央企业发行企业债券，由中国人民银行会同国家计划委员会审批；地方企业发行企业债券，由中国人民银行省、自治区、直辖市、计划单列市分行会同同级计划主管部门审批。

第12条 企业发行企业债券必须符合下列条件：

（一）企业规模达到国家规定的要求；

（二）企业财务会计制度符合国家规定；

（三）具有偿债能力；

（四）企业经济效益良好，发行企业债券前连续3年盈利；

（五）所筹资金用途符合国家产业政策。

第13条 企业发行企业债券应当制订发行章程。

发行章程应当包括下列内容：

（一）企业的名称、住所、经营范围、法定代表人；

（二）企业近3年的生产经营状况和有关业务发展的基本情况；

（三）财务报告；

（四）企业自有资产净值；

（五）筹集资金的用途；

（六）效益预测；

（七）发行对象、时间、期限、方式；

（八）债券的种类及期限；

（九）债券的利率；

（十）债券总面额；

（十一）还本付息方式；

（十二）审批机关要求载明的其他事项。

第14条 企业申请发行企业债券，应当向审批机关报送下列文件：

（一）发行企业债券的申请书；

（二）营业执照；

（三）发行章程；

（四）经会计师事务所审计的企业近3年的财务报告；

（五）审批机关要求提供的其他材料。

企业发行企业债券用于固定资产投资，按照国家有关规定需要经有关部门审批的，还应当报送有关部门的审批文件。

第15条　企业发行企业债券应当公布经审批机关批准的发行章程。

企业发行企业债券，可以向经认可的债券评信机构申请信用评级。

第16条　企业发行企业债券的总面额不得大于该企业的自有资产净值。

第17条　企业发行企业债券用于固定资产投资的，依照国家有关固定资产投资的规定办理。

第18条　企业债券的利率不得高于银行相同期限居民储蓄定期存款利率的40%。

第19条　任何单位不得以下列资金购买企业债券：

（一）财政预算拨款；

（二）银行贷款；

（三）国家规定不得用于购买企业债券的其他资金。

办理储蓄业务的机构不得将所吸收的储蓄存款用于购买企业债券。

第20条　企业发行企业债券所筹资金应当按照审批机关批准的用途，用于本企业的生产经营。

企业发行企业债券所筹资金不得用于房地产买卖、股票买卖和期货交易等与本企业生产经营无关的风险性投资。

第21条　企业发行企业债券，应当由证券经营机构承销。

证券经营机构承销企业债券，应当对发行债券的企业的发行章程和其他有关文件的真实性、准确性、完整性进行核查。

第22条　企业债券的转让，应当在经批准的可以进行债券交易的场所进行。

第23条　非证券经营机构和个人不得经营企业债券的承销和转让业务。

第24条　单位和个人所得的企业债券利息收入，按照国家规定纳税。

第 25 条 中国人民银行及其分支机构和国家证券监督管理机构，依照规定的职责，负责对企业债券的发行和交易活动，进行监督检查。

● 部门规章及文件

3.《中国证监会、国家发展改革委、全国工商联关于推动债券市场更好支持民营企业改革发展的通知》(2022 年 7 月 22 日)

中国证监会各派出机构，上海证券交易所，深圳证券交易所，中国证券登记结算有限责任公司，中央国债登记结算有限责任公司，中国证券业协会，中国证券投资基金业协会，各省、自治区、直辖市和新疆生产建设兵团发展改革委、工商联，各副省级城市发展改革委、工商联，全国工商联各直属商会：

改革开放以来，民营企业在推动发展、促进创新、增加就业、改善民生和扩大开放等方面发挥了不可替代的作用。为全面落实党中央、国务院对做好当前经济社会工作的重要决策部署，坚持"两个毫不动摇"，助力稳住经济大盘，推动债券市场更好支持民营企业改革创新、转型升级、健康发展，现就有关事项通知如下：

一、加强服务引导，营造良好发展环境

（一）加大债券融资服务力度。推动更多符合条件的优质民营企业纳入知名成熟发行人名单，提高融资效率；适当放宽受信用保护的民营企业债券回购质押库准入门槛；指导有关金融基础设施减免民营企业债券融资交易费用，做到"应免尽免"；优化监管考核机制，鼓励证券公司加大民营企业债券承销业务投入。

（二）积极推动债券产品创新，引导资金流向优质民营企业。大力推广科技创新债券，鼓励民营企业积极投身创新驱动发展战略，优先重点支持高新技术和战略性新兴产业领域民营企业债券融资，推动民营企业绿色发展和数字化转型；鼓励发行小微企业增信集合债券，支持中小民营企业发展；大力实施民营企业债券融资专项支持计划，鼓励市场机构为民营企业债券融资提供增信服务；加强业务培训，引导民营企业主动运用相关融资工具。

（三）培育多元化投资者结构。完善有利于长期机构投资者参与交易所债券市场的各项制度，优化专项排名机制，鼓励商业银行、社保基金、养老金、保险公司、银行理财、证券基金机构等加大民营企业债券投资。

（四）畅通信息沟通渠道。重大政策、规则和产品出台前进行充分调查研究，广泛听取意见，出台后加强政策解读，留足合理缓冲期限，跟踪市场反馈并及时调整优化；加快建立线上信息交流平台，推出"网上路演"、"债市互动"等功能，加强宣传推介力度，畅通信息交流；组织开展民营企业债券投融资见面会，增进共识信任。

二、加强监管规范，维护有序市场生态

（五）加强民营企业信用体系建设。引导民营企业强化信用意识，建立和完善民营企业债券融资信用信息采集、记录、共享机制。引导信用评级机构加强对民营企业的动态风险监测，切实提高评级质量。行业协会和商会对民营企业在债券融资过程中可能出现的违法违规行为应及时进行预警提示，引导民营企业加强风险管理，诚信守法经营。

（六）开展联合奖惩工作。依法严肃查处欺诈发行、虚假信息披露、恶意"逃废债"等违法违规行为，对蓄意损害投资者利益且情节严重、造成重大损失的发行人，依法依规限制其债券融资；支持奖励守信企业，各级工商联加强对守信典型的宣传引导，在相关推荐工作中优先重点推介。

（七）提升信息披露质量。强化民营企业债券发行端及存续期全流程信息披露，引导发行人高质量披露财务经营状况，突出投资者保护条款。

（八）全方位督促中介机构归位尽责。强化机构内控、压实高管责任，促进中介机构提升债券业务风控合规有效性，全面加强立体式追责，落实穿透式监管和全链条问责，净化市场生态。

（九）完善债券违约处置机制。坚持底线思维，遵循市场化、法治化原则，充分发挥受托管理人及债券持有人在债券违约处置中的核心作用，强化发行人契约精神，严格中介机构履职尽责，充分发挥纠纷化解过程中行业协会和商会的调解作用，推动各方综合利用多种市场化工具依法有序开展处置工作，提高处置效率。

三、加强部门合作，共同促进市场稳定

（十）证监会及派出机构、发展改革部门坚持监管与服务并举，密切跟踪民营企业情况，加强与地方政府的沟通协调，在依法合规做好监管工作的同时，提高对民营企业的服务供给质量。证券交易所建立公开、透明、规范的民营企业服务机制，持续提升监管服务效能。证券业协会、基金业协会履行自律规范职责，积极引导证券基金经营机构加大对优质民营企业的业务投入。

（十一）各级工商联充分发挥联系民营企业的桥梁纽带作用，加强对民营企业债券融资的政策引导、市场组织、项目推介、服务支持。通过调查研究、政企面对面、社情民意等形式广泛听取意见建议，及时反映企业诉求，强化各级工商联及所属商会与有关部门的沟通协作，共同推动优化政策环境，引导民营企业自觉维护债券市场秩序，促进民营经济健康发展。

（十二）建立三部门联络协调机制。加强证监会及派出机构、发展改革部门与各级工商联在民营企业需求调研、业务培训、项目推荐与筛选、风险预警与化解、联合激励与惩戒等方面的合作，建立民营企业沟通座谈工作机制，及时分析新情况，商议解决重大问题，确实保障各项工作落地落实。

> **第二十六条** 信用信息归集共享
>
> 建立健全信用信息归集共享机制，支持征信机构为民营经济组织融资提供征信服务，支持信用评级机构优化民营经济组织的评级方法，增加信用评级有效供给，为民营经济组织获得融资提供便利。

● 行政法规

1. 《征信业管理条例》（2013年1月21日）

第二章　征信机构

第5条　本条例所称征信机构，是指依法设立，主要经营征信业务的机构。

第6条　设立经营个人征信业务的征信机构，应当符合《中华人民共和国公司法》规定的公司设立条件和下列条件，并经国务院征信业监督管理部门批准：

（一）主要股东信誉良好，最近3年无重大违法违规记录；

（二）注册资本不少于人民币5000万元；

（三）有符合国务院征信业监督管理部门规定的保障信息安全的设施、设备和制度、措施；

（四）拟任董事、监事和高级管理人员符合本条例第八条规定的任职条件；

（五）国务院征信业监督管理部门规定的其他审慎性条件。

第7条　申请设立经营个人征信业务的征信机构，应当向国务院征信业监督管理部门提交申请书和证明其符合本条例第六条规定条件的材料。

国务院征信业监督管理部门应当依法进行审查，自受理申请之日起60日内作出批准或者不予批准的决定。决定批准的，颁发个人征信业务经营许可证；不予批准的，应当书面说明理由。

经批准设立的经营个人征信业务的征信机构,凭个人征信业务经营许可证向公司登记机关办理登记。

未经国务院征信业监督管理部门批准,任何单位和个人不得经营个人征信业务。

第8条 经营个人征信业务的征信机构的董事、监事和高级管理人员,应当熟悉与征信业务相关的法律法规,具有履行职责所需的征信业从业经验和管理能力,最近3年无重大违法违规记录,并取得国务院征信业监督管理部门核准的任职资格。

第9条 经营个人征信业务的征信机构设立分支机构、合并或者分立、变更注册资本、变更出资额占公司资本总额5%以上或者持股占公司股份5%以上的股东的,应当经国务院征信业监督管理部门批准。

经营个人征信业务的征信机构变更名称的,应当向国务院征信业监督管理部门办理备案。

第10条 设立经营企业征信业务的征信机构,应当符合《中华人民共和国公司法》规定的设立条件,并自公司登记机关准予登记之日起30日内向所在地的国务院征信业监督管理部门派出机构办理备案,并提供下列材料:

(一)营业执照;

(二)股权结构、组织机构说明;

(三)业务范围、业务规则、业务系统的基本情况;

(四)信息安全和风险防范措施。

备案事项发生变更的,应当自变更之日起30日内向原备案机构办理变更备案。

第11条 征信机构应当按照国务院征信业监督管理部门的规定,报告上一年度开展征信业务的情况。

国务院征信业监督管理部门应当向社会公告经营个人征信业务和企业征信业务的征信机构名单,并及时更新。

第12条 征信机构解散或者被依法宣告破产的，应当向国务院征信业监督管理部门报告，并按照下列方式处理信息数据库：

（一）与其他征信机构约定并经国务院征信业监督管理部门同意，转让给其他征信机构；

（二）不能依照前项规定转让的，移交给国务院征信业监督管理部门指定的征信机构；

（三）不能依照前两项规定转让、移交的，在国务院征信业监督管理部门的监督下销毁。

经营个人征信业务的征信机构解散或者被依法宣告破产的，还应当在国务院征信业监督管理部门指定的媒体上公告，并将个人征信业务经营许可证交国务院征信业监督管理部门注销。

第三章 征信业务规则

第13条 采集个人信息应当经信息主体本人同意，未经本人同意不得采集。但是，依照法律、行政法规规定公开的信息除外。

企业的董事、监事、高级管理人员与其履行职务相关的信息，不作为个人信息。

第14条 禁止征信机构采集个人的宗教信仰、基因、指纹、血型、疾病和病史信息以及法律、行政法规规定禁止采集的其他个人信息。

征信机构不得采集个人的收入、存款、有价证券、商业保险、不动产的信息和纳税数额信息。但是，征信机构明确告知信息主体提供该信息可能产生的不利后果，并取得其书面同意的除外。

第15条 信息提供者向征信机构提供个人不良信息，应当事先告知信息主体本人。但是，依照法律、行政法规规定公开的不良信息除外。

第16条　征信机构对个人不良信息的保存期限，自不良行为或者事件终止之日起为5年；超过5年的，应当予以删除。

在不良信息保存期限内，信息主体可以对不良信息作出说明，征信机构应当予以记载。

第17条　信息主体可以向征信机构查询自身信息。个人信息主体有权每年两次免费获取本人的信用报告。

第18条　向征信机构查询个人信息的，应当取得信息主体本人的书面同意并约定用途。但是，法律规定可以不经同意查询的除外。

征信机构不得违反前款规定提供个人信息。

第19条　征信机构或者信息提供者、信息使用者采用格式合同条款取得个人信息主体同意的，应当在合同中作出足以引起信息主体注意的提示，并按照信息主体的要求作出明确说明。

第20条　信息使用者应当按照与个人信息主体约定的用途使用个人信息，不得用作约定以外的用途，不得未经个人信息主体同意向第三方提供。

第21条　征信机构可以通过信息主体、企业交易对方、行业协会提供信息，政府有关部门依法已公开的信息，人民法院依法公布的判决、裁定等渠道，采集企业信息。

征信机构不得采集法律、行政法规禁止采集的企业信息。

第22条　征信机构应当按照国务院征信业监督管理部门的规定，建立健全和严格执行保障信息安全的规章制度，并采取有效技术措施保障信息安全。

经营个人征信业务的征信机构应当对其工作人员查询个人信息的权限和程序作出明确规定，对工作人员查询个人信息的情况进行登记，如实记载查询工作人员的姓名，查询的时间、内容及用途。工作人员不得违反规定的权限和程序查询信息，不得泄露工作中获取的信息。

第23条 征信机构应当采取合理措施,保障其提供信息的准确性。

征信机构提供的信息供信息使用者参考。

第24条 征信机构在中国境内采集的信息的整理、保存和加工,应当在中国境内进行。

征信机构向境外组织或者个人提供信息,应当遵守法律、行政法规和国务院征信业监督管理部门的有关规定。

第四章 异议和投诉

第25条 信息主体认为征信机构采集、保存、提供的信息存在错误、遗漏的,有权向征信机构或者信息提供者提出异议,要求更正。

征信机构或者信息提供者收到异议,应当按照国务院征信业监督管理部门的规定对相关信息作出存在异议的标注,自收到异议之日起20日内进行核查和处理,并将结果书面答复异议人。

经核查,确认相关信息确有错误、遗漏的,信息提供者、征信机构应当予以更正;确认不存在错误、遗漏的,应当取消异议标注;经核查仍不能确认的,对核查情况和异议内容应当予以记载。

第26条 信息主体认为征信机构或者信息提供者、信息使用者侵害其合法权益的,可以向所在地的国务院征信业监督管理部门派出机构投诉。

受理投诉的机构应当及时进行核查和处理,自受理之日起30日内书面答复投诉人。

信息主体认为征信机构或者信息提供者、信息使用者侵害其合法权益的,可以直接向人民法院起诉。

第五章 金融信用信息基础数据库

第27条 国家设立金融信用信息基础数据库,为防范金融风险、促进金融业发展提供相关信息服务。

金融信用信息基础数据库由专业运行机构建设、运行和维护。该运行机构不以营利为目的，由国务院征信业监督管理部门监督管理。

第28条 金融信用信息基础数据库接收从事信贷业务的机构按照规定提供的信贷信息。

金融信用信息基础数据库为信息主体和取得信息主体本人书面同意的信息使用者提供查询服务。国家机关可以依法查询金融信用信息基础数据库的信息。

第29条 从事信贷业务的机构应当按照规定向金融信用信息基础数据库提供信贷信息。

从事信贷业务的机构向金融信用信息基础数据库或者其他主体提供信贷信息，应当事先取得信息主体的书面同意，并适用本条例关于信息提供者的规定。

第30条 不从事信贷业务的金融机构向金融信用信息基础数据库提供、查询信用信息以及金融信用信息基础数据库接收其提供的信用信息的具体办法，由国务院征信业监督管理部门会同国务院有关金融监督管理机构依法制定。

第31条 金融信用信息基础数据库运行机构可以按照补偿成本原则收取查询服务费用，收费标准由国务院价格主管部门规定。

第32条 本条例第十四条、第十六条、第十七条、第十八条、第二十二条、第二十三条、第二十四条、第二十五条、第二十六条适用于金融信用信息基础数据库运行机构。

● 部门规章及文件

2.《国家发展改革委办公厅关于规范招标投标领域信用评价应用的通知》（2023年10月29日）
各省、自治区、直辖市、新疆生产建设兵团社会信用体系建设牵头部门、招标投标指导协调部门：

当前，一些地方通过信用评价、信用评分等方式设置招标投标隐性壁垒，破坏公平竞争的市场环境，阻碍全国统一大市场建设，必须坚决纠正规范。为贯彻落实《中共中央、国务院关于加快建设全国统一大市场的意见》有关要求，扎实推进招标投标领域突出问题专项治理，打破地方保护和市场分割，建设高效规范、公平竞争、充分开放的全国统一大市场，现就规范招标投标领域信用评价应用有关要求通知如下：

一、各省级社会信用体系建设牵头部门（以下简称"信用牵头部门"）、招标投标指导协调部门要推动本地区相关部门规范实施招标投标领域信用评价应用工作，深入开展招标投标领域突出问题专项治理，科学设置信用评价指标，客观公正评价企业信用状况。各地方不得以信用评价、信用评分等方式变相设立招标投标交易壁垒，不得对各类经营主体区别对待，不得将特定行政区域业绩、设立本地分支机构、本地缴纳税收社保等作为信用评价加分事项。各省级信用牵头部门、招标投标指导协调部门要会同相关部门，立即对本地区信用评价、信用评分以及信用监管有关制度规定进行全面排查，聚焦评价主体、评价标准、结果应用等关键环节，推动相关部门按照规定权限和程序修订或废止有关规定，切实为各类企业营造公平竞争的市场环境。我委将会同有关部门推动建立统一的招标投标信用评价体系。

二、我委将加强动态监测，对涉及招标投标信用评价应用中的违规问题发现一起、查处一起、通报一起。各省级信用牵头部门要通过信用平台网站畅通投诉渠道，收集问题线索，推动相关部门立行立改。

三、我委将加大宣传推广力度，选取一批招标投标领域规范实施信用监管的典型案例进行通报表扬，并在"信用中国"网站、全国公共资源交易平台、中国招标投标公共服务平台予以发布。

各省级信用牵头部门、招标投标指导协调部门要将本地区排查和整改情况形成书面报告，并于 11 月底前报送国家发展改革委（财金司、法规司）。

● 案例指引

丙公司与甲公司、乙公司网络侵权责任纠纷案（最高人民法院发布 6 个企业名誉权司法保护典型案例之三）①

裁判摘要：实践中，企业征信平台在强化市场主体信用、维护交易安全、强化社会监督等方面具有积极作用。但是，征信平台运用算法进行大数据加工利用，在收集、加工、使用、公开相关信息时，应保证信息的真实、准确，避免错误和虚假信息误导公众、侵害企业名誉，对企业经营活动造成不良影响。本案中，人民法院认定经营征信平台的企业征信机构应对数据利用的错误结果承担相应责任，有利于督促该类机构审慎处理相关信息，及时做好信息更新与服务跟进，确保数据来源合法、内容准确，在拓展自身业态的同时不损害其它市场主体合法权益。

---

① 载最高人民法院网站，https://www.court.gov.cn/zixun/xiangqing/455051.html，2025 年 4 月 30 日访问，以下不再标注。

第四章 科技创新

第二十七条 推动科技创新、培育新质生产力

国家鼓励、支持民营经济组织在推动科技创新、培育新质生产力、建设现代化产业体系中积极发挥作用。引导民营经济组织根据国家战略需要、行业发展趋势和世界科技前沿，加强基础性、前沿性研究，开发关键核心技术、共性基础技术和前沿交叉技术，推动科技创新和产业创新融合发展，催生新产业、新模式、新动能。

引导非营利性基金依法资助民营经济组织开展基础研究、前沿技术研究和社会公益性技术研究。

● 法 律

1.《中小企业促进法》（2017年9月1日）

第32条 国家鼓励中小企业按照市场需求，推进技术、产品、管理模式、商业模式等创新。

中小企业的固定资产由于技术进步等原因，确需加速折旧的，可以依法缩短折旧年限或者采取加速折旧方法。

国家完善中小企业研究开发费用加计扣除政策，支持中小企业技术创新。

第33条 国家支持中小企业在研发设计、生产制造、运营管理等环节应用互联网、云计算、大数据、人工智能等现代技术手段，创新生产方式，提高生产经营效率。

第34条 国家鼓励中小企业参与产业关键共性技术研究开发和利用财政资金设立的科研项目实施。

国家推动军民融合深度发展，支持中小企业参与国防科研和生产活动。

国家支持中小企业及中小企业的有关行业组织参与标准的制定。

第35条　国家鼓励中小企业研究开发拥有自主知识产权的技术和产品，规范内部知识产权管理，提升保护和运用知识产权的能力；鼓励中小企业投保知识产权保险；减轻中小企业申请和维持知识产权的费用等负担。

第36条　县级以上人民政府有关部门应当在规划、用地、财政等方面提供支持，推动建立和发展各类创新服务机构。

国家鼓励各类创新服务机构为中小企业提供技术信息、研发设计与应用、质量标准、实验试验、检验检测、技术转让、技术培训等服务，促进科技成果转化，推动企业技术、产品升级。

第37条　县级以上人民政府有关部门应当拓宽渠道，采取补贴、培训等措施，引导高等学校毕业生到中小企业就业，帮助中小企业引进创新人才。

国家鼓励科研机构、高等学校和大型企业等创造条件向中小企业开放试验设施，开展技术研发与合作，帮助中小企业开发新产品，培养专业人才。

国家鼓励科研机构、高等学校支持本单位的科技人员以兼职、挂职、参与项目合作等形式到中小企业从事产学研合作和科技成果转化活动，并按照国家有关规定取得相应报酬。

● 部门规章及文件

2.《科技企业孵化器管理办法》(2018年12月14日)

第二章　国家级科技企业孵化器认定条件

第6条　申请国家级科技企业孵化器应具备以下条件：

1. 孵化器具有独立法人资格，发展方向明确，具备完善的运营管理体系和孵化服务机制。机构实际注册并运营满3年，且至少连续2年报送真实完整的统计数据；

2. 孵化场地集中，可自主支配的孵化场地面积不低于 10000 平方米。其中，在孵企业使用面积（含公共服务面积）占 75%以上；

3. 孵化器配备自有种子资金或合作的孵化资金规模不低于 500 万元人民币，获得投融资的在孵企业占比不低于 10%，并有不少于 3 个的资金使用案例；

4. 孵化器拥有职业化的服务队伍，专业孵化服务人员（指具有创业、投融资、企业管理等经验或经过创业服务相关培训的孵化器专职工作人员）占机构总人数 80%以上，每 10 家在孵企业至少配备 1 名专业孵化服务人员和 1 名创业导师（指接受科技部门、行业协会或孵化器聘任，能对创业企业、创业者提供专业化、实践性辅导服务的企业家、投资专家、管理咨询专家）；

5. 孵化器在孵企业中已申请专利的企业占在孵企业总数比例不低于 50%或拥有有效知识产权的企业占比不低于 30%；

6. 孵化器在孵企业不少于 50 家且每千平方米平均在孵企业不少于 3 家；

7. 孵化器累计毕业企业应达到 20 家以上。

第 7 条 在同一产业领域从事研发、生产的企业占在孵企业总数的 75%以上，且提供细分产业的精准孵化服务，拥有可自主支配的公共服务平台，能够提供研究开发、检验检测、小试中试等专业技术服务的可按专业孵化器进行认定管理。专业孵化器内在孵企业应不少于 30 家且每千平方米平均在孵企业不少于 2 家；累计毕业企业应达到 15 家以上。

第 8 条 本办法中孵化器在孵企业是指具备以下条件的被孵化企业：

1. 主要从事新技术、新产品的研发、生产和服务，应满足科技型中小企业相关要求；

2. 企业注册地和主要研发、办公场所须在本孵化器场地内，入驻时成立时间不超过 24 个月；

3. 孵化时限原则上不超过 48 个月。技术领域为生物医药、现代农业、集成电路的企业，孵化时限不超过 60 个月。

第 9 条　企业从孵化器中毕业应至少符合以下条件中的一项：

1. 经国家备案通过的高新技术企业；

2. 累计获得天使投资或风险投资超过 500 万元；

3. 连续 2 年营业收入累计超过 1000 万元；

4. 被兼并、收购或在国内外资本市场挂牌、上市。

第 10 条　全国艰苦边远地区（按照人力资源和社会保障部艰苦边远地区范围和类别规定）的科技企业孵化器，孵化场地面积、在孵和毕业企业数量、孵化资金规模、知识产权比例等要求可降低 20%。

第三章　申报与管理

第 11 条　国家级科技企业孵化器申报程序：

1. 申报机构向所在地省级科技厅（委、局）提出申请。

2. 省级科技厅（委、局）负责组织专家进行评审并实地核查，评审结果对外公示。对公示无异议机构书面推荐到科技部。

3. 科技部负责对推荐申报材料进行审核并公示结果，合格机构以科技部文件形式确认为国家级科技企业孵化器。

第 12 条　国家级科技企业孵化器（含国家备案众创空间），按照国家政策和文件规定享受相关优惠政策。

第 13 条　科技部依据国家统计局审批的统计报表对孵化器进行规范统计，国家级科技企业孵化器应按要求及时提供真实完整的统计数据。

第 14 条　科技部依据孵化器评价指标体系定期对国家级科技企业孵化器开展考核评价工作，并进行动态管理。对连续 2 次考核评价不合格的，取消其国家级科技企业孵化器资格。

第 15 条　国家级科技企业孵化器发生名称变更或运营主体、面积范围、场地位置等认定条件发生变化的，需在三个月内向所在地省级科技厅（委、局）报告。经省级科技厅（委、局）审核并实地核查后，符合本办法要求的，向科技部提出变更建议；不符合本办法要求的，向科技部提出取消资格建议。

第16条　在申报过程中存在弄虚作假行为的，取消其国家级科技企业孵化器评审资格，2年内不得再次申报；在评审过程中存在徇私舞弊、有违公平公正等行为的，按照有关规定追究相应责任。

第四章　促进与发展

第17条　孵化器应加强服务能力建设，利用互联网、大数据、人工智能等新技术，提升服务效率。有条件的孵化器应形成"众创—孵化—加速"机制，提供全周期创业服务，营造科技创新创业生态。

第18条　孵化器应加强从业人员培训，打造专业化创业导师队伍，为在孵企业提供精准化、高质量的创业服务，不断拓宽就业渠道，推动留学人员、科研人员及大学生创业就业。

第19条　孵化器应提高市场化运营能力，鼓励企业化运作，构建可持续发展的运营模式，提升自身品牌影响力。

第20条　孵化器应积极融入全球创新创业网络，开展国际技术转移、离岸孵化等业务，引进海外优质项目、技术成果和人才等资源，帮助创业者对接海外市场。

第21条　各级地方政府和科技部门、国家自主创新示范区、国家高新技术产业开发区管理机构及其相关部门应在孵化器发展规划、用地、财政等方面提供政策支持。

第22条　各地区应结合区域优势和现实需求引导孵化器向专业化方向发展，支持有条件的龙头企业、高校、科研院所、新型研发机构、投资机构等主体建设专业孵化器，促进创新创业资源的开放共享，促进大中小企业融通发展。

第23条　各地区应发挥协会、联盟等行业组织的作用，促进区域孵化器之间的经验交流和资源共享。

第二十八条　参与国家科技攻关项目

支持民营经济组织参与国家科技攻关项目，支持有能力的民营经济组织牵头承担国家重大技术攻关任务，向民营经济组织开放国家重大科研基础设施，支持公共研究开发平台、共性技术平台开放共享，为民营经济组织技术创新平等提供服务，鼓励各类企业和高等学校、科研院所、职业学校与民营经济组织创新合作机制，开展技术交流和成果转移转化，推动产学研深度融合。

● 法　律

《科学技术进步法》（2021年12月24日）

第26条　国家鼓励以应用研究带动基础研究，促进基础研究与应用研究、成果转化融通发展。

国家完善共性基础技术供给体系，促进创新链产业链深度融合，保障产业链供应链安全。

第27条　国家建立和完善科研攻关协调机制，围绕经济社会发展、国家安全重大需求和人民生命健康，加强重点领域项目、人才、基地、资金一体化配置，推动产学研紧密合作，推动关键核心技术自主可控。

第28条　国家完善关键核心技术攻关举国体制，组织实施体现国家战略需求的科学技术重大任务，系统布局具有前瞻性、战略性的科学技术重大项目，超前部署关键核心技术研发。

第29条　国家加强面向产业发展需求的共性技术平台和科学技术研究开发机构建设，鼓励地方围绕发展需求建设应用研究科学技术研究开发机构。

国家鼓励科学技术研究开发机构、高等学校加强共性基础技术研究，鼓励以企业为主导，开展面向市场和产业化应用的研究开发活动。

第 30 条　国家加强科技成果中试、工程化和产业化开发及应用，加快科技成果转化为现实生产力。

利用财政性资金设立的科学技术研究开发机构和高等学校，应当积极促进科技成果转化，加强技术转移机构和人才队伍建设，建立和完善促进科技成果转化制度。

第 31 条　国家鼓励企业、科学技术研究开发机构、高等学校和其他组织建立优势互补、分工明确、成果共享、风险共担的合作机制，按照市场机制联合组建研究开发平台、技术创新联盟、创新联合体等，协同推进研究开发与科技成果转化，提高科技成果转移转化成效。

第 32 条　利用财政性资金设立的科学技术计划项目所形成的科技成果，在不损害国家安全、国家利益和重大社会公共利益的前提下，授权项目承担者依法取得相关知识产权，项目承担者可以依法自行投资实施转化、向他人转让、联合他人共同实施转化、许可他人使用或者作价投资等。

项目承担者应当依法实施前款规定的知识产权，同时采取保护措施，并就实施和保护情况向项目管理机构提交年度报告；在合理期限内没有实施且无正当理由的，国家可以无偿实施，也可以许可他人有偿实施或者无偿实施。

项目承担者依法取得的本条第一款规定的知识产权，为了国家安全、国家利益和重大社会公共利益的需要，国家可以无偿实施，也可以许可他人有偿实施或者无偿实施。

项目承担者因实施本条第一款规定的知识产权所产生的利益分配，依照有关法律法规规定执行；法律法规没有规定的，按照约定执行。

第 33 条　国家实行以增加知识价值为导向的分配政策，按照国家有关规定推进知识产权归属和权益分配机制改革，探索赋予科学技术人员职务科技成果所有权或者长期使用权制度。

第34条　国家鼓励利用财政性资金设立的科学技术计划项目所形成的知识产权首先在境内使用。

前款规定的知识产权向境外的组织或者个人转让，或者许可境外的组织或者个人独占实施的，应当经项目管理机构批准；法律、行政法规对批准机构另有规定的，依照其规定。

第35条　国家鼓励新技术应用，按照包容审慎原则，推动开展新技术、新产品、新服务、新模式应用试验，为新技术、新产品应用创造条件。

第36条　国家鼓励和支持农业科学技术的应用研究，传播和普及农业科学技术知识，加快农业科技成果转化和产业化，促进农业科学技术进步，利用农业科学技术引领乡村振兴和农业农村现代化。

县级以上人民政府应当采取措施，支持公益性农业科学技术研究开发机构和农业技术推广机构进行农业新品种、新技术的研究开发、应用和推广。

地方各级人民政府应当鼓励和引导农业科学技术服务机构、科技特派员和农村群众性科学技术组织为种植业、林业、畜牧业、渔业等的发展提供科学技术服务，为农民提供科学技术培训和指导。

第37条　国家推动科学技术研究开发与产品、服务标准制定相结合，科学技术研究开发与产品设计、制造相结合；引导科学技术研究开发机构、高等学校、企业和社会组织共同推进国家重大技术创新产品、服务标准的研究、制定和依法采用，参与国际标准制定。

第38条　国家培育和发展统一开放、互联互通、竞争有序的技术市场，鼓励创办从事技术评估、技术经纪和创新创业服务等活动的中介服务机构，引导建立社会化、专业化、网络化、信息化和智能化的技术交易服务体系和创新创业服务体系，推动科技成果的应用和推广。

技术交易活动应当遵循自愿平等、互利有偿和诚实信用的原则。

第二十九条　参与共性技术研发和数据要素市场建设

支持民营经济组织依法参与数字化、智能化共性技术研发和数据要素市场建设,依法合理使用数据,对开放的公共数据资源依法进行开发利用,增强数据要素共享性、普惠性、安全性,充分发挥数据赋能作用。

第三十条　参与标准制定

国家保障民营经济组织依法参与标准制定工作,强化标准制定的信息公开和社会监督。

国家为民营经济组织提供科研基础设施、技术验证、标准规范、质量认证、检验检测、知识产权、示范应用等方面的服务和便利。

第三十一条　加强新技术应用

支持民营经济组织加强新技术应用,开展新技术、新产品、新服务、新模式应用试验,发挥技术市场、中介服务机构作用,通过多种方式推动科技成果应用推广。

鼓励民营经济组织在投资过程中基于商业规则自愿开展技术合作。技术合作的条件由投资各方遵循公平原则协商确定。

● 法　律

《促进科技成果转化法》(2015 年 8 月 29 日)
　　　　第二章　组织实施
　　第 9 条　国务院和地方各级人民政府应当将科技成果的转化

纳入国民经济和社会发展计划，并组织协调实施有关科技成果的转化。

第10条 利用财政资金设立应用类科技项目和其他相关科技项目，有关行政部门、管理机构应当改进和完善科研组织管理方式，在制定相关科技规划、计划和编制项目指南时应当听取相关行业、企业的意见；在组织实施应用类科技项目时，应当明确项目承担者的科技成果转化义务，加强知识产权管理，并将科技成果转化和知识产权创造、运用作为立项和验收的重要内容和依据。

第11条 国家建立、完善科技报告制度和科技成果信息系统，向社会公布科技项目实施情况以及科技成果和相关知识产权信息，提供科技成果信息查询、筛选等公益服务。公布有关信息不得泄露国家秘密和商业秘密。对不予公布的信息，有关部门应当及时告知相关科技项目承担者。

利用财政资金设立的科技项目的承担者应当按照规定及时提交相关科技报告，并将科技成果和相关知识产权信息汇交到科技成果信息系统。

国家鼓励利用非财政资金设立的科技项目的承担者提交相关科技报告，将科技成果和相关知识产权信息汇交到科技成果信息系统，县级以上人民政府负责相关工作的部门应当为其提供方便。

第12条 对下列科技成果转化项目，国家通过政府采购、研究开发资助、发布产业技术指导目录、示范推广等方式予以支持：

（一）能够显著提高产业技术水平、经济效益或者能够形成促进社会经济健康发展的新产业的；

（二）能够显著提高国家安全能力和公共安全水平的；

（三）能够合理开发和利用资源、节约能源、降低消耗以及防治环境污染、保护生态、提高应对气候变化和防灾减灾能力的；

（四）能够改善民生和提高公共健康水平的；

（五）能够促进现代农业或者农村经济发展的；

（六）能够加快民族地区、边远地区、贫困地区社会经济发展的。

第13条　国家通过制定政策措施，提倡和鼓励采用先进技术、工艺和装备，不断改进、限制使用或者淘汰落后技术、工艺和装备。

第14条　国家加强标准制定工作，对新技术、新工艺、新材料、新产品依法及时制定国家标准、行业标准，积极参与国际标准的制定，推动先进适用技术推广和应用。

国家建立有效的军民科技成果相互转化体系，完善国防科技协同创新体制机制。军品科研生产应当依法优先采用先进适用的民用标准，推动军用、民用技术相互转移、转化。

第15条　各级人民政府组织实施的重点科技成果转化项目，可以由有关部门组织采用公开招标的方式实施转化。有关部门应当对中标单位提供招标时确定的资助或者其他条件。

第16条　科技成果持有者可以采用下列方式进行科技成果转化：

（一）自行投资实施转化；

（二）向他人转让该科技成果；

（三）许可他人使用该科技成果；

（四）以该科技成果作为合作条件，与他人共同实施转化；

（五）以该科技成果作价投资，折算股份或者出资比例；

（六）其他协商确定的方式。

第17条　国家鼓励研究开发机构、高等院校采取转让、许可或者作价投资等方式，向企业或者其他组织转移科技成果。

国家设立的研究开发机构、高等院校应当加强对科技成果转化的管理、组织和协调，促进科技成果转化队伍建设，优化科技成果转化流程，通过本单位负责技术转移工作的机构或者委托独立的科技成果转化服务机构开展技术转移。

第18条　国家设立的研究开发机构、高等院校对其持有的科技成果，可以自主决定转让、许可或者作价投资，但应当通过协议定价、在技术交易市场挂牌交易、拍卖等方式确定价格。通过协议定价的，应当在本单位公示科技成果名称和拟交易价格。

第19条　国家设立的研究开发机构、高等院校所取得的职务科技成果，完成人和参加人在不变更职务科技成果权属的前提下，可以根据与本单位的协议进行该项科技成果的转化，并享有协议规定的权益。该单位对上述科技成果转化活动应当予以支持。

科技成果完成人或者课题负责人，不得阻碍职务科技成果的转化，不得将职务科技成果及其技术资料和数据占为己有，侵犯单位的合法权益。

第20条　研究开发机构、高等院校的主管部门以及财政、科学技术等相关行政部门应当建立有利于促进科技成果转化的绩效考核评价体系，将科技成果转化情况作为对相关单位及人员评价、科研资金支持的重要内容和依据之一，并对科技成果转化绩效突出的相关单位及人员加大科研资金支持。

国家设立的研究开发机构、高等院校应当建立符合科技成果转化工作特点的职称评定、岗位管理和考核评价制度，完善收入分配激励约束机制。

第21条　国家设立的研究开发机构、高等院校应当向其主管部门提交科技成果转化情况年度报告，说明本单位依法取得的科技成果数量、实施转化情况以及相关收入分配情况，该主管部门应当按照规定将科技成果转化情况年度报告报送财政、科学技术等相关行政部门。

第22条　企业为采用新技术、新工艺、新材料和生产新产品，可以自行发布信息或者委托科技中介服务机构征集其所需的科技成果，或者征寻科技成果转化的合作者。

县级以上地方各级人民政府科学技术行政部门和其他有关部门应当根据职责分工，为企业获取所需的科技成果提供帮助和支持。

第23条　企业依法有权独立或者与境内外企业、事业单位和其他合作者联合实施科技成果转化。

企业可以通过公平竞争，独立或者与其他单位联合承担政府组织实施的科技研究开发和科技成果转化项目。

第24条　对利用财政资金设立的具有市场应用前景、产业目标明确的科技项目，政府有关部门、管理机构应当发挥企业在研究开发方向选择、项目实施和成果应用中的主导作用，鼓励企业、研究开发机构、高等院校及其他组织共同实施。

第25条　国家鼓励研究开发机构、高等院校与企业相结合，联合实施科技成果转化。

研究开发机构、高等院校可以参与政府有关部门或者企业实施科技成果转化的招标投标活动。

第26条　国家鼓励企业与研究开发机构、高等院校及其他组织采取联合建立研究开发平台、技术转移机构或者技术创新联盟等产学研合作方式，共同开展研究开发、成果应用与推广、标准研究与制定等活动。

合作各方应当签订协议，依法约定合作的组织形式、任务分工、资金投入、知识产权归属、权益分配、风险分担和违约责任等事项。

第27条　国家鼓励研究开发机构、高等院校与企业及其他组织开展科技人员交流，根据专业特点、行业领域技术发展需要，聘请企业及其他组织的科技人员兼职从事教学和科研工作，支持本单位的科技人员到企业及其他组织从事科技成果转化活动。

第28条　国家支持企业与研究开发机构、高等院校、职业院校及培训机构联合建立学生实习实践培训基地和研究生科研实践工作机构，共同培养专业技术人才和高技能人才。

第 29 条　国家鼓励农业科研机构、农业试验示范单位独立或者与其他单位合作实施农业科技成果转化。

第 30 条　国家培育和发展技术市场，鼓励创办科技中介服务机构，为技术交易提供交易场所、信息平台以及信息检索、加工与分析、评估、经纪等服务。

科技中介服务机构提供服务，应当遵循公正、客观的原则，不得提供虚假的信息和证明，对其在服务过程中知悉的国家秘密和当事人的商业秘密负有保密义务。

第 31 条　国家支持根据产业和区域发展需要建设公共研究开发平台，为科技成果转化提供技术集成、共性技术研究开发、中间试验和工业性试验、科技成果系统化和工程化开发、技术推广与示范等服务。

第 32 条　国家支持科技企业孵化器、大学科技园等科技企业孵化机构发展，为初创期科技型中小企业提供孵化场地、创业辅导、研究开发与管理咨询等服务。

第三章　保障措施

第 33 条　科技成果转化财政经费，主要用于科技成果转化的引导资金、贷款贴息、补助资金和风险投资以及其他促进科技成果转化的资金用途。

第 34 条　国家依照有关税收法律、行政法规规定对科技成果转化活动实行税收优惠。

第 35 条　国家鼓励银行业金融机构在组织形式、管理机制、金融产品和服务等方面进行创新，鼓励开展知识产权质押贷款、股权质押贷款等贷款业务，为科技成果转化提供金融支持。

国家鼓励政策性金融机构采取措施，加大对科技成果转化的金融支持。

第36条　国家鼓励保险机构开发符合科技成果转化特点的保险品种，为科技成果转化提供保险服务。

第37条　国家完善多层次资本市场，支持企业通过股权交易、依法发行股票和债券等直接融资方式为科技成果转化项目进行融资。

第38条　国家鼓励创业投资机构投资科技成果转化项目。

国家设立的创业投资引导基金，应当引导和支持创业投资机构投资初创期科技型中小企业。

第39条　国家鼓励设立科技成果转化基金或者风险基金，其资金来源由国家、地方、企业、事业单位以及其他组织或者个人提供，用于支持高投入、高风险、高产出的科技成果的转化，加速重大科技成果的产业化。

科技成果转化基金和风险基金的设立及其资金使用，依照国家有关规定执行。

第四章　技术权益

第40条　科技成果完成单位与其他单位合作进行科技成果转化的，应当依法由合同约定该科技成果有关权益的归属。合同未作约定的，按照下列原则办理：

（一）在合作转化中无新的发明创造的，该科技成果的权益，归该科技成果完成单位；

（二）在合作转化中产生新的发明创造的，该新发明创造的权益归合作各方共有；

（三）对合作转化中产生的科技成果，各方都有实施该项科技成果的权利，转让该科技成果应经合作各方同意。

第41条　科技成果完成单位与其他单位合作进行科技成果转化的，合作各方应当就保守技术秘密达成协议；当事人不得违反协议或者违反权利人有关保守技术秘密的要求，披露、允许他人使用该技术。

第 42 条　企业、事业单位应当建立健全技术秘密保护制度，保护本单位的技术秘密。职工应当遵守本单位的技术秘密保护制度。

企业、事业单位可以与参加科技成果转化的有关人员签订在职期间或者离职、离休、退休后一定期限内保守本单位技术秘密的协议；有关人员不得违反协议约定，泄露本单位的技术秘密和从事与原单位相同的科技成果转化活动。

职工不得将职务科技成果擅自转让或者变相转让。

第 43 条　国家设立的研究开发机构、高等院校转化科技成果所获得的收入全部留归本单位，在对完成、转化职务科技成果做出重要贡献的人员给予奖励和报酬后，主要用于科学技术研究开发与成果转化等相关工作。

第 44 条　职务科技成果转化后，由科技成果完成单位对完成、转化该项科技成果做出重要贡献的人员给予奖励和报酬。

科技成果完成单位可以规定或者与科技人员约定奖励和报酬的方式、数额和时限。单位制定相关规定，应当充分听取本单位科技人员的意见，并在本单位公开相关规定。

第 45 条　科技成果完成单位未规定、也未与科技人员约定奖励和报酬的方式和数额的，按照下列标准对完成、转化职务科技成果做出重要贡献的人员给予奖励和报酬：

（一）将该项职务科技成果转让、许可给他人实施的，从该项科技成果转让净收入或者许可净收入中提取不低于百分之五十的比例；

（二）利用该项职务科技成果作价投资的，从该项科技成果形成的股份或者出资比例中提取不低于百分之五十的比例；

（三）将该项职务科技成果自行实施或者与他人合作实施的，应当在实施转化成功投产后连续三至五年，每年从实施该项科技成果的营业利润中提取不低于百分之五的比例。

国家设立的研究开发机构、高等院校规定或者与科技人员约定奖励和报酬的方式和数额应当符合前款第一项至第三项规定的标准。

国有企业、事业单位依照本法规定对完成、转化职务科技成果做出重要贡献的人员给予奖励和报酬的支出计入当年本单位工资总额，但不受当年本单位工资总额限制、不纳入本单位工资总额基数。

第三十二条　培养使用人才

鼓励民营经济组织积极培养使用知识型、技能型、创新型人才，在关键岗位、关键工序培养使用高技能人才，推动产业工人队伍建设。

第三十三条　原始创新、创新成果知识产权保护

国家加强对民营经济组织及其经营者原始创新的保护。加大创新成果知识产权保护力度，实施知识产权侵权惩罚性赔偿制度，依法查处侵犯商标专用权、专利权、著作权和侵犯商业秘密、仿冒混淆等违法行为。

加强知识产权保护的区域、部门协作，为民营经济组织提供知识产权快速协同保护、多元纠纷解决、维权援助以及海外知识产权纠纷应对指导和风险预警等服务。

第五章 规范经营

第三十四条 发挥党组织和党员作用

民营经济组织中的中国共产党的组织和党员，按照中国共产党章程和有关党内法规开展党的活动，在促进民营经济组织健康发展中发挥党组织的政治引领作用和党员先锋模范作用。

第三十五条 围绕国家工作大局发挥作用

民营经济组织应当围绕国家工作大局，在发展经济、扩大就业、改善民生、科技创新等方面积极发挥作用，为满足人民日益增长的美好生活需要贡献力量。

● **案例指引**

某村委会与农业公司土地承包经营权纠纷案（最高人民法院发布十起人民法院助推民营经济高质量发展典型民商事案例之五）

裁判摘要：人民法院积极服务乡村振兴战略，精准对接脱贫地区司法需求，鼓励引导民营企业投身乡村振兴，实现民营企业"万企帮万村"精准扶贫和乡村振兴阶段"万企兴万村"的有效衔接。本案农业公司开发项目包括田园综合体、文旅、康养等，为附近村民提供了更多的就业机会，支付给村委会的租金增加了部分农户收入，并带动整个乡村生态环境和基础设施的改善。但由于该公司法定代表人遭遇交通事故等原因，未能按时足额缴纳土地承包费，以致产生诉讼。法院从振兴乡村经济出发，深入乡村考察、积极组织双方在庭外进行协商调解，为企业经营献言献策、解决后顾之忧，既化解了双方之间的矛盾，又推动当地特色农业项目继续推进。

第三十六条　遵守法律法规义务

民营经济组织从事生产经营活动应当遵守劳动用工、安全生产、职业卫生、社会保障、生态环境、质量标准、知识产权、网络和数据安全、财政税收、金融等方面的法律法规；不得通过贿赂和欺诈等手段牟取不正当利益，不得妨害市场和金融秩序、破坏生态环境、损害劳动者合法权益和社会公共利益。

国家机关依法对民营经济组织生产经营活动实施监督管理。

● 法　律

《中小企业促进法》（2017年9月1日）

第57条　县级以上人民政府定期组织对中小企业促进工作情况的监督检查；对违反本法的行为及时予以纠正，并对直接负责的主管人员和其他直接责任人员依法给予处分。

第58条　国务院负责中小企业促进工作综合管理的部门应当委托第三方机构定期开展中小企业发展环境评估，并向社会公布。

地方各级人民政府可以根据实际情况委托第三方机构开展中小企业发展环境评估。

第59条　县级以上人民政府应当定期组织开展对中小企业发展专项资金、中小企业发展基金使用效果的企业评价、社会评价和资金使用动态评估，并将评价和评估情况及时向社会公布，接受社会监督。

县级以上人民政府有关部门在各自职责范围内，对中小企业发展专项资金、中小企业发展基金的管理和使用情况进行监督，对截留、挤占、挪用、侵占、贪污中小企业发展专项资金、中小企业发展基金等行为依法进行查处，并对直接负责的主管人员和其他直接责任人员依法给予处分；构成犯罪的，依法追究刑事责任。

第 60 条　县级以上地方各级人民政府有关部门在各自职责范围内，对强制或者变相强制中小企业参加考核、评比、表彰、培训等活动的行为，违法向中小企业收费、罚款、摊派财物的行为，以及其他侵犯中小企业合法权益的行为进行查处，并对直接负责的主管人员和其他直接责任人员依法给予处分。

第三十七条　民营资本健康发展

支持民营资本服务经济社会发展，完善资本行为制度规则，依法规范和引导民营资本健康发展，维护社会主义市场经济秩序和社会公共利益。支持民营经济组织加强风险防范管理，鼓励民营经济组织做优主业、做强实业，提升核心竞争力。

第三十八条　完善治理结构和管理制度

民营经济组织应当完善治理结构和管理制度、规范经营者行为、强化内部监督，实现规范治理；依法建立健全以职工代表大会为基本形式的民主管理制度。鼓励有条件的民营经济组织建立完善中国特色现代企业制度。

民营经济组织中的工会等群团组织依照法律和章程开展活动，加强职工思想政治引领，维护职工合法权益，发挥在企业民主管理中的作用，推动完善企业工资集体协商制度，促进构建和谐劳动关系。

民营经济组织的组织形式、组织机构及其活动准则，适用《中华人民共和国公司法》、《中华人民共和国合伙企业法》、《中华人民共和国个人独资企业法》等法律的规定。

● 案例指引

甲科技公司与乙融资担保公司等追偿权纠纷跟进监督案（最高人民检察院发布十起民事检察促进民营经济发展壮大典型案例之十）[1]

裁判摘要： 部分民营企业因内部管理机制不够完善，常见公司法定代表人超越代表权限或实际控制人利用其身份、地位以及对公司公章使用的便利，以公司名义对外签订担保合同，为法定代表人或股东、实际控制人个人债务提供担保，最终因个人未按时如约清偿债务，导致公司为个人巨额债务承担连带责任，损害公司及其他股东利益的情形。本案即为法定代表人王某利用其身份，由甲科技公司为其个人债务承担反担保连带保证责任，导致甲科技公司被强制执行，陷入经营困境的典型案例。检察机关在办理此类案件过程中，应严格审查公司对外提供担保的程序是否合法、合同相对人是否善意、公司对担保无效是否存在过错等要点，针对的确存在法律适用问题的，应依法及时启动监督程序，保护民营企业合法权益。

第三十九条　防范和治理腐败

国家推动构建民营经济组织源头防范和治理腐败的体制机制，支持引导民营经济组织建立健全内部审计制度，加强廉洁风险防控，推动民营经济组织提升依法合规经营管理水平，及时预防、发现、治理经营中违法违规等问题。

民营经济组织应当加强对工作人员的法治教育，营造诚信廉洁、守法合规的文化氛围。

● 法　律

《公司法》（2023年12月29日）

第69条　有限责任公司可以按照公司章程的规定在董事会

---

[1] 载最高人民检察院网站，https://www.spp.gov.cn/xwfbh/wsfbt/202404/t20240401_650604.shtml#2，2025年4月30日访问，以下不再标注。

中设置由董事组成的审计委员会，行使本法规定的监事会的职权，不设监事会或者监事。公司董事会成员中的职工代表可以成为审计委员会成员。

第121条　股份有限公司可以按照公司章程的规定在董事会中设置由董事组成的审计委员会，行使本法规定的监事会的职权，不设监事会或者监事。

审计委员会成员为三名以上，过半数成员不得在公司担任除董事以外的其他职务，且不得与公司存在任何可能影响其独立客观判断的关系。公司董事会成员中的职工代表可以成为审计委员会成员。

审计委员会作出决议，应当经审计委员会成员的过半数通过。

审计委员会决议的表决，应当一人一票。

审计委员会的议事方式和表决程序，除本法有规定的外，由公司章程规定。

公司可以按照公司章程的规定在董事会中设置其他委员会。

第137条　上市公司在董事会中设置审计委员会的，董事会对下列事项作出决议前应当经审计委员会全体成员过半数通过：

（一）聘用、解聘承办公司审计业务的会计师事务所；

（二）聘任、解聘财务负责人；

（三）披露财务会计报告；

（四）国务院证券监督管理机构规定的其他事项。

第四十条　财务管理、会计核算

民营经济组织应当依照法律、行政法规和国家统一的会计制度，加强财务管理，规范会计核算，防止财务造假，并区分民营经济组织生产经营收支与民营经济组织经营者个人收支，实现民营经济组织财产与民营经济组织经营者个人财产分离。

● 法　律

《公司法》（2023 年 12 月 29 日）

第 207 条　公司应当依照法律、行政法规和国务院财政部门的规定建立本公司的财务、会计制度。

第 208 条　公司应当在每一会计年度终了时编制财务会计报告，并依法经会计师事务所审计。

财务会计报告应当依照法律、行政法规和国务院财政部门的规定制作。

第 209 条　有限责任公司应当按照公司章程规定的期限将财务会计报告送交各股东。

股份有限公司的财务会计报告应当在召开股东会年会的二十日前置备于本公司，供股东查阅；公开发行股份的股份有限公司应当公告其财务会计报告。

第 210 条　公司分配当年税后利润时，应当提取利润的百分之十列入公司法定公积金。公司法定公积金累计额为公司注册资本的百分之五十以上的，可以不再提取。

公司的法定公积金不足以弥补以前年度亏损的，在依照前款规定提取法定公积金之前，应当先用当年利润弥补亏损。

公司从税后利润中提取法定公积金后，经股东会决议，还可以从税后利润中提取任意公积金。

公司弥补亏损和提取公积金后所余税后利润，有限责任公司按照股东实缴的出资比例分配利润，全体股东约定不按照出资比例分配利润的除外；股份有限公司按照股东所持有的股份比例分配利润，公司章程另有规定的除外。

公司持有的本公司股份不得分配利润。

第 211 条　公司违反本法规定向股东分配利润的，股东应当将违反规定分配的利润退还公司；给公司造成损失的，股东及负有责任的董事、监事、高级管理人员应当承担赔偿责任。

第 212 条　股东会作出分配利润的决议的，董事会应当在股东会决议作出之日起六个月内进行分配。

第 213 条　公司以超过股票票面金额的发行价格发行股份所得的溢价款、发行无面额股所得股款未计入注册资本的金额以及国务院财政部门规定列入资本公积金的其他项目，应当列为公司资本公积金。

第 214 条　公司的公积金用于弥补公司的亏损、扩大公司生产经营或者转为增加公司注册资本。

公积金弥补公司亏损，应当先使用任意公积金和法定公积金；仍不能弥补的，可以按照规定使用资本公积金。

法定公积金转为增加注册资本时，所留存的该项公积金不得少于转增前公司注册资本的百分之二十五。

第 215 条　公司聘用、解聘承办公司审计业务的会计师事务所，按照公司章程的规定，由股东会、董事会或者监事会决定。

公司股东会、董事会或者监事会就解聘会计师事务所进行表决时，应当允许会计师事务所陈述意见。

第 216 条　公司应当向聘用的会计师事务所提供真实、完整的会计凭证、会计账簿、财务会计报告及其他会计资料，不得拒绝、隐匿、谎报。

第 217 条　公司除法定的会计账簿外，不得另立会计账簿。

对公司资金，不得以任何个人名义开立账户存储。

第四十一条　员工共享发展成果

支持民营经济组织通过加强技能培训、扩大吸纳就业、完善工资分配制度等，促进员工共享发展成果。

● 法　律

《就业促进法》（2015 年 4 月 24 日）

第 11 条　县级以上人民政府应当把扩大就业作为重要职责，

统筹协调产业政策与就业政策。

第12条　国家鼓励各类企业在法律、法规规定的范围内，通过兴办产业或者拓展经营，增加就业岗位。

国家鼓励发展劳动密集型产业、服务业，扶持中小企业，多渠道、多方式增加就业岗位。

国家鼓励、支持、引导非公有制经济发展，扩大就业，增加就业岗位。

第13条　国家发展国内外贸易和国际经济合作，拓宽就业渠道。

第14条　县级以上人民政府在安排政府投资和确定重大建设项目时，应当发挥投资和重大建设项目带动就业的作用，增加就业岗位。

第15条　国家实行有利于促进就业的财政政策，加大资金投入，改善就业环境，扩大就业。

县级以上人民政府应当根据就业状况和就业工作目标，在财政预算中安排就业专项资金用于促进就业工作。

就业专项资金用于职业介绍、职业培训、公益性岗位、职业技能鉴定、特定就业政策和社会保险等的补贴，小额贷款担保基金和微利项目的小额担保贷款贴息，以及扶持公共就业服务等。就业专项资金的使用管理办法由国务院财政部门和劳动行政部门规定。

第16条　国家建立健全失业保险制度，依法确保失业人员的基本生活，并促进其实现就业。

第17条　国家鼓励企业增加就业岗位，扶持失业人员和残疾人就业，对下列企业、人员依法给予税收优惠：

（一）吸纳符合国家规定条件的失业人员达到规定要求的企业；

（二）失业人员创办的中小企业；

（三）安置残疾人员达到规定比例或者集中使用残疾人的企业；

（四）从事个体经营的符合国家规定条件的失业人员；

（五）从事个体经营的残疾人；

（六）国务院规定给予税收优惠的其他企业、人员。

第18条　对本法第十七条第四项、第五项规定的人员，有关部门应当在经营场地等方面给予照顾，免除行政事业性收费。

第19条　国家实行有利于促进就业的金融政策，增加中小企业的融资渠道；鼓励金融机构改进金融服务，加大对中小企业的信贷支持，并对自主创业人员在一定期限内给予小额信贷等扶持。

第20条　国家实行城乡统筹的就业政策，建立健全城乡劳动者平等就业的制度，引导农业富余劳动力有序转移就业。

县级以上地方人民政府推进小城镇建设和加快县域经济发展，引导农业富余劳动力就地就近转移就业；在制定小城镇规划时，将本地区农业富余劳动力转移就业作为重要内容。

县级以上地方人民政府引导农业富余劳动力有序向城市异地转移就业；劳动力输出地和输入地人民政府应当互相配合，改善农村劳动者进城就业的环境和条件。

第21条　国家支持区域经济发展，鼓励区域协作，统筹协调不同地区就业的均衡增长。

国家支持民族地区发展经济，扩大就业。

第22条　各级人民政府统筹做好城镇新增劳动力就业、农业富余劳动力转移就业和失业人员就业工作。

第23条　各级人民政府采取措施，逐步完善和实施与非全日制用工等灵活就业相适应的劳动和社会保险政策，为灵活就业人员提供帮助和服务。

第24条　地方各级人民政府和有关部门应当加强对失业人

员从事个体经营的指导，提供政策咨询、就业培训和开业指导等服务。

第44条　国家依法发展职业教育，鼓励开展职业培训，促进劳动者提高职业技能，增强就业能力和创业能力。

第45条　县级以上人民政府根据经济社会发展和市场需求，制定并实施职业能力开发计划。

第46条　县级以上人民政府加强统筹协调，鼓励和支持各类职业院校、职业技能培训机构和用人单位依法开展就业前培训、在职培训、再就业培训和创业培训；鼓励劳动者参加各种形式的培训。

第47条　县级以上地方人民政府和有关部门根据市场需求和产业发展方向，鼓励、指导企业加强职业教育和培训。

职业院校、职业技能培训机构与企业应当密切联系，实行产教结合，为经济建设服务，培养实用人才和熟练劳动者。

企业应当按照国家有关规定提取职工教育经费，对劳动者进行职业技能培训和继续教育培训。

第48条　国家采取措施建立健全劳动预备制度，县级以上地方人民政府对有就业要求的初高中毕业生实行一定期限的职业教育和培训，使其取得相应的职业资格或者掌握一定的职业技能。

第49条　地方各级人民政府鼓励和支持开展就业培训，帮助失业人员提高职业技能，增强其就业能力和创业能力。失业人员参加就业培训的，按照有关规定享受政府培训补贴。

第50条　地方各级人民政府采取有效措施，组织和引导进城就业的农村劳动者参加技能培训，鼓励各类培训机构为进城就业的农村劳动者提供技能培训，增强其就业能力和创业能力。

第51条　国家对从事涉及公共安全、人身健康、生命财产安全等特殊工种的劳动者，实行职业资格证书制度，具体办法由国务院规定。

第四十二条　社会责任评价体系和激励机制

探索建立民营经济组织的社会责任评价体系和激励机制，鼓励、引导民营经济组织积极履行社会责任，自愿参与公益慈善事业、应急救灾等活动。

第四十三条　海外投资经营

民营经济组织及其经营者在海外投资经营应当遵守所在国家或者地区的法律，尊重当地习俗和文化传统，维护国家形象，不得从事损害国家安全和国家利益的活动。

第六章 服务保障

第四十四条　政府履职、政企沟通

国家机关及其工作人员在促进民营经济发展工作中,应当依法履职尽责。国家机关工作人员与民营经济组织经营者在工作交往中,应当遵纪守法,保持清正廉洁。

各级人民政府及其有关部门建立畅通有效的政企沟通机制,及时听取包括民营经济组织在内各类经济组织的意见建议,解决其反映的合理问题。

第四十五条　听取意见建议

国家机关制定与经营主体生产经营活动密切相关的法律、法规、规章和其他规范性文件,最高人民法院、最高人民检察院作出属于审判、检察工作中具体应用法律的相关解释,或者作出有关重大决策,应当注重听取包括民营经济组织在内各类经济组织、行业协会商会的意见建议;在实施前应当根据实际情况留出必要的适应调整期。

根据《中华人民共和国立法法》的规定,与经营主体生产经营活动密切相关的法律、法规、规章和其他规范性文件,属于审判、检察工作中具体应用法律的解释,不溯及既往,但为了更好地保护公民、法人和其他组织的权利和利益而作的特别规定除外。

● 法　律

《立法法》(2023年3月13日)

第104条　法律、行政法规、地方性法规、自治条例和单行条例、规章不溯及既往，但为了更好地保护公民、法人和其他组织的权利和利益而作的特别规定除外。

第四十六条　优惠政策公开

各级人民政府及其有关部门应当及时向社会公开涉及经营主体的优惠政策适用范围、标准、条件和申请程序等，为民营经济组织申请享受有关优惠政策提供便利。

第四十七条　制定鼓励组织创业政策

各级人民政府及其有关部门制定鼓励民营经济组织创业的政策，提供公共服务，鼓励创业带动就业。

● 法　律

《中小企业促进法》（2017年9月1日）

第24条　县级以上人民政府及其有关部门应当通过政府网站、宣传资料等形式，为创业人员免费提供工商、财税、金融、环境保护、安全生产、劳动用工、社会保障等方面的法律政策咨询和公共信息服务。

第25条　高等学校毕业生、退役军人和失业人员、残疾人员等创办小型微型企业，按照国家规定享受税收优惠和收费减免。

第26条　国家采取措施支持社会资金参与投资中小企业。创业投资企业和个人投资者投资初创期科技创新企业的，按照国家规定享受税收优惠。

第27条　国家改善企业创业环境，优化审批流程，实现中小企业行政许可便捷，降低中小企业设立成本。

第28条　国家鼓励建设和创办小型微型企业创业基地、孵化基地，为小型微型企业提供生产经营场地和服务。

第29条　地方各级人民政府应当根据中小企业发展的需要，

在城乡规划中安排必要的用地和设施，为中小企业获得生产经营场所提供便利。

国家支持利用闲置的商业用房、工业厂房、企业库房和物流设施等，为创业者提供低成本生产经营场所。

第 30 条　国家鼓励互联网平台向中小企业开放技术、开发、营销、推广等资源，加强资源共享与合作，为中小企业创业提供服务。

第 31 条　国家简化中小企业注销登记程序，实现中小企业市场退出便利化。

第四十八条　登记服务和个转企

登记机关应当为包括民营经济组织在内的各类经济组织提供依法合规、规范统一、公开透明、便捷高效的设立、变更、注销等登记服务，降低市场进入和退出成本。

个体工商户可以自愿依法转型为企业。登记机关、税务机关和有关部门为个体工商户转型为企业提供指引和便利。

● 法　律

1.《民法典》（2020 年 5 月 28 日）

第 54 条　自然人从事工商业经营，经依法登记，为个体工商户。个体工商户可以起字号。

● 行政法规

2.《市场主体登记管理条例》（2021 年 7 月 27 日）

第二章　登记事项

第 8 条　市场主体的一般登记事项包括：

（一）名称；

（二）主体类型；

（三）经营范围；

（四）住所或者主要经营场所；

（五）注册资本或者出资额；

（六）法定代表人、执行事务合伙人或者负责人姓名。

除前款规定外，还应当根据市场主体类型登记下列事项：

（一）有限责任公司股东、股份有限公司发起人、非公司企业法人出资人的姓名或者名称；

（二）个人独资企业的投资人姓名及居所；

（三）合伙企业的合伙人名称或者姓名、住所、承担责任方式；

（四）个体工商户的经营者姓名、住所、经营场所；

（五）法律、行政法规规定的其他事项。

第9条 市场主体的下列事项应当向登记机关办理备案：

（一）章程或者合伙协议；

（二）经营期限或者合伙期限；

（三）有限责任公司股东或者股份有限公司发起人认缴的出资数额，合伙企业合伙人认缴或者实际缴付的出资数额、缴付期限和出资方式；

（四）公司董事、监事、高级管理人员；

（五）农民专业合作社（联合社）成员；

（六）参加经营的个体工商户家庭成员姓名；

（七）市场主体登记联络员、外商投资企业法律文件送达接受人；

（八）公司、合伙企业等市场主体受益所有人相关信息；

（九）法律、行政法规规定的其他事项。

第10条 市场主体只能登记一个名称，经登记的市场主体名称受法律保护。

市场主体名称由申请人依法自主申报。

第11条 市场主体只能登记一个住所或者主要经营场所。

电子商务平台内的自然人经营者可以根据国家有关规定，将电子商务平台提供的网络经营场所作为经营场所。

省、自治区、直辖市人民政府可以根据有关法律、行政法规的规定和本地区实际情况，自行或者授权下级人民政府对住所或者主要经营场所作出更加便利市场主体从事经营活动的具体规定。

第12条 有下列情形之一的，不得担任公司、非公司企业法人的法定代表人：

（一）无民事行为能力或者限制民事行为能力；

（二）因贪污、贿赂、侵占财产、挪用财产或者破坏社会主义市场经济秩序被判处刑罚，执行期满未逾5年，或者因犯罪被剥夺政治权利，执行期满未逾5年；

（三）担任破产清算的公司、非公司企业法人的法定代表人、董事或者厂长、经理，对破产负有个人责任的，自破产清算完结之日起未逾3年；

（四）担任因违法被吊销营业执照、责令关闭的公司、非公司企业法人的法定代表人，并负有个人责任的，自被吊销营业执照之日起未逾3年；

（五）个人所负数额较大的债务到期未清偿；

（六）法律、行政法规规定的其他情形。

第13条 除法律、行政法规或者国务院决定另有规定外，市场主体的注册资本或者出资额实行认缴登记制，以人民币表示。

出资方式应当符合法律、行政法规的规定。公司股东、非公司企业法人出资人、农民专业合作社（联合社）成员不得以劳务、信用、自然人姓名、商誉、特许经营权或者设定担保的财产等作价出资。

第14条 市场主体的经营范围包括一般经营项目和许可经

营项目。经营范围中属于在登记前依法须经批准的许可经营项目，市场主体应当在申请登记时提交有关批准文件。

市场主体应当按照登记机关公布的经营项目分类标准办理经营范围登记。

第三章 登记规范

第15条 市场主体实行实名登记。申请人应当配合登记机关核验身份信息。

第16条 申请办理市场主体登记，应当提交下列材料：

（一）申请书；

（二）申请人资格文件、自然人身份证明；

（三）住所或者主要经营场所相关文件；

（四）公司、非公司企业法人、农民专业合作社（联合社）章程或者合伙企业合伙协议；

（五）法律、行政法规和国务院市场监督管理部门规定提交的其他材料。

国务院市场监督管理部门应当根据市场主体类型分别制定登记材料清单和文书格式样本，通过政府网站、登记机关服务窗口等向社会公开。

登记机关能够通过政务信息共享平台获取的市场主体登记相关信息，不得要求申请人重复提供。

第17条 申请人应当对提交材料的真实性、合法性和有效性负责。

第18条 申请人可以委托其他自然人或者中介机构代其办理市场主体登记。受委托的自然人或者中介机构代为办理登记事宜应当遵守有关规定，不得提供虚假信息和材料。

第19条 登记机关应当对申请材料进行形式审查。对申请材料齐全、符合法定形式的予以确认并当场登记。不能当场登记的，应当在3个工作日内予以登记；情形复杂的，经登记机关负责人批准，可以再延长3个工作日。

申请材料不齐全或者不符合法定形式的，登记机关应当一次性告知申请人需要补正的材料。

第20条　登记申请不符合法律、行政法规规定，或者可能危害国家安全、社会公共利益的，登记机关不予登记并说明理由。

第21条　申请人申请市场主体设立登记，登记机关依法予以登记的，签发营业执照。营业执照签发日期为市场主体的成立日期。

法律、行政法规或者国务院决定规定设立市场主体须经批准的，应当在批准文件有效期内向登记机关申请登记。

第22条　营业执照分为正本和副本，具有同等法律效力。

电子营业执照与纸质营业执照具有同等法律效力。

营业执照样式、电子营业执照标准由国务院市场监督管理部门统一制定。

第23条　市场主体设立分支机构，应当向分支机构所在地的登记机关申请登记。

第24条　市场主体变更登记事项，应当自作出变更决议、决定或者法定变更事项发生之日起30日内向登记机关申请变更登记。

市场主体变更登记事项属于依法须经批准的，申请人应当在批准文件有效期内向登记机关申请变更登记。

第25条　公司、非公司企业法人的法定代表人在任职期间发生本条例第十二条所列情形之一的，应当向登记机关申请变更登记。

第26条　市场主体变更经营范围，属于依法须经批准的项目的，应当自批准之日起30日内申请变更登记。许可证或者批准文件被吊销、撤销或者有效期届满的，应当自许可证或者批准文件被吊销、撤销或者有效期届满之日起30日内向登记机关申请变更登记或者办理注销登记。

第27条　市场主体变更住所或者主要经营场所跨登记机关

辖区的，应当在迁入新的住所或者主要经营场所前，向迁入地登记机关申请变更登记。迁出地登记机关无正当理由不得拒绝移交市场主体档案等相关材料。

第 28 条　市场主体变更登记涉及营业执照记载事项的，登记机关应当及时为市场主体换发营业执照。

第 29 条　市场主体变更本条例第九条规定的备案事项的，应当自作出变更决议、决定或者法定变更事项发生之日起 30 日内向登记机关办理备案。农民专业合作社（联合社）成员发生变更的，应当自本会计年度终了之日起 90 日内向登记机关办理备案。

第 30 条　因自然灾害、事故灾难、公共卫生事件、社会安全事件等原因造成经营困难的，市场主体可以自主决定在一定时期内歇业。法律、行政法规另有规定的除外。

市场主体应当在歇业前与职工依法协商劳动关系处理等有关事项。

市场主体应当在歇业前向登记机关办理备案。登记机关通过国家企业信用信息公示系统向社会公示歇业期限、法律文书送达地址等信息。

市场主体歇业的期限最长不得超过 3 年。市场主体在歇业期间开展经营活动的，视为恢复营业，市场主体应当通过国家企业信用信息公示系统向社会公示。

市场主体歇业期间，可以以法律文书送达地址代替住所或者主要经营场所。

第 31 条　市场主体因解散、被宣告破产或者其他法定事由需要终止的，应当依法向登记机关申请注销登记。经登记机关注销登记，市场主体终止。

市场主体注销依法须经批准的，应当经批准后向登记机关申请注销登记。

第 32 条　市场主体注销登记前依法应当清算的，清算组应当自成立之日起10日内将清算组成员、清算组负责人名单通过国家企业信用信息公示系统公告。清算组可以通过国家企业信用信息公示系统发布债权人公告。

清算组应当自清算结束之日起30日内向登记机关申请注销登记。市场主体申请注销登记前，应当依法办理分支机构注销登记。

第33条 市场主体未发生债权债务或者已将债权债务清偿完结，未发生或者已结清清偿费用、职工工资、社会保险费用、法定补偿金、应缴纳税款（滞纳金、罚款），并由全体投资人书面承诺对上述情况的真实性承担法律责任的，可以按照简易程序办理注销登记。

市场主体应当将承诺书及注销登记申请通过国家企业信用信息公示系统公示，公示期为20日。在公示期内无相关部门、债权人及其他利害关系人提出异议的，市场主体可以于公示期届满之日起20日内向登记机关申请注销登记。

个体工商户按照简易程序办理注销登记的，无需公示，由登记机关将个体工商户的注销登记申请推送至税务等有关部门，有关部门在10日内没有提出异议的，可以直接办理注销登记。

市场主体注销依法须经批准的，或者市场主体被吊销营业执照、责令关闭、撤销，或者被列入经营异常名录的，不适用简易注销程序。

第34条 人民法院裁定强制清算或者裁定宣告破产的，有关清算组、破产管理人可以持人民法院终结强制清算程序的裁定或者终结破产程序的裁定，直接向登记机关申请办理注销登记。

● 部门规章及文件

3.《公司登记管理实施办法》（2024年12月13日）

第1条 为了规范公司登记管理，维护交易安全，优化营商环境，根据《中华人民共和国公司法》《国务院关于实施〈中华人民共和国公司法〉注册资本登记管理制度的规定》等法律、行政法规，制定本办法。

第 2 条 办理公司登记、备案，申请人应当对提交材料的真实性、合法性和有效性负责。

第 3 条 公司登记机关应当按照构建全国统一大市场的要求，规范履行登记管理职责，维护诚信安全的市场秩序。

第 4 条 公司营业执照应当载明下列事项：

（一）名称；

（二）住所；

（三）法定代表人姓名；

（四）注册资本；

（五）公司类型；

（六）经营范围；

（七）登记机关；

（八）成立日期；

（九）统一社会信用代码。

第 5 条 有限责任公司股东认缴出资应当遵循诚实信用原则，全体股东认缴的出资额由股东按照公司章程的规定自公司成立之日起五年内缴足。股份有限公司发起人应当在公司成立前按照其认购的股份全额缴纳股款。

采取向社会公开募集设立的方式成立的股份有限公司，办理登记时应当依法提交验资机构出具的验资证明；有限责任公司、采取发起设立或者向特定对象募集设立的方式成立的股份有限公司，办理登记时无需提交验资机构出具的验资证明。

法律、行政法规以及国务院决定对公司注册资本实缴、注册资本最低限额、股东出资期限等另有规定的，从其规定。

第 6 条 股东可以用货币出资，也可以用实物、知识产权、土地使用权、股权、债权等可以用货币估价并可以依法转让的非货币财产作价出资。法律对数据、网络虚拟财产的权属等有规定的，股东可以按照规定用数据、网络虚拟财产作价出资。但是，法律、行政法规规定不得作为出资的财产除外。

对作为出资的非货币财产应当依法评估作价，核实财产，不得高估或者低估作价。

第7条 有限责任公司增加注册资本的，股东认缴新增资本的出资按照公司章程的规定自注册资本变更登记之日起五年内缴足。

股份有限公司为增加注册资本发行新股的，应当在公司股东全额缴纳新增股款后，办理注册资本变更登记。

第8条 2024年6月30日前登记设立的有限责任公司，剩余认缴出资期限自2027年7月1日起超过五年的，应当在2027年6月30日前将其剩余认缴出资期限调整至五年内，并记载于公司章程，股东应当在调整后的认缴出资期限内足额缴纳认缴的出资额；剩余认缴出资期限自2027年7月1日起不足五年或者已缴足注册资本的，无需调整认缴出资期限。

2024年6月30日前登记设立的股份有限公司发起人或者股东应当在2027年6月30日前按照其认购的股份全额缴纳股款。

第9条 2024年6月30日前登记设立的公司生产经营涉及国家利益或者重大公共利益的，由国务院有关主管部门或者省级人民政府提出意见，经国家市场监督管理总局同意，可以按2024年6月30日前确定的出资期限出资。

第10条 2024年6月30日前登记设立的公司存在下列情形之一的，公司登记机关应当对公司注册资本的真实性、合理性进行研判：

（一）认缴出资期限三十年以上；

（二）注册资本十亿元人民币以上；

（三）其他明显不符合客观常识的情形。

公司登记机关可以结合公司的经营范围、经营状况以及股东的出资能力、主营项目、资产规模等进行综合研判，必要时组织行业专业机构进行评估或者与相关部门协商。公司及其股东应当配合提供情况说明以及相关材料。

公司登记机关认定公司出资期限、注册资本明显异常，违背真实性、合理性原则的，依法要求公司及时调整，并按程序向省级市场监督管理部门报告，接受省级市场监督管理部门的指导和监督。

第11条　有限责任公司股东认缴和实缴的出资额、出资方式和出资日期，股份有限公司发起人认购的股份数等信息应当自产生之日起二十个工作日内通过国家企业信用信息公示系统向社会公示。

公司应当确保前款公示信息真实、准确、完整。

第12条　公司经营范围应当符合市场准入负面清单规定，外商投资公司以及外商投资企业直接投资公司的经营范围还应当符合外商投资准入特别管理措施规定。

第13条　设置审计委员会行使监事会职权的公司，应当在进行董事备案时标明相关董事担任审计委员会成员的信息。

第14条　公司设立登记时应当依法对登记联络员进行备案，提供登记联络员的电话号码、电子邮箱等常用联系方式，委托登记联络员负责公司与公司登记机关之间的联络工作，确保有效沟通。

登记联络员可以由公司法定代表人、董事、监事、高级管理人员、股东、员工等人员担任。

登记联络员变更的，公司应当自变更之日起三十日内向公司登记机关办理备案。

第15条　公司董事、监事、高级管理人员存在《中华人民共和国公司法》第一百七十八条规定情形之一的，公司应当依法及时解除其职务，自知道或者应当知道之日起原则上不得超过三十日，并应当自解除其职务之日起三十日内依法向登记机关办理备案。

第16条　申请人可以委托中介机构或者其他自然人代其办理公司登记、备案。中介机构及其工作人员、其他自然人代为办理公司登记、备案事宜，应当诚实守信、依法履责，标明其代理身份并提交授权委托书，不得提交虚假材料或者采取其他欺诈手段隐瞒重要事实，不得利用从事公司登记、备案代理业务损害国家利益、社会公共利益或者他人合法权益。

第17条　公司法定代表人、董事、监事、高级管理人员、股东等被依法限制人身自由，无法通过实名认证系统、本人现场办理或者提交公证文件等方式核验身份信息的，可以按照相关国家机关允许的方式进行实名验证。

第18条　公司申请住所或者经营场所登记，应当提交住所或者经营场所合法使用证明。公司登记机关简化、免收住所或者经营场所使用证明材料的，应当通过部门间数据共享等方式验证核实申请人申请登记的住所或者经营场所客观存在且公司依法拥有所有权或者使用权。

第19条　公司申请登记或者备案的事项存在下列情形之一的，公司登记机关不予办理设立登记或者相关事项的变更登记及备案：

（一）公司名称不符合企业名称登记管理相关规定的；

（二）公司注册资本、股东出资期限及出资额明显异常且拒不调整的；

（三）经营范围中属于在登记前依法须经批准的许可经营项目，未获得批准的；

（四）涉及虚假登记的直接责任人自登记被撤销之日起三年内再次申请登记的；

（五）可能危害国家安全、社会公共利益的；

（六）其他不符合法律、行政法规规定的情形。

第20条 有证据证明申请人明显滥用公司法人独立地位和股东有限责任，通过变更法定代表人、股东、注册资本或者注销公司等方式，恶意转移财产、逃避债务或者规避行政处罚，可能危害社会公共利益的，公司登记机关依法不予办理相关登记或者备案，已经办理的予以撤销。

第21条 公司办理歇业备案的，公司登记机关应当将相关信息及时共享至税务、人力资源社会保障等部门，推动高效办理歇业备案涉及的其他事项。

第22条 公司股东死亡、注销或者被撤销，导致公司无法办理注销登记的，可以由该股东股权的全体合法继受主体或者该股东的全体投资人代为依法办理注销登记相关事项，并在注销决议上说明代为办理注销登记的相关情况。

第23条 因公司未按期依法履行生效法律文书明确的登记备案事项相关法定义务，人民法院向公司登记机关送达协助执行通知书，要求协助涤除法定代表人、董事、监事、高级管理人员、股东、分公司负责人等信息的，公司登记机关依法通过国家企业信用信息公示系统向社会公示涤除信息。

第24条 2024年6月30日前登记设立的公司因被吊销营业执照、责令关闭、撤销，或者通过登记的住所、经营场所无法联系被列入经营异常名录，导致公司出资期限、注册资本不符合法律规定且无法调整的，公司登记机关对其另册管理，在国家企业信用信息公示系统作出特别标注并向社会公示。

被纳入另册管理的公司，不再按照登记在册的公司进行统计和登记管理。

前款所述公司依法调整出资期限、注册资本的，公司登记机关应当恢复其登记在册状态。

第25条 公司统一社会信用代码具有唯一性。公司依法注销或者被撤销设立登记后，公司登记机关应当保留其统一社会信用代码。

第 26 条　中介机构明知或者应当知道申请人提交虚假材料或者采取其他欺诈手段隐瞒重要事实进行公司登记，仍接受委托代为办理，或者协助其进行虚假登记的，由公司登记机关没收违法所得，处十万元以下的罚款。

中介机构以自己名义或者冒用他人名义提交虚假材料或者采取其他欺诈手段隐瞒重要事实进行公司登记的，由公司登记机关按照《中华人民共和国公司法》第二百五十条规定对公司以及直接负责的主管人员和其他直接责任人员依法从重处罚。

第 27 条　法律、行政法规或者部门规章对违反本办法规定的行为有处罚规定的，依照其规定。

第 28 条　外商投资的公司登记管理适用本办法。有关外商投资法律、行政法规或者部门规章对其登记另有规定的，适用其规定。

第 29 条　本办法自 2025 年 2 月 10 日起施行。

第四十九条　人才培养

鼓励、支持高等学校、科研院所、职业学校、公共实训基地和各类职业技能培训机构创新人才培养模式，加强职业教育和培训，培养符合民营经济高质量发展需求的专业人才和产业工人。

人力资源和社会保障部门建立健全人力资源服务机制，搭建用工和求职信息对接平台，为民营经济组织招工用工提供便利。

各级人民政府及其有关部门完善人才激励和服务保障政策措施，畅通民营经济组织职称评审渠道，为民营经济组织引进、培养高层次及紧缺人才提供支持。

● 法　律

1.《就业促进法》(2015 年 4 月 24 日)

第 32 条　县级以上人民政府培育和完善统一开放、竞争有序的人力资源市场，为劳动者就业提供服务。

第 33 条　县级以上人民政府鼓励社会各方面依法开展就业服务活动，加强对公共就业服务和职业中介服务的指导和监督，逐步完善覆盖城乡的就业服务体系。

第 34 条　县级以上人民政府加强人力资源市场信息网络及相关设施建设，建立健全人力资源市场信息服务体系，完善市场信息发布制度。

第 35 条　县级以上人民政府建立健全公共就业服务体系，设立公共就业服务机构，为劳动者免费提供下列服务：

（一）就业政策法规咨询；

（二）职业供求信息、市场工资指导价位信息和职业培训信息发布；

（三）职业指导和职业介绍；

（四）对就业困难人员实施就业援助；

（五）办理就业登记、失业登记等事务；

（六）其他公共就业服务。

公共就业服务机构应当不断提高服务的质量和效率，不得从事经营性活动。

公共就业服务经费纳入同级财政预算。

第 36 条　县级以上地方人民政府对职业中介机构提供公益性就业服务的，按照规定给予补贴。

国家鼓励社会各界为公益性就业服务提供捐赠、资助。

第 37 条　地方各级人民政府和有关部门不得举办或者与他人联合举办经营性的职业中介机构。

地方各级人民政府和有关部门、公共就业服务机构举办的招聘会，不得向劳动者收取费用。

第38条 县级以上人民政府和有关部门加强对职业中介机构的管理，鼓励其提高服务质量，发挥其在促进就业中的作用。

第39条 从事职业中介活动，应当遵循合法、诚实信用、公平、公开的原则。

用人单位通过职业中介机构招用人员，应当如实向职业中介机构提供岗位需求信息。

禁止任何组织或者个人利用职业中介活动侵害劳动者的合法权益。

第40条 设立职业中介机构应当具备下列条件：

（一）有明确的章程和管理制度；

（二）有开展业务必备的固定场所、办公设施和一定数额的开办资金；

（三）有一定数量具备相应职业资格的专职工作人员；

（四）法律、法规规定的其他条件。

设立职业中介机构应当在工商行政管理部门办理登记后，向劳动行政部门申请行政许可。

未经依法许可和登记的机构，不得从事职业中介活动。

国家对外商投资职业中介机构和向劳动者提供境外就业服务的职业中介机构另有规定的，依照其规定。

第41条 职业中介机构不得有下列行为：

（一）提供虚假就业信息；

（二）为无合法证照的用人单位提供职业中介服务；

（三）伪造、涂改、转让职业中介许可证；

（四）扣押劳动者的居民身份证和其他证件，或者向劳动者收取押金；

（五）其他违反法律、法规规定的行为。

第42条 县级以上人民政府建立失业预警制度，对可能出现的较大规模的失业，实施预防、调节和控制。

第43条　国家建立劳动力调查统计制度和就业登记、失业登记制度，开展劳动力资源和就业、失业状况调查统计，并公布调查统计结果。

统计部门和劳动行政部门进行劳动力调查统计和就业、失业登记时，用人单位和个人应当如实提供调查统计和登记所需要的情况。

● 部门规章及文件

2.《国家发展改革委等部门关于共享公共实训基地开展民营企业员工职业技能提升行动的通知》（2024年3月21日）

各省、自治区、直辖市、新疆生产建设兵团发展改革委、人力资源社会保障厅（局）、总工会、工商联：

为提高公共实训基地的共享开放水平，完善民营企业利用公共实训基地开展职业技能培训的合作机制，强化技能人才培养和用工保障，更好服务民营企业，促进民营经济发展壮大，国家发展改革委会同有关部门决定，从2024年至2027年，加力提效用好公共实训基地，开展百万民企员工职业技能提升行动，现就做好有关工作通知如下。

一、共享场地设备。研究制定公共实训基地建设扩容提质方案，加大中央预算内投资支持力度，推动公共培训资源向市场急需、企业生产必需领域集中。指导公共实训基地与民营企业签订合作协议，共建"联合体"和"分基地"，共享培训所需的场地和设备，打造"生产+培训"真实场景，提高培训资源使用效益。支持公共实训基地采取"送培上门"等形式为民营企业提供服务。探索以公共实训基地为桥梁纽带，统筹整合行业领域内多家民营企业培训资源，构建"一个基地、多点布局"技能培训体系，增强对全行业职业技能培训的辐射带动作用。

二、建强师傅队伍。创新公共实训基地教师评聘制度，将民营企业具备丰富实践经验和技术专长的"老工匠""老师傅"纳入师资库，推动企业、公共实训基地、行业协会、商会、产业园区、职业院校（含技工院校）、工匠学院的师资互通共用，不断培育壮大"双师型"师资队伍。对承担公共实训基地培训任务的民营企业导师，在高技能人才评价、使用、激励等方面予以适当支持。指导公共实训基地与民营企业联合组织开展师资培训、研修交流、教学能力竞赛等活动，健全完善师傅队伍培养制度和"老带新"分享机制。

三、开发优质课程。引导民营企业深度参与公共实训基地培训课程设计和开发，及时将新技术、新工艺、新规范、典型生产案例等纳入培训课程，构建符合企业需求和技能人才成长的课程体系，完善培训课程与产业发展需求联动调整机制。鼓励公共实训基地与龙头民营企业、链主民营企业以及行业协会、商会等社会组织共同研究制定新的职业标准和培训大纲，加大生产岗位技能、数字技能、绿色技能、安全生产技能等领域课程开发力度，形成具有自主知识产权的教材。推进培训课程数字化建设，实现课堂面授与远程学习相结合、线上线下培训无缝对接，提升民营企业员工参与技能培训的便利性和可及性。

四、扩大岗前培训。支持公共实训基地面向高校毕业生、农村转移劳动力等重点群体大规模开展实用性、操作性技能培训。指导劳务输出地公共实训基地结合当地劳动力资源禀赋和转移就业特点，积极打造劳务品牌，提高劳务输出组织化程度，有效满足输入地民营企业用工需求。鼓励公共实训基地积极承接民营企业新入职员工、转岗员工新型学徒培训，提高岗前培训的覆盖率和质量，推动员工"上岗即能适岗、转岗即能顶岗"。推动公共实训基地与行业协会共同建立为中小微民营企业提供岗前培训的服务机制，对单个企业培训人数无法独立开班的，由行业协会、商会等社会组织协调多个企业开展培训,有效降低中小微民营企业培训用工成本。

五、加强在岗培训。坚持产训结合,推行公共实训基地与民营企业"双师带徒"、工学一体化技能人才培养模式,促进实训过程与工作过程对接、培训链与产业链衔接。指导民营企业科学合理制定培训计划,以增强核心竞争力为导向,联合公共实训基地对关键岗位员工开展技能提升培训,突出实例操作为主、典型任务驱动,促进员工在岗成才。着力帮助民营企业培养适应新质生产力发展的战略型人才和应用型人才,在新产业、新业态、新赛道上形成竞争新优势。针对高危行业领域民营企业员工开展安全技能实操实训。引导民营企业按规定提取职工教育经费,与公共实训基地联合开展员工在岗培训和评价激励,构建聚才留人的良好生态。

六、深化以赛促训。支持公共实训基地承办、协办各类职业技能竞赛活动,完善参赛人员培养、赛事服务保障等方面工作机制,培育选拔优秀民营企业员工参加各类职业技能竞赛。引导民营企业以参加职业技能竞赛为契机,引入行业标准和高端技艺,开展技术革新、技术攻关、技能比武、岗位练兵等多种活动,形成比学赶超的良好氛围,激发人才创新活力和创造潜能。依托公共实训基地建立职业技能竞赛交流平台,开展企业间横向交流和学习互鉴,协同推进人才发掘、技术升级、科研创新和成果转化。

七、完善就业帮扶。推进"技能培训+就业服务"深度融合,加强民营企业用工需求和劳动者技能培训对接,培训前做好就业意愿调查,根据劳动者意愿开设课程项目;对培训后的人员多形式开展就业推荐,促进培训后尽快实现就业。加大技能人才有关政策宣传力度,帮助民营企业充分享受已出台政策红利。持续开展民营企业服务月等活动,重点面向低保家庭、零就业家庭、脱贫家庭、残疾人等困难群体，推送合适就业岗位。

八、凝聚工作合力。地方要强化公共实训基地服务企业的目标导向，切实加强组织领导、统筹实施。公共实训基地运营管理机构要做好培训台账管理和数据报送。发展改革部门要牵头建立绩效评估体系，根据地方实际确定公共实训基地为民营企业开展的岗前培训和在岗培训规模，力争2024—2027年，每年培训民营企业员工100万人次以上，持续增强对民营经济发展的支撑带动作用。各级总工会、工商联要强化劳动者培训与企业需求对接，推动共建共享，形成工作合力。参训人员、相关企业和公共实训基地可按规定享受有关资金政策支持。

九、推广典型经验。支持公共实训基地设立专门区域，展示民营企业员工技能提升质效，广泛解读合作共享公共实训基地的政策举措。组织召开公共实训基地建设运营工作现场会，加强区域间经验交流。总结公共实训基地与民营企业共同开展技能人才培养的有效举措，及时将成熟经验上升为政策制度。遴选一批优秀案例，由发展改革部门会同相关部门进行通报推广、奖励表彰，营造有利于劳动者成长成才、民营企业健康发展的良好环境。

3.《人力资源社会保障部关于强化人社支持举措助力民营经济发展壮大的通知》（2023年11月30日）

各省、自治区、直辖市及新疆生产建设兵团人力资源社会保障厅（局）：

民营经济是推进中国式现代化的生力军，是高质量发展的重要基础，是推动我国全面建成社会主义现代化强国、实现第二个百年奋斗目标的重要力量。为深入贯彻党中央、国务院关于促进民营经济发展壮大的决策部署，全面落实《中共中央 国务院关于促进民营经济发展壮大的意见》，始终坚持"两个毫不动摇"，促进民营经济做大做优做强，着力推动高质量发展，现将有关事项通知如下：

一、扩大民营企业技术技能人才供给

（一）加强民营企业技能人才培养。围绕制造强国、数字中国、健康中国建设，梳理急需紧缺职业（工种）信息，引导民营企业积极发挥职工培训主体作用，自行组织开展或依托技工院校等职业院校、职业技能培训机构等开展技术技能人才培训。深化产教融合、校企合作，支持民营企业与技工院校以多种方式开展合作，开设冠名班、订单班、学徒班，强化技能人才培养。鼓励具备条件的民营企业建设高技能人才培养基地，设立技能大师工作室，开展技术攻关、技能传承等工作。

（二）畅通民营企业人才评价渠道。加大"新八级工"职业技能等级制度落实力度，支持符合条件的民营企业自主开展职业技能等级认定，打破学历、资历、年龄、比例等限制，对技艺高超、业绩突出的民营企业一线职工，按照规定直接认定其相应技能等级。支持民营企业专业技术人才在劳动合同履行地、所在企业注册地设立的职称申报受理服务点，或通过人力资源服务机构等社会组织进行职称申报。建立职称评审"绿色通道"或"直通车"，民营企业高层次专业技术人才、急需紧缺人才、优秀青年人才可直接申报相应级别职称。支持民营企业参与制定职称评审标准，与企业相关的职称评审委员会、专家库要吸纳一定比例的民营企业专家。推进民营企业高技能人才与专业技术人才贯通发展，畅通技能人才成长通道。支持符合条件的民营企业备案新设博士后科研工作站。

（三）健全民营企业人才激励机制。推动民营企业建立健全体现技能价值激励导向的薪酬分配制度，突出技能人才实际贡献，合理确定技能人才工资水平。鼓励民营企业参加各级各类职业技能竞赛，对于获奖选手可按照有关规定晋升相应职业技能等级。推荐民营企业高技能人才参评中华技能大奖、全国技术能手,支持将符合条件的民营企业高层次专业技术人才、高技能人才纳入享受政府特殊津贴人员推荐选拔范围。

二、优化民营企业就业创业服务

(四)支持民营企业稳岗扩岗。综合运用财政补贴、税收优惠、就业创业等各项涉企扶持政策,持续强化倾斜支持中小微企业政策导向,健全惠企政策精准直达机制,支持民营企业稳岗扩岗,引导高校毕业生等青年群体到民营企业就业。倾斜支持就业示范效应好的民营企业,优先推荐参评全国就业与社会保障先进民营企业暨关爱员工实现双赢表彰活动。

(五)强化民营企业就业服务。各级公共就业服务机构要面向各类民营企业,提供劳动用工咨询、招聘信息发布、用工指导等均等化服务。组织开展民营企业线上线下专场招聘活动,推动招聘服务进园区、进企业。加快建设全省集中的就业信息资源库和就业信息平台,搭建供需对接平台,为民营企业提供招聘求职等一站式服务。实施重点企业用工保障,及时将专精特新、涉及重点外资项目等民营企业纳入重点企业清单,提供"一对一"和"点对点"用工服务。鼓励人力资源服务机构面向民营企业提供高级人才寻访、人力资源管理咨询等专业化服务。

(六)加大民营企业创业扶持。集聚优质创业服务资源,构建创业信息发布、业务咨询、能力培养、指导帮扶、孵化服务、融资支持、活动组织等一体化服务机制,支持高校毕业生、农民工、就业困难人员等重点群体创业。充分发挥各类创业载体作用,搭建中小企业创新创业服务平台,提供低成本、全要素、便利化的中小微企业孵化服务。组织开展创业大赛、展示交流等推进活动,发掘一批创新型企业和项目,培育一批创业主体。

三、推动民营企业构建和谐劳动关系

(七)提升协调劳动关系能力。健全政府、工会、企业代表组织共同参与的协调劳动关系三方机制,深入推进民营企业开展和谐劳动关系创建。发挥龙头企业作用,带动中小微企业聚集的产业链供应链构建和谐劳动关系。加强对民营企业的用工指导服务,依法保障职工劳动报酬、休息休假、社会保险等基本权益。建立职工工资集体协商和正常增长机制,推动企业与职工协商共事、机制共建、效益共创、利益共享,促进劳动关系和谐稳定。

(八)强化民营企业劳动争议协商调解。建立劳动争议预防预警机制,推动企业完善劳动争议内部协商解决机制,及时发现影响劳动关系和谐稳定的苗头性、倾向性问题,强化劳动争议协商和解。推动规模以上民营企业广泛设立劳动争议调解委员会,建立健全小微型企业劳动争议协商调解机制,及时化解涉民营企业劳动争议。持续推进青年仲裁员志愿者联系企业活动,将预防调解工作纳入"中小企业服务月"活动,为民营企业提供法律政策宣传咨询、劳动用工指导等服务,依法规范企业劳动用工行为。加强新就业形态劳动纠纷一站式调解,推动相关劳动争议和民事纠纷一站式化解。强化涉民营企业劳动争议仲裁办案指导,加大终局裁决和仲裁调解力度,提升仲裁终结率。

(九)优化劳动保障监察服务。主动为民营企业提供劳动保障法律服务,并融入日常执法和专项检查全过程,引导民营企业自觉守法用工。全面推进严格规范公正文明执法,全面推行"双随机、一公开"监管,减少对企业正常生产经营活动影响,做到对守法者"无事不扰"。推行告知、提醒、劝导等执法方式,落实行政处罚法"轻微违法不处罚"和"首违不罚"规定,为民营企业发展壮大营造良好稳定预期和公平市场环境。

四、加大社会保险惠企支持力度

(十)降低民营企业用工成本。继续实施阶段性降低失业、工伤保险费率政策至2025年底,对不裁员、少裁员的民营企业实施失业保险稳岗返还政策,以单位形式参保的个体工商户参照实施。

(十一)发挥工伤保险降风险作用。以出行、外卖、即时配送、同城货运等行业的平台企业为重点,组织开展新就业形态就业人员职业伤害保障试点。积极开展面向民营企业特别是小微企业的工伤预防工作,化解民营企业工伤事故风险。

五、工作要求

(十二)加强组织领导。各地要进一步提高政治站位,始终坚持把支持和促进民营经济发展壮大作为重要政治任务,立足人社部门职能职责,完善各项政策措施,细化实化工作任务。建立常态化服务民营企业沟通交流机制,定期听取民营企业意见诉求,积极作为、靠前服务,推动促进民营经济发展壮大的各项政策举措落地见效。

(十三)便利涉企服务。各地要不断优化经办服务流程,全面推行证明事项告知承诺制,进一步清理办理事项、精简办事材料、压缩办理时限,及时制定更新服务清单、办事指南,提升民营企业享受人社政策便利度。深化涉企"一件事"集成改革,推广"直补快办""政策找企",对民营企业政策享受、员工招聘、参保缴费、档案转递等事项打包办、提速办、智慧办。

(十四)衔接公共服务。各地要进一步打破户籍、身份、档案、所有制等制约,做好人事管理、档案管理、社会保障工作衔接,促进各类人才资源向民营企业合理流动、有效配置。强化公共服务有序衔接,配合相关部门将民营企业高技能人才纳入人才引进范畴,在积分落户、购(租)房、医疗保障、子女教育等方面给予倾斜。

(十五)营造良好氛围。各地要加强政策宣传解读,面向社会公开政策清单、申办流程、补贴标准、服务机构名单,集中开展人社厅局长进企业宣讲活动。加大宣传引导力度,及时总结经验,推广创新举措,挖掘先进典型,大力弘扬企业家精神,引导广大民营经济人士争做爱国敬业、守法经营、创业创新、回报社会的典范。

4. 《建设产教融合型企业实施办法（试行）》（2019 年 3 月 28 日）

第二章　建设培育条件

第 5 条　在中国境内注册成立的企业，通过独资、合资、合作等方式，利用资本、技术、知识、设施、管理等要素，依法举办或参与举办职业教育、高等教育，在实训基地、学科专业、教学课程建设和技术研发等方面稳定开展校企合作，并具备以下条件之一。

1. 独立举办或作为重要举办者参与举办职业院校或高等学校；或者通过企业大学等形式，面向社会开展技术技能培训服务；或者参与组建行业性或区域性产教融合（职业教育）集团。

2. 承担现代学徒制和企业新型学徒制试点任务；或者近 3 年内接收职业院校或高等学校学生（含军队院校专业技术学员）开展每年 3 个月以上实习实训累计达 60 人以上。

3. 承担实施 1+X 证书（学历证书+职业技能等级证书）制度试点任务。

4. 与有关职业院校或高等学校开展有实质内容、具体项目的校企合作，通过订单班等形式共建 3 个以上学科专业点。

5. 以校企合作等方式共建产教融合实训基地，或者捐赠职业院校教学设施设备等，近 3 年内累计投入 100 万元以上。

6. 近 3 年内取得与合作职业院校共享的知识产权证明（发明专利、实用新型专利、软件著作权等）。

第 6 条　重点建设培育主动推进制造业转型升级的优质企业，以及现代农业、智能制造、高端装备、新一代信息技术、生物医药、节能环保、新能源、新材料以及研发设计、数字创意、现代交通运输、高效物流、融资租赁、工程咨询、检验检测认证、电子商务、服务外包等急需产业领域企业，以及养老、家政、托幼、健康等社会领域龙头企业。优先考虑紧密服务国家重大战略，技术技能人才需求旺盛，主动加大人力资本投资，发展潜力大，履行社会责任贡献突出的企业。主营业务为教育培训服务的企业原则上不纳入建设培育范围。

第7条 企业无重大环保、安全、质量事故，具有良好信用记录，无涉税等违法违规经营行为。

第三章 建设实施程序

第8条 产教融合型企业的建设实施由国家发展改革委、教育部会同相关部门结合开展国家产教融合建设试点统筹部署。

第9条 省级行政区域内的企业按照自愿申报、复核确认、建设培育、认证评价等程序开展产教融合型企业建设实施。

1. 自愿申报。省级发展改革、教育行政部门会同有关部门和有关城市人民政府，结合开展国家产教融合建设试点有关要求，组织辖区内符合建设培育条件的企业按照自愿申报并提交证明材料。省级发展改革、教育行政部门应建立产教融合型企业建设信息服务平台，实行网上申报、网上受理、网上办理。

2. 复核确认。省级发展改革、教育行政部门组织行业主管部门和行业组织等有关方面，对辖区内申报企业进行复核，符合条件的纳入建设培育范围，列入产教融合型企业建设信息储备库，向全社会公示。

3. 建设培育。国家发展改革委、教育部结合组织开展国家产教融合建设试点，指导各地开展产教融合型企业建设培育，鼓励支持企业多种方式参与举办教育，深度参与"引企入教"改革，推动学生到企业实习实训制度化、规范化，发挥企业办学重要主体作用，建立以企业为主体的协同创新和成果转化机制，提高企业职工在岗教育培训覆盖水平和质量。各地要有针对性地制定具体可操作的培育举措。建设培育企业要制订并向全社会公开发布产教融合、校企合作三年规划，并需经过至少1年的建设培育期。

4. 认证评价。在各地推进试点工作基础上，教育部、国家发展改革委研究制定产教融合型企业认证标准和评价办法，指导省级政府出台具体实施办法，建立产教融合型企业认证目录，对纳入产教融合型企业建设信息储备库的企业进行逐年、分批认证，并定期向全社会公布推介。支持开展产教融合型企业第三方评价。

第10条　中央企业、全国性特大型民营企业整体申报建设国家产教融合型企业，由国家发展改革委、教育部会同相关部门部署实施。上述企业的下属企业或分支机构建设产教融合型企业的，按照属地管理原则实施。

第四章　支持管理措施

第11条　纳入产教融合型企业建设信息储备库的建设培育企业，省级政府要落实国家支持企业参与举办职业教育的各项优惠政策，实行定期跟踪、跟进服务、确保落地；结合开展产教融合建设试点，在项目审批、购买服务、金融支持、用地政策等方面对建设培育企业给予便利的支持。

第12条　进入产教融合型企业认证目录的企业，给予"金融+财政+土地+信用"的组合式激励，并按规定落实相关税收政策。激励政策与企业投资兴办职业教育、接收学生实习实训、接纳教师岗位实践、开展校企深度合作、建设产教融合实训基地等工作相挂钩，具体办法另行制定。

第13条　进入产教融合型企业认证目录的企业，建立实施推进产教融合工作年报制度，报省级发展改革、教育行政部门备案，并按程序向全社会公示。

第14条　进入产教融合型企业认证目录的企业，每3年由省级发展改革、教育行政部门对其进行资格复核，复核合格的继续确认其产教融合型企业资格，不合格的不再保留产教融合型企业资格。

第15条　进入产教融合型企业认证目录的企业，有下列情况之一的，即取消其资格，且5年内不得再行申报。

1. 在申请认证、年度报告或考核过程中弄虚作假，故意提供虚假不实信息的。

2. 在资格期内发生重大环保、安全、质量事故，存在违法违规经营行为的。

3. 侵犯学生人身权利或其他合法权利的。

4. 列入失信联合惩戒对象名单的。

5.《职业学校校企合作促进办法》(2018 年 2 月 5 日)

第二章　合作形式

第 6 条　职业学校应当根据自身特点和人才培养需要，主动与具备条件的企业开展合作，积极为企业提供所需的课程、师资等资源。

企业应当依法履行实施职业教育的义务，利用资本、技术、知识、设施、设备和管理等要素参与校企合作，促进人力资源开发。

第 7 条　职业学校和企业可以结合实际在人才培养、技术创新、就业创业、社会服务、文化传承等方面，开展以下合作：

（一）根据就业市场需求，合作设置专业、研发专业标准，开发课程体系、教学标准以及教材、教学辅助产品，开展专业建设；

（二）合作制定人才培养或职工培训方案，实现人员互相兼职，相互为学生实习实训、教师实践、学生就业创业、员工培训、企业技术和产品研发、成果转移转化等提供支持；

（三）根据企业工作岗位需求，开展学徒制合作，联合招收学员，按照工学结合模式，实行校企双主体育人；

（四）以多种形式合作办学，合作创建并共同管理教学和科研机构，建设实习实训基地、技术工艺和产品开发中心及学生创新创业、员工培训、技能鉴定等机构；

（五）合作研发岗位规范、质量标准等；

（六）组织开展技能竞赛、产教融合型企业建设试点、优秀企业文化传承和社会服务等活动；

（七）法律法规未禁止的其他合作方式和内容。

第8条　职业学校应当制定校企合作规划，建立适应开展校企合作的教育教学组织方式和管理制度，明确相关机构和人员，改革教学内容和方式方法、健全质量评价制度，为合作企业的人力资源开发和技术升级提供支持与服务；增强服务企业特别是中小微企业的技术和产品研发的能力。

第9条　职业学校和企业开展合作，应当通过平等协商签订合作协议。合作协议应当明确规定合作的目标任务、内容形式、权利义务等必要事项，并根据合作的内容，合理确定协议履行期限，其中企业接收实习生的，合作期限应当不低于3年。

第10条　鼓励有条件的企业举办或者参与举办职业学校，设置学生实习、学徒培养、教师实践岗位；鼓励规模以上企业在职业学校设置职工培训和继续教育机构。企业职工培训和继续教育的学习成果，可以依照有关规定和办法与职业学校教育实现互认和衔接。

企业开展校企合作的情况应当纳入企业社会责任报告。

第11条　职业学校主管部门应当会同有关部门、行业组织，鼓励和支持职业学校与相关企业以组建职业教育集团等方式，建立长期、稳定合作关系。

职业教育集团应当以章程或者多方协议等方式，约定集团成员之间合作的方式、内容以及权利义务关系等事项。

第12条　职业学校和企业应建立校企合作的过程管理和绩效评价制度，定期对合作成效进行总结，共同解决合作中的问题，不断提高合作水平，拓展合作领域。

第三章　促进措施

第13条　鼓励东部地区的职业学校、企业与中西部地区的职业学校、企业开展跨区校企合作，带动贫困地区、民族地区和革命老区职业教育的发展。

第14条　地方人民政府有关部门在制定产业发展规划、产业激励政策、脱贫攻坚规划时，应当将促进企业参与校企合作、培养技术技能人才作为重要内容，加强指导、支持和服务。

第15条　教育、人力资源社会保障部门应当会同有关部门，建立产教融合信息服务平台，指导、协助职业学校与相关企业建立合作关系。

行业主管部门和行业组织应当充分发挥作用，根据行业特点和发展需要，组织和指导企业提出校企合作意向或者规划，参与校企合作绩效评价，并提供相应支持和服务，推进校企合作。

鼓励有关部门、行业、企业共同建设互联互通的校企合作信息化平台，引导各类社会主体参与平台发展、实现信息共享。

第16条　教育行政部门应当把校企合作作为衡量职业学校办学水平的基本指标，在院校设置、专业审批、招生计划、教学评价、教师配备、项目支持、学校评价、人员考核等方面提出相应要求；对校企合作设置的适应就业市场需求的新专业，应当予以支持；应当鼓励和支持职业学校与企业合作开设专业，制定专业标准、培养方案等。

第17条　职业学校应当吸纳合作关系紧密、稳定的企业代表加入理事会（董事会），参与学校重大事项的审议。

职业学校设置专业，制定培养方案、课程标准等，应当充分听取合作企业的意见。

第18条　鼓励职业学校与企业合作开展学徒制培养。开展学徒制培养的学校，在招生专业、名额等方面应当听取企业意见。有技术技能人才培养能力和需求的企业，可以与职业学校合作设立学徒岗位，联合招收学员，共同确定培养方案，以工学结合方式进行培养。

教育行政部门、人力资源社会保障部门应当在招生计划安排、学籍管理等方面予以倾斜和支持。

第19条　国家发展改革委、教育部会同人力资源社会保障部、工业和信息化部、财政部等部门建立工作协调机制，鼓励省级人民政府开展产教融合型企业建设试点，对深度参与校企合作、行为规范、成效显著、具有较大影响力的企业，按照国家有关规定予以表彰和相应政策支持。各级工业和信息化行政部门应当把企业参与校企合作的情况，作为服务型制造示范企业及其他有关示范企业评选的重要指标。

第20条　鼓励各地通过政府和社会资本合作、购买服务等形式支持校企合作。鼓励各地采取竞争性方式选择社会资本，建设或者支持企业、学校建设公共性实习实训、创新创业基地、研发实践课程、教学资源等公共服务项目。按规定落实财税用地等政策，积极支持职业教育发展和企业参与办学。

鼓励金融机构依法依规审慎授信管理，为校企合作提供相关信贷和融资支持。

第21条　企业因接收学生实习所实际发生的与取得收入有关的合理支出，以及企业发生的职工教育经费支出，依法在计算应纳税所得额时扣除。

第22条　县级以上地方人民政府对校企合作成效显著的企业，可以按规定给予相应的优惠政策；应当鼓励职业学校通过场地、设备租赁等方式与企业共建生产型实训基地，并按规定给予相应的政策优惠。

第23条　各级人民政府教育、人力资源社会保障等部门应当采取措施，促进职业学校与企业人才的合理流动、有效配置。

职业学校可在教职工总额中安排一定比例或者通过流动岗位等形式，用于面向社会和企业聘用经营管理人员、专业技术人员、高技能人才等担任兼职教师。

第24条　开展校企合作企业中的经营管理人员、专业技术人员、高技能人才，具备职业学校相应岗位任职条件，经过职业学校认定和聘任，可担任专兼职教师，并享受相关待遇。上述企业人员在校企合作中取得的教育教学成果，可视同相应的技术或科研成果，按规定予以奖励。

职业学校应当将参与校企合作作为教师业绩考核的内容，具有相关企业或生产经营管理一线工作经历的专业教师在评聘和晋升职务（职称）、评优表彰等方面，同等条件下优先对待。

第25条　经所在学校或企业同意，职业学校教师和管理人员、企业经营管理和技术人员根据合作协议，分别到企业、职业学校兼职的，可根据有关规定和双方约定确定薪酬。

职业学校及教师、学生拥有知识产权的技术开发、产品设计等成果，可依法依规在企业作价入股。职业学校和企业对合作开发的专利及产品，根据双方协议，享有使用、处置和收益管理的自主权。

第26条　职业学校与企业就学生参加跟岗实习、顶岗实习和学徒培养达成合作协议的，应当签订学校、企业、学生三方协议，并明确学校与企业在保障学生合法权益方面的责任。

企业应当依法依规保障顶岗实习学生或者学徒的基本劳动权益，并按照有关规定及时足额支付报酬。任何单位和个人不得克扣。

第27条　推动建立学生实习强制保险制度。职业学校和实习单位应根据有关规定，为实习学生投保实习责任保险。职业学校、企业应当在协议中约定为实习学生投保实习责任保险的义务与责任，健全学生权益保障和风险分担机制。

第五十条　依法开展执法活动

行政机关坚持依法行政。行政机关开展执法活动应当避免或者尽量减少对民营经济组织正常生产经营活动的影响，并对其合理、合法诉求及时响应、处置。

第五十一条　行政处罚实施

对民营经济组织及其经营者违法行为的行政处罚应当按照与其他经济组织及其经营者同等原则实施。对违法行为依法需要实施行政处罚或者采取其他措施的，应当与违法行为的事实、性质、情节以及社会危害程度相当。违法行为具有《中华人民共和国行政处罚法》规定的从轻、减轻或者不予处罚情形的，依照其规定从轻、减轻或者不予处罚。

● 法　律

《行政处罚法》(2021年1月22日)

第32条　当事人有下列情形之一，应当从轻或者减轻行政处罚：

（一）主动消除或者减轻违法行为危害后果的；

（二）受他人胁迫或者诱骗实施违法行为的；

（三）主动供述行政机关尚未掌握的违法行为的；

（四）配合行政机关查处违法行为有立功表现的；

（五）法律、法规、规章规定其他应当从轻或者减轻行政处罚的。

第五十二条　监管信息共享互认

各级人民政府及其有关部门推动监管信息共享互认，根据民营经济组织的信用状况实施分级分类监管，提升监管效能。

除直接涉及公共安全和人民群众生命健康等特殊行业、重点领域依法依规实行全覆盖的重点监管外，市场监管领域相关部门的行政检查应当通过随机抽取检查对象、随机选派执法检查人员的方式进行，抽查事项及查处结果及时向社会公开。针对同一检查对象的多个检查事项，应当尽可能合并或者纳入跨部门联合检查范围。

第五十三条　投诉举报处理

各级人民政府及其有关部门建立健全行政执法违法行为投诉举报处理机制，及时受理并依法处理投诉举报，保护民营经济组织及其经营者合法权益。

司法行政部门建立涉企行政执法诉求沟通机制，组织开展行政执法检查，加强对行政执法活动的监督，及时纠正不当行政执法行为。

第五十四条　失信惩戒和信用修复

健全失信惩戒和信用修复制度。实施失信惩戒，应当依照法律、法规和有关规定，并根据失信行为的事实、性质、轻重程度等采取适度的惩戒措施。

民营经济组织及其经营者纠正失信行为、消除不良影响、符合信用修复条件的，可以提出信用修复申请。有关国家机关应当依法及时解除惩戒措施，移除或者终止失信信息公示，并在相关公共信用信息平台实现协同修复。

● 部门规章及文件

1.《失信行为纠正后的信用信息修复管理办法（试行）》（2023年1月13日）

第二章　信用信息修复的主要方式

第7条　信用信息修复的方式包括移出严重失信主体名单、终止公示行政处罚信息和修复其他失信信息。

第8条　移出严重失信主体名单，是指认定单位按照有关规定，将信用主体从有关严重失信主体名单中移出。

第9条　终止公示行政处罚信息，是指归集机构按照有关规定，对正在信用网站上公示的信用主体有关行政处罚信息终止公示。

第10条　修复其他失信信息，按照认定单位有关规定执行。

第11条　依据法律、法规、部门规章建立信用信息修复制度的，由认定单位受理相关修复申请。

尚未建立信用信息修复制度的领域，由国家公共信用信息中心受理修复申请。国家公共信用信息中心作出决定后，在全国信用信息共享平台和"信用中国"网站更新相关信息。地方各级信用平台网站的运行机构配合国家公共信用信息中心做好信用信息修复相关工作。

第三章　严重失信主体名单信息的修复

第12条　移出严重失信主体名单的申请由认定单位负责受理。

第13条　认定单位应当严格按照已建立的严重失信主体名单制度规定，审核决定是否同意将信用主体移出名单。

第14条　"信用中国"网站自收到认定单位共享的移出名单之日起三个工作日内终止公示严重失信主体名单信息。

第四章　行政处罚公示信息的修复

第15条　以简易程序作出的对法人和非法人组织的行政处罚信息，信用平台网站不进行归集和公示。

以普通程序作出的对法人和非法人组织的行政处罚信息，信用平台网站应当进行归集和公示。被处以警告、通报批评的行政处罚信息，不予公示。其他行政处罚信息最短公示期为三个月，最长公示期为三年，其中涉及食品、药品、特种设备、安全生产、消防领域行政处罚信息最短公示期一年。最短公示期届满后，方可按规定申请提前终止公示。最长公示期届满后，相关信息自动停止公示。

前款规定的行政处罚信息，同一行政处罚决定涉及多种处罚类型的，其公示期限以期限最长的类型为准。行政处罚信息的公示期限起点以行政处罚作出时间为准。

对自然人的行政处罚信息，信用平台网站原则上不公示。

第 16 条　法人和非法人组织对行政处罚决定不服，申请行政复议或提起行政诉讼的，相关程序终结前，除行政复议机关或人民法院认定需要停止执行的，相关行政处罚信息不暂停公示。

行政复议或行政诉讼程序终结后，行政处罚被依法撤销或变更的，原处罚机关应当及时将结果报送信用平台网站。信用平台网站应当自收到相关信息之日起三个工作日内撤销或修改相关信息。

第 17 条　法人和非法人组织认为信用平台网站对其行政处罚信息的公示内容有误、公示期限不符合规定或者行政处罚决定被依法撤销或变更的，可以向国家公共信用信息中心提出申诉。经核实符合申诉条件的，申诉结果应在七个工作日内反馈，信用平台网站应当及时更新信息。

第 18 条　提前终止公示对法人和非法人组织的行政处罚信息，应当同时满足以下条件：

（一）完全履行行政处罚决定规定的义务，纠正违法行为；

（二）达到最短公示期限；

（三）公开作出信用承诺。承诺内容应包括所提交材料真实有效，并明确愿意承担违反承诺的相应责任。

第 19 条　法人和非法人组织申请提前终止公示行政处罚信息，应当通过"信用中国"网站向国家公共信用信息中心提出申请，并提交以下材料：

（一）行政处罚机关出具的说明行政处罚决定书明确的责任义务已履行完毕的意见，或者其他可说明相关责任义务已履行完毕的材料；

（二）信用承诺书。

第 20 条　国家公共信用信息中心收到提前终止法人和非法人组织行政处罚信息公示的申请后，应当对申请材料进行形式审查，材料齐全且符合要求的，予以受理；材料不齐全或者不符合要求的，应当在三个工作日内一次性告知信用主体予以补正，补正后符合要求的，予以受理。

第21条　国家公共信用信息中心应当自受理之日起七个工作日内确定是否可以提前终止公示；对不予提前终止公示的，应当说明理由。

第22条　法律、法规对相关违法违规行为规定了附带期限的惩戒措施的，在相关期限届满前，行政处罚信息不得提前终止公示。

第五章　信用信息修复的协同联动

第23条　国家公共信用信息中心应当保障信用信息修复申请受理、审核确认、信息处理等流程线上运行。

第24条　地方信用平台网站运行机构应当配合国家公共信用信息中心做好工作协同和信息同步。

第25条　信用平台网站与认定单位、国家企业信用信息公示系统、有关行业主管（监管）部门信用信息系统建立信用信息修复信息共享机制。信用平台网站应当自收到信用信息修复信息之日起三个工作日内更新公示信息。信用平台网站应当在作出信用信息修复决定之日起三个工作日内将修复信息共享至认定单位和相关系统。

第26条　从"信用中国"网站获取失信信息的第三方信用服务机构，应当建立信息更新机制，确保与"信用中国"网站保持一致。信息不一致的，以"信用中国"网站信息为准。

国家公共信用信息中心应当对第三方信用服务机构信息更新情况进行监督检查，对不及时更新修复信息的机构，可以暂停或者取消向其共享信息。

第六章　信用信息修复的监督管理与诚信教育

第27条　信用主体申请信用信息修复应当秉持诚实守信原则，如有提供虚假材料、信用承诺严重不实或被行政机关认定为故意不履行承诺等行为,由受理申请的单位记入信用记录,纳入全国信用信息共享平台,与认定单位及时共享,相关信用记录在"信用中国"网站公示三年并不得提前终止公示,三年内不得在信用平台网站申请信用信息修复;构成犯罪的,依法追究刑事责任。

第28条　国家公共信用信息中心不得以任何形式向申请修复的信用主体收取费用。有不按规定办理信用信息修复、直接或变相向信用主体收取费用行为的,依法依规追究相关单位和人员责任。

第29条　国家发展和改革委员会、县级及以上地方人民政府社会信用体系建设牵头部门应当会同有关部门加强对信用信息修复工作的督促指导,发现问题及时责令改正。

第30条　充分发挥有关部门、行业协会商会、第三方信用服务机构、专家学者、新闻媒体等作用,及时阐释和解读信用信息修复政策。鼓励开展各类诚信宣传教育,营造良好舆论环境。

2.《市场监督管理信用修复管理办法》(2021年7月30日)

第1条　为了规范市场监督管理部门信用修复管理工作,鼓励违法失信当事人(以下简称当事人)主动纠正违法失信行为、消除不良影响、重塑良好信用,保障当事人合法权益,优化营商环境,依据《国务院办公厅关于进一步完善失信约束制度 构建诚信建设长效机制的指导意见》(国办发〔2020〕49号)、《市场监督管理严重违法失信名单管理办法》《市场监督管理行政处罚信息公示规定》等,制定本办法。

第2条　本办法所称信用修复管理,是指市场监督管理部门按照规定的程序,将符合条件的当事人依法移出经营异常名录、恢复个体工商户正常记载状态、提前移出严重违法失信名单、提前停止通过国家企业信用信息公示系统(以下简称公示系统)公示行政处罚等相关信息,并依法解除相关管理措施,按照规定及时将信用修复信息与有关部门共享。

第3条　国家市场监督管理总局负责组织、指导全国的信用修复管理工作。

县级以上地方市场监督管理部门依据本办法规定负责信用修复管理工作。

第4条　经营异常名录、严重违法失信名单信用修复管理工作由作出列入决定的市场监督管理部门负责。

个体工商户经营异常状态信用修复管理工作由作出标记的市场监督管理部门负责。

行政处罚信息信用修复管理工作由作出行政处罚决定的市场监督管理部门负责。

作出决定或者标记的市场监督管理部门和当事人登记地（住所地）不属于同一省、自治区、直辖市的，应当自作出决定之日起三个工作日内，将相关信息交换至登记地（住所地）市场监督管理部门，由其协助停止公示相关信息。

第5条　被列入经营异常名录或者被标记为经营异常状态的当事人，符合下列情形之一的，可以依照本办法规定申请信用修复：

（一）补报未报年份年度报告并公示；

（二）已经履行即时信息公示义务；

（三）已经更正其隐瞒真实情况、弄虚作假的公示信息；

（四）依法办理住所或者经营场所变更登记，或者当事人提出通过登记的住所或者经营场所可以重新取得联系。

第6条　除《市场监督管理行政处罚信息公示规定》第十四条第三款规定的行政处罚，或者仅受到警告、通报批评和较低数额罚款外，其他行政处罚信息公示期满六个月，其中食品、药品、特种设备领域行政处罚信息公示期满一年，且符合下列情形的当事人，可以申请信用修复：

（一）已经自觉履行行政处罚决定中规定的义务；

（二）已经主动消除危害后果和不良影响；

（三）未因同一类违法行为再次受到市场监督管理部门行政处罚；

（四）未在经营异常名录和严重违法失信名单中。

第7条 当事人被列入严重违法失信名单满一年，且符合下列情形的，可以依照本办法规定申请信用修复：

（一）已经自觉履行行政处罚决定中规定的义务；

（二）已经主动消除危害后果和不良影响；

（三）未再受到市场监督管理部门较重行政处罚。

依照法律、行政法规规定，实施相应管理措施期限尚未届满的，不得申请提前移出。

第8条 当事人申请信用修复，应当提交以下材料：

（一）信用修复申请书；

（二）守信承诺书；

（三）履行法定义务、纠正违法行为的相关材料；

（四）国家市场监督管理总局要求提交的其他材料。

当事人可以到市场监督管理部门，或者通过公示系统向市场监督管理部门提出申请。

市场监督管理部门应当自收到申请之日起二个工作日内作出是否受理的决定。申请材料齐全、符合法定形式的，应当予以受理，并告知当事人。不予受理的，应当告知当事人，并说明理由。

第9条 市场监督管理部门可以采取网上核实、书面核实、实地核实等方式，对当事人履行法定义务、纠正违法行为等情况进行核实。

第10条 当事人按照本办法第五条（一）（二）项规定申请移出经营异常名录或者申请恢复个体工商户正常记载状态的，市场监督管理部门应当自收到申请之日起五个工作日内作出决定，移出经营异常名录，或者恢复个体工商户正常记载状态。

当事人按照本办法第五条（三）（四）项规定申请移出经营

异常名录或者申请恢复个体工商户正常记载状态的，市场监督管理部门应当自查实之日起五个工作日内作出决定，移出经营异常名录，或者恢复个体工商户正常记载状态。

当事人按照本办法第六条、第七条规定申请信用修复的，市场监督管理部门应当自受理之日起十五个工作日内作出决定。准予提前停止公示行政处罚信息或者移出严重违法失信名单的，应当自作出决定之日起三个工作日内，停止公示相关信息，并依法解除相关管理措施。不予提前停止公示行政处罚信息或者移出严重违法失信名单的，应当告知当事人，并说明理由。

依照法律、行政法规规定，实施相应管理措施期限尚未届满的除外。

第11条　市场监督管理部门应当自移出经营异常名录、严重违法失信名单，恢复个体工商户正常记载状态，或者停止公示行政处罚等相关信息后三个工作日内，将相关信息推送至其他部门。

第12条　按照"谁认定、谁修复"原则，登记地（住所地）市场监督管理部门应当自收到其他部门提供的信用修复信息之日起五个工作日内，配合在公示系统中停止公示、标注失信信息。

第13条　当事人故意隐瞒真实情况、弄虚作假，情节严重的，由市场监督管理部门撤销准予信用修复的决定，恢复之前状态。市场监督管理部门行政处罚信息、严重违法失信名单公示期重新计算。

第14条　市场监督管理部门可以通过书面、电子邮件、手机短信、网络等方式告知当事人。

第15条　法律、法规和党中央、国务院政策文件明确规定不可信用修复的，市场监督管理部门不予信用修复。

第16条　当事人对市场监督管理部门信用修复的决定，可以依法申请行政复议或者提起行政诉讼。

第17条　市场监督管理部门未依照本办法规定履行职责的，

上级市场监督管理部门应当责令改正。对负有责任的主管人员和其他直接责任人员依照《市场监督管理行政执法责任制规定》等予以处理。

严禁在信用修复管理中收取任何费用。

第18条 药品监督管理部门、知识产权管理部门实施信用修复管理，适用本办法。

第19条 市场监督管理部门信用修复管理文书格式范本由国家市场监督管理总局统一制定。

第20条 本办法自2021年9月1日起施行。

3. 《国家发展改革委办公厅关于进一步完善"信用中国"网站及地方信用门户网站行政处罚信息信用修复机制的通知》（2019年4月30日）

社会信用体系建设部际联席会议各成员单位办公厅（室），国家公共信用信息中心，各省、自治区、直辖市、新疆生产建设兵团发展改革委，北京市经济和信息化局，河北省政务服务管理办公室，吉林省政务服务和数字化建设管理局，黑龙江省营商环境建设监督局：

为落实《国务院关于印发社会信用体系建设规划纲要（2014—2020年）的通知》（国发〔2014〕21号）和《国务院关于建立完善守信联合激励和失信联合惩戒制度 加快推进社会诚信建设的指导意见》（国发〔2016〕33号）等文件精神，完善"信用中国"网站和地方信用门户网站（以下简称"信用网站"）行政处罚信息信用修复机制，保障失信主体权益，提高全社会信用水平，营造优良信用环境，现就有关事项通知如下。

一、进一步明确涉及失信行为的行政处罚信息分类范围

按照失信行为造成后果的严重程度，将行政处罚信息划分为涉及严重失信行为的行政处罚信息和涉及一般失信行为的行政处罚信息。

（一）明确涉及严重失信行为的行政处罚信息范围。

涉及严重失信行为的行政处罚信息主要是指对性质恶劣、情节严重、社会危害程度较大的违法失信行为的行政处罚信息。主要包括，一是因严重损害自然人身体健康和生命安全的行为被处以行政处罚的信息；因严重破坏市场公平竞争秩序和社会正常秩序的行为被处以行政处罚的信息；在司法机关、行政机关作出裁判或者决定后，因有履行能力但拒不履行、逃避执行，且情节严重的行为被处以行政处罚的信息；因拒不履行国防义务、危害国防利益、破坏国防设施的行为被处以行政处罚的信息。二是法律、法规、规章明确规定构成情节严重的行政处罚信息。三是经行政处罚决定部门认定的涉及严重失信行为的行政处罚信息。

（二）明确涉及一般失信行为的行政处罚信息范围。

涉及一般失信行为的行政处罚信息主要是指对性质较轻、情节轻微、社会危害程度较小的违法失信行为的行政处罚信息。按前款规定认定为涉及严重失信行为的行政处罚信息以外，除去按简易程序做出的行政处罚信息，原则上明确为涉及一般失信行为的行政处罚信息。

二、严格执行行政处罚信息公示期限

涉及一般失信行为的行政处罚信息自行政处罚决定之日起，在信用网站最短公示期限为三个月，最长公示期限为一年。涉及严重失信行为的行政处罚信息自行政处罚决定之日起，在信用网站最短公示期限为六个月，最长公示期限为三年。最长公示期限届满的，信用网站将撤下相关信息，不再对外公示。法律、法规、规章另有规定的从其规定。

三、规范开展行政处罚信息信用修复

（一）有序开展涉及一般失信行为的行政处罚信息信用修复。

涉及一般失信行为的行政处罚信息信用修复申请人须向信用网站提供相关身份材料和已履行行政处罚材料，公开做出信用修复承诺，并经信用网站核实后，在最短公示期期满后撤下相关公示信息。行政相对人主动向行政处罚决定机关提请开展信用修复的，应参照信用网站修复要求，公开做出信用修复承诺，行政处罚决定机关通过相关信息系统报送信用修复完成情况，经信用信息公示的责任部门核实后，在最短公示期期满后撤下相关公示信息。

（二）有序开展涉及严重失信行为的行政处罚信息信用修复。

涉及严重失信行为的行政处罚信息信用修复申请人除参照一般失信行为行政处罚信息信用修复要求外，应按照《国家发展改革委办公厅 人民银行办公厅关于对失信主体加强信用监管的通知》（发改办财金〔2018〕893号）要求，主动参加信用修复专题培训，并向信用网站提交信用报告，经信用网站核实后，在最短公示期期满后撤下相关公示信息。各级社会信用体系建设牵头部门可与行政处罚决定部门联合举办信用修复专题培训，也可引入公共信用评价在"优"级以上的综合信用服务机构试点单位和征信机构或经授权的行业协会商会举办信用修复专题培训。信用报告由公共信用评价在"良"级以上的综合信用服务机构试点单位和征信机构出具，并共享至全国信用信息共享平台。

（三）对涉及特定严重失信行为的行政处罚信息严格按最长公示期限予以公示。

在食品药品、生态环境、工程质量、安全生产、消防安全、强制性产品认证等领域被处以责令停产停业，或吊销许可证、吊销执照的行政处罚信息；因贿赂、逃税骗税、恶意逃废债务、恶意拖欠货款或服务费、恶意欠薪、非法集资、合同欺诈、传销、无证照经营、制售假冒伪劣产品和故意侵犯知识产权、出借和借用资质投标、围标串标、虚假广告、侵害消费者或证券期货投资者合法权益、严重破坏网络空间传播秩序、聚众扰乱社会秩序等行为被处以责令停产停业，或吊销许可证、吊销执照的行政处罚信息；以及法律、法规、规章另有规定不可修复的行政处罚信息，均按最长公示期限予以公示，公示期间不予修复。

四、进一步强化行政处罚信息信用修复工作主体责任

各级社会信用体系建设牵头部门要切实加强对同级信用网站行政处罚信息信用修复工作的组织领导，强化责任意识，落实政策规定，明确专人负责，严禁违规下线公示期限未满或未经修复的行政处罚信息，并配合"信用中国"网站做好相关工作。国家发展改革委财政金融和信用建设司负责对本通知落实工作的统筹协调、跟踪了解、督促检查，并指导国家公共信用信息中心加快各级信用门户网站一体化建设，推动信用修复"一网通办"，做好相关修复受理和技术支撑工作，确保各项工作平稳有序推进。

"信用中国"网站及地方信用门户网站行政处罚信息信用修复相关工作按本通知要求自2019年7月1日起执行。

第五十五条　矛盾纠纷多元化解

建立健全矛盾纠纷多元化解机制，为民营经济组织维护合法权益提供便利。

司法行政部门组织协调律师、公证、司法鉴定、基层法律服务、人民调解、商事调解、仲裁等相关机构和法律咨询专家，参与涉及民营经济组织纠纷的化解，为民营经济组织提供有针对性的法律服务。

● 案例指引

1. 甲建筑公司与乙旅游公司建设工程施工合同纠纷抗诉案（最高人民检察院发布十起民事检察促进民营经济发展壮大典型案例之六)

裁判摘要：检察机关在审查涉民营企业建设工程合同纠纷案件时，应加强专业意见在审查专业性问题中的有效运用，以确保案件质效，依法维护民营企业合法权益。一般而言，建设工程合同纠纷

案件往往涉及诸多建筑行业专业性问题。本案中，案涉"建筑工程中土壤压实系数"概念专业性较强，法院在未明确相关专业名词含义的情况下，简单判定土壤压实系数可作为挖方量、填方量计算比例，是导致工程量计算错误的主要原因。针对建筑工程中出现的土壤压实系数等专业性问题，检察机关深入调查核实，通过开展专家咨询工作进而认定专业性问题，最终抗诉意见得到法院采纳，帮助施工企业挽回近 200 万元经济损失，有力保障了民营企业的合法权益。

2. 某集团及 53 家关联企业合并重整案（最高人民法院发布十起人民法院助推民营经济高质量发展典型民商事案例之二）

裁判摘要： 第一，充分保障各类债权人合法权益。为公平保障更多债权人利益，在保障抵押担保债权人权益前提下，以 12 亿元重整资金专门解决非担保债权，使得破产重整费用、共益债务、建设工程债权、职工劳动债权、税收债权以及 10 万元以下的小额债权人均得到全额清偿。第二，高质量审结、高效实践了多个关联公司实质合并重整的模式。为利于整合资源，提高司法效率，避免损害债权人利益，且关联公司与主要债权人均向法院明确表示合并受理符合债权人整体利益并书面请求合并受理，法院将 54 名债务人实质合并重整，仅用 6 个多月彻底解决了困扰五年多的社会问题，是实质合并重整的典型案例，具有较好的标杆示范意义。第三，盘活生产型企业和土地类资产，助力地方经济增长。对具备基本盘活条件的生产型企业，通过厂房维修、升级改造等方式增加资产储备价值，引入战略投资者从根本"救活"企业。对重整项目资产中的土地类资产，积极引进国内知名房地产企业，打造品质楼盘，促成项目落地。同时积极配合政府对老旧城区的城市更新规划，改善地块周边居民的生活环境，打造城市新风貌。

3. 科技公司司法重整案（最高人民法院发布十起人民法院助推民营经济高质量发展典型民商事案例之三）

裁判摘要： 法院在已有投资人报价的情况下，借鉴"假马"竞标规则，创新适用"线下承诺出价+线上拍卖竞价"确定重整投资人，兼顾了重整价值和重整效率。"假马"竞标规则系指由破产企业选择一家有兴趣的买受人设定最低竞买价格，其他潜在竞买人不能提出低于该价格的收购价。吴江区法院创造性地运用该规则，并借用破产审判信息化建设成果，采用网络方式召开债权人会议，最大可能保障了破产企业的权益，同时也降低了破产成本，提升了工作效率。本案自受理重整申请至批准重整计划仅用时17天，至最终网络拍卖确定重整投资人也仅用时62天。科技公司司法重整案的办案思路和办理结果生动诠释了人民法院破产审判工作围绕中心、服务大局的主题。

4. **房地产公司破产重整案**（最高人民法院发布十起关于依法平等保护非公有制经济，促进非公有制经济健康发展民事商事典型案例之四）

　　裁判摘要：本案是人民法院运用破产重整制度帮助困难民营企业走出困境的典型案例。房地产公司等六家关联企业申请破产。人民法院受理破产申请后，现场走访六家公司，调查生产及经营现状，并听取了主要债权人及供货商代表关于六家公司破产重整的意见。经调查，人民法院发现，六家公司资产优质，若通过破产重整盘活资产、恢复生产经营，有利于提高债权人尤其是供货商等普通债权人的受偿率，稳定数百名供货商情绪，近1300名员工也不会面临失业的风险，当地社会和谐稳定将得到有效维护。而且，绝大多数债权人均希望六家债务人重整，当时部分项目已有投资者愿意接手，但均表示应在重整程序启动后进行。基于以上事实，人民法院根据六家公司的破产申请，将六家公司合并破产，并通过破产重整拯救了房地产公司，实现了债权人、债务人以及其他利益主体多赢的局面。正确审理企业破产案件，防范和化解企业债务风险，特别是充分发挥破产重整程序的特殊功能，盘活优质企业的资产，使其恢复生产经营，对于挽救危困的非公有制企业，帮助和支持符合国家产业政策的非公有制企业恢复生机、重返市场，具有重要意义。

5. **某公司与某机床厂、液压成套公司买卖合同纠纷案**（最高人民法院发布十起关于依法平等保护非公有制经济，促进非公有制经济健康发展民事商事典型案例之九）

裁判摘要：本案是人民法院运用调解方式处理企业改制纠纷的典型案例。企业改制是我国特定历史时期的经济现象，具有较强的政策性，经常涉及职工安置问题。对于企业改制纠纷，应当在坚持依法审理的前提下，充分考虑企业改制具有政策性强的特点，善于运用调解手段，有效化解纠纷，确保各种所有制主体的合法权益不受侵害。本案的买卖合同实际是某机床厂的改制内容之一：某机床厂希望通过买卖合同剥离业务，将利润率较低的业务承包给某公司，并让某公司帮助安置职工；某公司则希望某机床厂给其带来订单与潜在的市场机会。如市场不出现波动，确实会出现双赢的结果。但在实际生产经营过程中，原材料价格节节攀升，致使某公司的生产成本大幅增加，造成经营困难，某公司与某机床厂沟通涨价后如何调整收购价格未果，产生纠纷。法院在当事人自愿的前提下，将案件分案处理，先调解解决了双方争议不大的货款问题，让某公司及时拿到应得的货款，维护了民营企业正常的生产经营。对于双方争议较大的违约金及反诉部分，法院经庭审查和现场查看，发现双方互有违约，对双方晓以利害，最终双方经权衡利弊，达成案外和解，互不追究责任，并双双撤回了诉讼请求。本案所涉纠纷双方矛盾较大，还涉及到职工安置问题，处理不好容易引发社会矛盾，最终案件以一个调解、一个撤诉结案，并得到顺利执行，真正做到了案结事了，取得了较好的法律效果和社会效果。

第五十六条　行业协会商会作用

有关行业协会商会依照法律、法规和章程，发挥协调和自律作用，及时反映行业诉求，为民营经济组织及其经营者提供信息咨询、宣传培训、市场拓展、权益保护、纠纷处理等方面的服务。

第五十七条　国际化发展

国家坚持高水平对外开放,加快构建以国内大循环为主体、国内国际双循环相互促进的新发展格局;支持、引导民营经济组织拓展国际交流合作,在海外依法合规开展投资经营等活动;加强法律、金融、物流等海外综合服务,完善海外利益保障机制,维护民营经济组织及其经营者海外合法权益。

第七章　权益保护

第五十八条　合法权益受法律保护

民营经济组织及其经营者的人身权利、财产权利以及经营自主权等合法权益受法律保护，任何单位和个人不得侵犯。

● 法　律

1.《民法典》（2020年5月28日）

第3条　民事主体的人身权利、财产权利以及其他合法权益受法律保护，任何组织或者个人不得侵犯。

2.《中小企业促进法》（2017年9月1日）

第50条　国家保护中小企业及其出资人的财产权和其他合法权益。任何单位和个人不得侵犯中小企业财产及其合法收益。

第51条　县级以上人民政府负责中小企业促进工作综合管理的部门应当建立专门渠道，听取中小企业对政府相关管理工作的意见和建议，并及时向有关部门反馈，督促改进。

县级以上地方各级人民政府有关部门和有关行业组织应当公布联系方式，受理中小企业的投诉、举报，并在规定的时间内予以调查、处理。

第52条　地方各级人民政府应当依法实施行政许可，依法开展管理工作，不得实施没有法律、法规依据的检查，不得强制或者变相强制中小企业参加考核、评比、表彰、培训等活动。

第53条　国家机关、事业单位和大型企业不得违约拖欠中小企业的货物、工程、服务款项。

中小企业有权要求拖欠方支付拖欠款并要求对拖欠造成的损失进行赔偿。

第54条　任何单位不得违反法律、法规向中小企业收取费用，不得实施没有法律、法规依据的罚款，不得向中小企业摊派财物。中小企业对违反上述规定的行为有权拒绝和举报、控告。

第55条 国家建立和实施涉企行政事业性收费目录清单制度，收费目录清单及其实施情况向社会公开，接受社会监督。

任何单位不得对中小企业执行目录清单之外的行政事业性收费，不得对中小企业擅自提高收费标准、扩大收费范围；严禁以各种方式强制中小企业赞助捐赠、订购报刊、加入社团、接受指定服务；严禁行业组织依靠代行政府职能或者利用行政资源擅自设立收费项目、提高收费标准。

第56条 县级以上地方各级人民政府有关部门对中小企业实施监督检查应当依法进行，建立随机抽查机制。同一部门对中小企业实施的多项监督检查能够合并进行的，应当合并进行；不同部门对中小企业实施的多项监督检查能够合并完成的，由本级人民政府组织有关部门实施合并或者联合检查。

● 案例指引

房地产公司与省气象局财产损害赔偿纠纷案（最高人民法院发布十起关于依法平等保护非公有制经济，促进非公有制经济健康发展民事商事典型案例之二）

裁判摘要：本案是因相邻关系造成妨碍应当承担民事责任的典型性案例。实践中存在非公有制企业和政府机关、国有企业等因相邻关系等非合同关系引发的民事纠纷，在此类纠纷中，同样需要依照法律规定，对非公有制企业的合法权益予以保护，而不能允许其他主体对其合法权益肆意侵害而不承担相应法律责任。本案中，省气象局堵塞房地产公司开发建设省气象局旧房改造项目正在施工的唯一通道构成侵权的事实，已由另案生效法律文书所确认，对于此侵权行为造成的房地产公司的财产损失，省气象局应当予以赔偿。因此，房地产公司的诉讼请求，在有证据支持的范围内，得到了人民法院的支持。人民法院审理该案件时，平等对待双方当事人，依法支持房地产公司的相应诉讼请求，维护了其作为非公有制企业的合法权益。

第五十九条　人格权益保护

民营经济组织的名称权、名誉权、荣誉权和民营经济组织经营者的名誉权、荣誉权、隐私权、个人信息等人格权益受法律保护。

任何单位和个人不得利用互联网等传播渠道，以侮辱、诽谤等方式恶意侵害民营经济组织及其经营者的人格权益。网络服务提供者应当依照有关法律法规规定，加强网络信息内容管理，建立健全投诉、举报机制，及时处置恶意侵害当事人合法权益的违法信息，并向有关主管部门报告。

人格权益受到恶意侵害的民营经济组织及其经营者有权依法向人民法院申请采取责令行为人停止有关行为的措施。民营经济组织及其经营者的人格权益受到恶意侵害致使民营经济组织生产经营、投资融资等活动遭受实际损失的，侵权人依法承担赔偿责任。

● 法　律

《民法典》（2020年5月28日）

第110条　自然人享有生命权、身体权、健康权、姓名权、肖像权、名誉权、荣誉权、隐私权、婚姻自主权等权利。

法人、非法人组织享有名称权、名誉权和荣誉权。

第111条　自然人的个人信息受法律保护。任何组织或者个人需要获取他人个人信息的，应当依法取得并确保信息安全，不得非法收集、使用、加工、传输他人个人信息，不得非法买卖、提供或者公开他人个人信息。

第1013条　法人、非法人组织享有名称权，有权依法决定、使用、变更、转让或者许可他人使用自己的名称。

第1014条　任何组织或者个人不得以干涉、盗用、假冒等方式侵害他人的姓名权或者名称权。

第1024条　民事主体享有名誉权。任何组织或者个人不得以侮辱、诽谤等方式侵害他人的名誉权。

名誉是对民事主体的品德、声望、才能、信用等的社会评价。

第1025条　行为人为公共利益实施新闻报道、舆论监督等行为，影响他人名誉的，不承担民事责任，但是有下列情形之一的除外：

（一）捏造、歪曲事实；

（二）对他人提供的严重失实内容未尽到合理核实义务；

（三）使用侮辱性言辞等贬损他人名誉。

第1026条　认定行为人是否尽到前条第二项规定的合理核实义务，应当考虑下列因素：

（一）内容来源的可信度；

（二）对明显可能引发争议的内容是否进行了必要的调查；

（三）内容的时限性；

（四）内容与公序良俗的关联性；

（五）受害人名誉受贬损的可能性；

（六）核实能力和核实成本。

第1027条　行为人发表的文学、艺术作品以真人真事或者特定人为描述对象，含有侮辱、诽谤内容，侵害他人名誉权的，受害人有权依法请求该行为人承担民事责任。

行为人发表的文学、艺术作品不以特定人为描述对象，仅其中的情节与该特定人的情况相似的，不承担民事责任。

第1028条　民事主体有证据证明报刊、网络等媒体报道的内容失实，侵害其名誉权的，有权请求该媒体及时采取更正或者删除等必要措施。

第1029条　民事主体可以依法查询自己的信用评价；发现信用评价不当的，有权提出异议并请求采取更正、删除等必要措施。信用评价人应当及时核查，经核查属实的，应当及时采取必要措施。

第1030条　民事主体与征信机构等信用信息处理者之间的关系，适用本编有关个人信息保护的规定和其他法律、行政法规的有关规定。

第1031条　民事主体享有荣誉权。任何组织或者个人不得非法剥夺他人的荣誉称号，不得诋毁、贬损他人的荣誉。

获得的荣誉称号应当记载而没有记载的，民事主体可以请求记载；获得的荣誉称号记载错误的，民事主体可以请求更正。

第1032条　自然人享有隐私权。任何组织或者个人不得以刺探、侵扰、泄露、公开等方式侵害他人的隐私权。

隐私是自然人的私人生活安宁和不愿为他人知晓的私密空间、私密活动、私密信息。

第1033条　除法律另有规定或者权利人明确同意外，任何组织或者个人不得实施下列行为：

（一）以电话、短信、即时通讯工具、电子邮件、传单等方式侵扰他人的私人生活安宁；

（二）进入、拍摄、窥视他人的住宅、宾馆房间等私密空间；

（三）拍摄、窥视、窃听、公开他人的私密活动；

（四）拍摄、窥视他人身体的私密部位；

（五）处理他人的私密信息；

（六）以其他方式侵害他人的隐私权。

第1034条　自然人的个人信息受法律保护。

个人信息是以电子或者其他方式记录的能够单独或者与其他信息结合识别特定自然人的各种信息，包括自然人的姓名、出生日期、身份证件号码、生物识别信息、住址、电话号码、电子邮箱、健康信息、行踪信息等。

个人信息中的私密信息，适用有关隐私权的规定；没有规定的，适用有关个人信息保护的规定。

第1035条　处理个人信息的，应当遵循合法、正当、必要原则，不得过度处理，并符合下列条件：

（一）征得该自然人或者其监护人同意，但是法律、行政法规另有规定的除外；

（二）公开处理信息的规则；

（三）明示处理信息的目的、方式和范围；

（四）不违反法律、行政法规的规定和双方的约定。

个人信息的处理包括个人信息的收集、存储、使用、加工、传输、提供、公开等。

第1036条　处理个人信息，有下列情形之一的，行为人不承担民事责任：

（一）在该自然人或者其监护人同意的范围内合理实施的行为；

（二）合理处理该自然人自行公开的或者其他已经合法公开的信息，但是该自然人明确拒绝或者处理该信息侵害其重大利益的除外；

（三）为维护公共利益或者该自然人合法权益，合理实施的其他行为。

第1037条　自然人可以依法向信息处理者查阅或者复制其个人信息；发现信息有错误的，有权提出异议并请求及时采取更正等必要措施。

自然人发现信息处理者违反法律、行政法规的规定或者双方的约定处理其个人信息的，有权请求信息处理者及时删除。

第1038条　信息处理者不得泄露或者篡改其收集、存储的个人信息；未经自然人同意，不得向他人非法提供其个人信息，但是经过加工无法识别特定个人且不能复原的除外。

信息处理者应当采取技术措施和其他必要措施，确保其收集、存储的个人信息安全，防止信息泄露、篡改、丢失；发生或者可能发生个人信息泄露、篡改、丢失的，应当及时采取补救措施，按照规定告知自然人并向有关主管部门报告。

第1039条 国家机关、承担行政职能的法定机构及其工作人员对于履行职责过程中知悉的自然人的隐私和个人信息，应当予以保密，不得泄露或者向他人非法提供。

● 案例指引

1. **房地产经纪公司与杨某某网络侵权责任纠纷案**（最高人民法院发布6个企业名誉权司法保护典型案例之一）

裁判摘要：企业名誉是社会对其商业信誉、经营能力等多方面因素的综合评价。良好的名誉是企业长时间合法诚信经营沉淀而成的宝贵财富，也是企业生存发展和壮大的社会信用基础。自媒体传播具有成本低、速度快、范围广等特点，如果自媒体运营者针对企业发布严重失实的负面评论，将很容易损害企业树之不易的形象，玷污企业名誉。对此行为，如不依法判令承担责任，不仅有损企业权益和企业家信心，而且容易滋生"黑稿产业链"，破坏公平有序的市场秩序。本案中，人民法院认定自媒体运营者损害企业名誉，构成侵权，有利于严厉惩戒恶意中伤企业名誉的行为，引导自媒体规范运营，构建健康清朗的网络空间。

2. **饮品公司与传媒公司名誉权纠纷案**（最高人民法院发布6个企业名誉权司法保护典型案例之二）

裁判摘要：网络媒体报道企业新闻应依法依规，确保客观真实。商业网络媒体对拟报道的事件也负有认真调查核实的义务。对企业经营状况的不实报道会影响社会公众对企业的评价，进而对企业生产经营造成不利影响。实践中，有些网络媒体为吸引"眼球"、博取流量，在未认真调查核实的情况下发布关于企业的不实信息，制造热点、创造话题，客观上容易侵害企业名誉权。本案中，人民法院判令某传媒公司承担名誉权侵权责任，既维护了某饮品公司的合法权益，又有利于规范网络媒体行为。

3. 科技公司与李某某网络侵权责任纠纷案（最高人民法院发布6个企业名誉权司法保护典型案例之四）

裁判摘要： 企业创始人对企业的经营发展具有重大影响。尤其是对于知名企业，企业创始人名誉与企业名誉高度关联。正常商业经营中，对企业创始人的贬损性言论容易对企业名誉产生影响，可能构成对企业名誉权的侵害。本案中，行为人既有针对科技公司的贬损性言论，又有针对其创始人商业经营行为的贬损性言论，人民法院支持企业就案涉侵权言论提出的诉请，有利于企业更全面、更有力地维护其名誉权。

4. 汽车制造公司与马某网络侵权责任纠纷案（最高人民法院发布6个企业名誉权司法保护典型案例之五）

裁判摘要： 产品测评是互联网经济下的一种市场评价方式。测评人依据自身专业知识和实践测试对特定经营者、商品和服务作出评价和建议，可以为消费者提供决策参考。测评人应客观地发布测评内容，真实反映产品的质量、功能等，避免不当言论侵害经营者合法权益。实践中，个别测评博主、测评公众号在未经实际测评且无事实依据的情况下，发布虚假的测评信息，该行为不仅会误导消费者，还可能侵害相关主体的名誉权，破坏正常市场秩序。本案判决有助于厘清测评言论的合理边界，引导规范测评领域相关行为。

5. 物联网公司、网络公司与餐饮公司、食品公司名誉权纠纷案（最高人民法院发布6个企业名誉权司法保护典型案例之六）

裁判摘要： 当前市场环境中通讯方式发达，侵害名誉的影响传播速度快、影响范围广，权利人对权利救济的效率需求较高。人民法院需统筹把握好程序审查和实体审理，针对具有较高侵权可能性的行为，可以根据当事人的申请，依法适用行为保全制度。本案中，人民法院充分考量侵权行为、损害后果以及权利救济的必要性和紧迫性等因素，依法及时适用行为保全制度，有助于及时有效保护企业名誉，避免损害结果进一步扩大，让正义及时抵达。

6. **信托公司与能源公司等金融借款合同纠纷案**（最高人民法院发布十起人民法院助推民营经济高质量发展典型民商事案例之四）

裁判摘要：坚持以人民为中心的发展思想，就是要在高质量发展中促进共同富裕，正确处理效率和公平的关系，取缔非法收入，切实降低实体企业的实际融资成本，促进社会公平正义。该案贷款人共计借出款项4.098亿元，同时以财务顾问费的形式，在每次放款前均要求借款人提前支付"砍头息"，共计3405万元，约为贷款总额的8.3%。法院因贷款人不能举证证明其为借款人具体提供了何种财务顾问服务，故认定其实际未提供财务顾问服务，将收取的高额财务顾问费用认定为以顾问费名义预先收取利息，在计算欠款本金时予以扣除。同时，原借款合同约定了非常复杂的利息、复利、罚息、违约金以及其他费用的计算方式，给实体企业增加了沉重的违约负担。法院依法予以调整，体现了人民法院秉持以人民为中心促进共同富裕的理念，依法保护合法收入，坚决取缔非法收入。

7. **科技公司诉文化公司、传媒公司名誉权纠纷案**（最高人民法院发布六起涉民营企业、民营企业家人格权保护典型案例之一）[1]

裁判摘要：数字时代人们习惯浅阅读、快阅读，自媒体数量剧增，舆论影响力大。部分网络自媒体为博取眼球，对热点事件进行恶意消费，有些甚至形成"蹭热度——引流量——涨粉丝——变现"的灰色流量营销产业链，并通过搭建自媒体矩阵在不同自媒体平台同时发布虚假、不实信息，对企业和企业家的声誉造成严重冲击，极大损害了企业通过大量投入和长期经营打造的良好形象。本案对

---

[1] 载"最高人民法院"微信公众号，https://mp.weixin.qq.com/s/_eUQFqPclaoVUnL7b3Bm5w，2025年4月30日访问，以下不再标注。

网络自媒体恶意侵害知名企业名誉权的认定标准以及网络自媒体账号之间相互引流的共同侵权行为认定进行了有益探索，有利于依法惩治对民营企业的诽谤、污蔑等侵权行为，有利于鼓励和支持民营企业履行社会责任、积极投身社会绿色公益事业、为经济社会发展作出贡献。

8. 谢某诉陈某人格权纠纷案（最高人民法院发布六起涉民营企业、民营企业家人格权保护典型案例之二）

裁判摘要：随着社会发展的多元化，侵害人格权的行为方式呈现多样化、隐蔽化，表现为形式上符合法律规定而实质上违反诚实守信、公平正义、公序良俗，对这类行为应当及时制止。本案中，被告与原告早年间曾产生经济纠纷，后基于不当目的针对原告的行为主观恶意明显，法院通过对陈某恶意行使商标权的否定性评价，判令陈某停止使用注册商标并赔礼道歉、赔偿精神损失，依法惩治了侵权行为，维护了企业家人格权益，有利于引导营造保护企业家合法权益的法治环境。

9. 通讯器材公司诉闫某网络侵权责任纠纷案（最高人民法院发布六起涉民营企业、民营企业家人格权保护典型案例之三）

裁判摘要：企业名誉是企业赖以生存和发展的重要基础，依法保护企业名誉权是构建法治化营商环境的应有之义。通过互联网诋毁企业名誉，具有受众面广、传播速度快、言论表达便捷等特点，极大地损害了企业经过长期努力建立起来的企业形象和市场评价，影响恶劣。本案通过判令侵权人承担侵权责任，维护企业名誉权，体现人民法院优化营商环境、保障民营企业正常开展生产经营活动的司法导向。

10. 文化创意公司诉王某某名誉权纠纷案（最高人民法院发布六起涉民营企业、民营企业家人格权保护典型案例之四）

裁判摘要：微信群、微信朋友圈传播信息速度快、范围广。本案被告因与原告发生纠纷后通过微信朋友圈等多次发表针对原告公司在当地专营的线下专卖店的侮辱性信息,导致了对原告公司专营业务的社会评价降低,严重影响企业声誉。本案裁判规范惩治利用舆论侵害企业名誉权的侵权行为,对网络用户通过发布朋友圈、微信群聊等方式侵害企业名誉权的案件审理具有参考价值,引导网络用户依法使用微信等社交软件。

11. 食品公司诉文化公司商业诋毁纠纷案(最高人民法院发布六起涉民营企业、民营企业家人格权保护典型案例之五)

裁判摘要: 对于民营企业,一副好口碑就是最大的流量。近年来,短视频APP(应用程序)异军突起,平台准入门槛低、信息传播快、舆论影响力大,已成为企业扩大知名度、提高竞争力的"新阵地"。但一些经营主体违反商业道德和诚实信用原则,发布不实或误导性短视频,以测评之名行营销之实,不仅误导消费者,破坏了互联网公平竞争的市场秩序,更严重损害了其他民营企业的商誉。本案的审理,明确了经营主体发布测评短视频的性质,对以不实短视频损害民营企业形象和名誉的不正当竞争行为作出否定性评价,对澄澈天朗气清、生态良好的网络空间,打造公平竞争、健康有序的民营经济营商环境具有重要意义。

12. 网络公司与生物公司商业诋毁纠纷案(最高人民法院发布六起涉民营企业、民营企业家人格权保护典型案例之六)

裁判摘要: 对假冒伪劣商品投诉举报虽是权利人的权利及维护正当商业竞争秩序的需要,但投诉举报应有基本的事实依据,并采取适当的方式,遵守公认的商业道德。作为商品生产者,相较于其他经营者,在投诉举报时负有更高的审慎注意义务。本案系一起网络环境下恶意利用权利人身份及电商平台投诉规则虚假投诉损害同业竞争者权益、变相获取价格竞争优势的典型案例,通过从投诉成因、投诉方式及事由、投诉目的、投诉后补救措施等方面对侵权人具有不正当竞争的主观故意以及其行为符合商业诋毁构成要件逐一进行分析,综合认定本案构成商业诋毁,对于类似案件的处理具有示范意义和参考价值,有利于维护诚信、友善的社会主义核心价值观。

第六十条　依法开展调查、实施强制措施

国家机关及其工作人员依法开展调查或者要求协助调查,应当避免或者尽量减少对正常生产经营活动产生影响。实施限制人身自由的强制措施,应当严格依照法定权限、条件和程序进行。

第六十一条　征收、征用财产

征收、征用财产,应当严格依照法定权限、条件和程序进行。

为了公共利益的需要,依照法律规定征收、征用财产的,应当给予公平、合理的补偿。

任何单位不得违反法律、法规向民营经济组织收取费用,不得实施没有法律、法规依据的罚款,不得向民营经济组织摊派财物。

● 法　律

《民法典》(2020年5月28日)

第117条　为了公共利益的需要,依照法律规定的权限和程序征收、征用不动产或者动产的,应当给予公平、合理的补偿。

第245条　因抢险救灾、疫情防控等紧急需要,依照法律规定的权限和程序可以征用组织、个人的不动产或者动产。被征用的不动产或者动产使用后,应当返还被征用人。组织、个人的不动产或者动产被征用或者征用后毁损、灭失的,应当给予补偿。

第六十二条　查封、扣押、冻结涉案财物

查封、扣押、冻结涉案财物,应当遵守法定权限、条件和程序,严格区分违法所得、其他涉案财物与合法财产,民营经济组织财产与民营经济组织经营者个人财产,涉案人财产与案外人财产,不得超权限、超范围、超数额、超时限查封、扣押、冻结财物。对查封、扣押的涉案财物,应当妥善保管。

● 法　律

1.《行政强制法》(2011年6月30日)

第22条　查封、扣押应当由法律、法规规定的行政机关实施,其他任何行政机关或者组织不得实施。

第23条　查封、扣押限于涉案的场所、设施或者财物,不得查封、扣押与违法行为无关的场所、设施或者财物;不得查封、扣押公民个人及其所扶养家属的生活必需品。

当事人的场所、设施或者财物已被其他国家机关依法查封的,不得重复查封。

第24条　行政机关决定实施查封、扣押的,应当履行本法第十八条规定的程序,制作并当场交付查封、扣押决定书和清单。

查封、扣押决定书应当载明下列事项:

(一) 当事人的姓名或者名称、地址;

(二) 查封、扣押的理由、依据和期限;

(三) 查封、扣押场所、设施或者财物的名称、数量等;

(四) 申请行政复议或者提起行政诉讼的途径和期限;

(五) 行政机关的名称、印章和日期。

查封、扣押清单一式二份,由当事人和行政机关分别保存。

第25条　查封、扣押的期限不得超过三十日;情况复杂的,

经行政机关负责人批准，可以延长，但是延长期限不得超过三十日。法律、行政法规另有规定的除外。

延长查封、扣押的决定应当及时书面告知当事人，并说明理由。

对物品需要进行检测、检验、检疫或者技术鉴定的，查封、扣押的期间不包括检测、检验、检疫或者技术鉴定的期间。检测、检验、检疫或者技术鉴定的期间应当明确，并书面告知当事人。检测、检验、检疫或者技术鉴定的费用由行政机关承担。

第26条 对查封、扣押的场所、设施或者财物，行政机关应当妥善保管，不得使用或者损毁；造成损失的，应当承担赔偿责任。

对查封的场所、设施或者财物，行政机关可以委托第三人保管，第三人不得损毁或者擅自转移、处置。因第三人的原因造成的损失，行政机关先行赔付后，有权向第三人追偿。

因查封、扣押发生的保管费用由行政机关承担。

第27条 行政机关采取查封、扣押措施后，应当及时查清事实，在本法第二十五条规定的期限内作出处理决定。对违法事实清楚，依法应当没收的非法财物予以没收；法律、行政法规规定应当销毁的，依法销毁；应当解除查封、扣押的，作出解除查封、扣押的决定。

第28条 有下列情形之一的，行政机关应当及时作出解除查封、扣押决定：

（一）当事人没有违法行为；

（二）查封、扣押的场所、设施或者财物与违法行为无关；

（三）行政机关对违法行为已经作出处理决定，不再需要查封、扣押；

（四）查封、扣押期限已经届满；

（五）其他不再需要采取查封、扣押措施的情形。

解除查封、扣押应当立即退还财物；已将鲜活物品或者其他不易保管的财物拍卖或者变卖的，退还拍卖或者变卖所得款项。变卖价格明显低于市场价格，给当事人造成损失的，应当给予补偿。

第29条 冻结存款、汇款应当由法律规定的行政机关实施，不得委托给其他行政机关或者组织；其他任何行政机关或者组织不得冻结存款、汇款。

冻结存款、汇款的数额应当与违法行为涉及的金额相当；已被其他国家机关依法冻结的，不得重复冻结。

第30条 行政机关依照法律规定决定实施冻结存款、汇款的，应当履行本法第十八条第一项、第二项、第三项、第七项规定的程序，并向金融机构交付冻结通知书。

金融机构接到行政机关依法作出的冻结通知书后，应当立即予以冻结，不得拖延，不得在冻结前向当事人泄露信息。

法律规定以外的行政机关或者组织要求冻结当事人存款、汇款的，金融机构应当拒绝。

第31条 依照法律规定冻结存款、汇款的，作出决定的行政机关应当在三日内向当事人交付冻结决定书。冻结决定书应当载明下列事项：

（一）当事人的姓名或者名称、地址；

（二）冻结的理由、依据和期限；

（三）冻结的账号和数额；

（四）申请行政复议或者提起行政诉讼的途径和期限；

（五）行政机关的名称、印章和日期。

第32条 自冻结存款、汇款之日起三十日内，行政机关应当作出处理决定或者作出解除冻结决定；情况复杂的，经行政机关负责人批准，可以延长，但是延长期限不得超过三十日。法律另有规定的除外。

延长冻结的决定应当及时书面告知当事人,并说明理由。

第33条　有下列情形之一的,行政机关应当及时作出解除冻结决定:

(一) 当事人没有违法行为;

(二) 冻结的存款、汇款与违法行为无关;

(三) 行政机关对违法行为已经作出处理决定,不再需要冻结;

(四) 冻结期限已经届满;

(五) 其他不再需要采取冻结措施的情形。

行政机关作出解除冻结决定的,应当及时通知金融机构和当事人。金融机构接到通知后,应当立即解除冻结。

行政机关逾期未作出处理决定或者解除冻结决定的,金融机构应当自冻结期满之日起解除冻结。

● 司法解释及文件

2.《最高人民法院关于人民法院民事执行中查封、扣押、冻结财产的规定》(2020年12月23日)

为了进一步规范民事执行中的查封、扣押、冻结措施,维护当事人的合法权益,根据《中华人民共和国民事诉讼法》等法律的规定,结合人民法院民事执行工作的实践经验,制定本规定。

第1条　人民法院查封、扣押、冻结被执行人的动产、不动产及其他财产权,应当作出裁定,并送达被执行人和申请执行人。

采取查封、扣押、冻结措施需要有关单位或者个人协助的,人民法院应当制作协助执行通知书,连同裁定书副本一并送达协助执行人。查封、扣押、冻结裁定书和协助执行通知书送达时发生法律效力。

第2条　人民法院可以查封、扣押、冻结被执行人占有的动产、登记在被执行人名下的不动产、特定动产及其他财产权。

未登记的建筑物和土地使用权，依据土地使用权的审批文件和其他相关证据确定权属。

对于第三人占有的动产或者登记在第三人名下的不动产、特定动产及其他财产权，第三人书面确认该财产属于被执行人的，人民法院可以查封、扣押、冻结。

第3条　人民法院对被执行人下列的财产不得查封、扣押、冻结：

（一）被执行人及其所扶养家属生活所必需的衣服、家具、炊具、餐具及其他家庭生活必需的物品；

（二）被执行人及其所扶养家属所必需的生活费用。当地有最低生活保障标准的，必需的生活费用依照该标准确定；

（三）被执行人及其所扶养家属完成义务教育所必需的物品；

（四）未公开的发明或者未发表的著作；

（五）被执行人及其所扶养家属用于身体缺陷所必需的辅助工具、医疗物品；

（六）被执行人所得的勋章及其他荣誉表彰的物品；

（七）根据《中华人民共和国缔结条约程序法》，以中华人民共和国、中华人民共和国政府或者中华人民共和国政府部门名义同外国、国际组织缔结的条约、协定和其他具有条约、协定性质的文件中规定免于查封、扣押、冻结的财产；

（八）法律或者司法解释规定的其他不得查封、扣押、冻结的财产。

第4条　对被执行人及其所扶养家属生活所必需的居住房屋，人民法院可以查封，但不得拍卖、变卖或者抵债。

第5条　对于超过被执行人及其所扶养家属生活所必需的房屋和生活用品，人民法院根据申请执行人的申请，在保障被执行人及其所扶养家属最低生活标准所必需的居住房屋和普通生活必需品后，可予以执行。

第6条 查封、扣押动产的，人民法院可以直接控制该项财产。人民法院将查封、扣押的动产交付其他人控制的，应当在该动产上加贴封条或者采取其他足以公示查封、扣押的适当方式。

第7条 查封不动产的，人民法院应当张贴封条或者公告，并可以提取保存有关财产权证照。

查封、扣押、冻结已登记的不动产、特定动产及其他财产权，应当通知有关登记机关办理登记手续。未办理登记手续的，不得对抗其他已经办理了登记手续的查封、扣押、冻结行为。

第8条 查封尚未进行权属登记的建筑物时，人民法院应当通知其管理人或者该建筑物的实际占有人，并在显著位置张贴公告。

第9条 扣押尚未进行权属登记的机动车辆时，人民法院应当在扣押清单上记载该机动车辆的发动机编号。该车辆在扣押期间权利人要求办理权属登记手续的，人民法院应当准许并及时办理相应的扣押登记手续。

第10条 查封、扣押的财产不宜由人民法院保管的，人民法院可以指定被执行人负责保管；不宜由被执行人保管的，可以委托第三人或者申请执行人保管。

由人民法院指定被执行人保管的财产，如果继续使用对该财产的价值无重大影响，可以允许被执行人继续使用；由人民法院保管或者委托第三人、申请执行人保管的，保管人不得使用。

第11条 查封、扣押、冻结担保物权人占有的担保财产，一般应当指定该担保物权人作为保管人；该财产由人民法院保管的，质权、留置权不因转移占有而消灭。

第12条 对被执行人与其他人共有的财产，人民法院可以查封、扣押、冻结，并及时通知共有人。

共有人协议分割共有财产，并经债权人认可的，人民法院可以认定有效。查封、扣押、冻结的效力及于协议分割后被执行人享有份额内的财产；对其他共有人享有份额内的财产的查封、扣押、冻结，人民法院应当裁定予以解除。

共有人提起析产诉讼或者申请执行人代位提起析产诉讼的，人民法院应当准许。诉讼期间中止对该财产的执行。

第13条　对第三人为被执行人的利益占有的被执行人的财产，人民法院可以查封、扣押、冻结；该财产被指定给第三人继续保管的，第三人不得将其交付给被执行人。

对第三人为自己的利益依法占有的被执行人的财产，人民法院可以查封、扣押、冻结，第三人可以继续占有和使用该财产，但不得将其交付给被执行人。

第三人无偿借用被执行人的财产的，不受前款规定的限制。

第14条　被执行人将其财产出卖给第三人，第三人已经支付部分价款并实际占有该财产，但根据合同约定被执行人保留所有权的，人民法院可以查封、扣押、冻结；第三人要求继续履行合同的，向人民法院交付全部余款后，裁定解除查封、扣押、冻结。

第15条　被执行人将其所有的需要办理过户登记的财产出卖给第三人，第三人已经支付部分或者全部价款并实际占有该财产，但尚未办理产权过户登记手续的，人民法院可以查封、扣押、冻结；第三人已经支付全部价款并实际占有，但未办理过户登记手续的，如果第三人对此没有过错，人民法院不得查封、扣押、冻结。

第16条　被执行人购买第三人的财产，已经支付部分价款并实际占有该财产，第三人依合同约定保留所有权的，人民法院可以查封、扣押、冻结。保留所有权已办理登记的，第三人的剩余价款从该财产变价款中优先支付；第三人主张取回该财产的，可以依据民事诉讼法第二百二十七条规定提出异议。

第17条　被执行人购买需要办理过户登记的第三人的财产，已经支付部分或者全部价款并实际占有该财产，虽未办理产权过户登记手续，但申请执行人已向第三人支付剩余价款或者第三人同意剩余价款从该财产变价款中优先支付的，人民法院可以查封、扣押、冻结。

第18条　查封、扣押、冻结被执行人的财产时，执行人员应当制作笔录，载明下列内容：

（一）执行措施开始及完成的时间；

（二）财产的所在地、种类、数量；

（三）财产的保管人；

（四）其他应当记明的事项。

执行人员及保管人应当在笔录上签名，有民事诉讼法第二百四十五条规定的人员到场的，到场人员也应当在笔录上签名。

第19条　查封、扣押、冻结被执行人的财产，以其价额足以清偿法律文书确定的债权额及执行费用为限，不得明显超标的额查封、扣押、冻结。

发现超标的额查封、扣押、冻结的，人民法院应当根据被执行人的申请或者依职权，及时解除对超标的额部分财产的查封、扣押、冻结，但该财产为不可分物且被执行人无其他可供执行的财产或者其他财产不足以清偿债务的除外。

第20条　查封、扣押的效力及于查封、扣押物的从物和天然孳息。

第21条　查封地上建筑物的效力及于该地上建筑物使用范围内的土地使用权，查封土地使用权的效力及于地上建筑物，但土地使用权与地上建筑物的所有权分属被执行人与他人的除外。

地上建筑物和土地使用权的登记机关不是同一机关的，应当分别办理查封登记。

第22条　查封、扣押、冻结的财产灭失或者毁损的，查封、扣押、冻结的效力及于该财产的替代物、赔偿款。人民法院应当及时作出查封、扣押、冻结该替代物、赔偿款的裁定。

第23条　查封、扣押、冻结协助执行通知书在送达登记机关时，登记机关已经受理被执行人转让不动产、特定动产及其他财产的过户登记申请，尚未完成登记的，应当协助人民法院执行。人民法院不得对登记机关已经完成登记的被执行人已转让的财产实施查封、扣押、冻结措施。

查封、扣押、冻结协助执行通知书在送达登记机关时，其他人民法院已向该登记机关送达了过户登记协助执行通知书的，应当优先办理过户登记。

第24条　被执行人就已经查封、扣押、冻结的财产所作的移转、设定权利负担或者其他有碍执行的行为，不得对抗申请执行人。

第三人未经人民法院准许占有查封、扣押、冻结的财产或者实施其他有碍执行的行为的，人民法院可以依据申请执行人的申请或者依职权解除其占有或者排除其妨害。

人民法院的查封、扣押、冻结没有公示的，其效力不得对抗善意第三人。

第25条　人民法院查封、扣押被执行人设定最高额抵押权的抵押物的，应当通知抵押权人。抵押权人受抵押担保的债权数额自收到人民法院通知时起不再增加。

人民法院虽然没有通知抵押权人，但有证据证明抵押权人知道或者应当知道查封、扣押事实的，受抵押担保的债权数额从其知道或者应当知道该事实时起不再增加。

第26条　对已被人民法院查封、扣押、冻结的财产，其他人民法院可以进行轮候查封、扣押、冻结。查封、扣押、冻结解除的，登记在先的轮候查封、扣押、冻结即自动生效。

其他人民法院对已登记的财产进行轮候查封、扣押、冻结的，应当通知有关登记机关协助进行轮候登记，实施查封、扣押、冻结的人民法院应当允许其他人民法院查阅有关文书和记录。

其他人民法院对没有登记的财产进行轮候查封、扣押、冻结的，应当制作笔录，并经实施查封、扣押、冻结的人民法院执行人员及被执行人签字，或者书面通知实施查封、扣押、冻结的人民法院。

第27条 查封、扣押、冻结期限届满，人民法院未办理延期手续的，查封、扣押、冻结的效力消灭。

查封、扣押、冻结的财产已经被执行拍卖、变卖或者抵债的，查封、扣押、冻结的效力消灭。

第28条 有下列情形之一的，人民法院应当作出解除查封、扣押、冻结裁定，并送达申请执行人、被执行人或者案外人：

（一）查封、扣押、冻结案外人财产的；

（二）申请执行人撤回执行申请或者放弃债权的；

（三）查封、扣押、冻结的财产流拍或者变卖不成，申请执行人和其他执行债权人又不同意接受抵债，且对该财产又无法采取其他执行措施的；

（四）债务已经清偿的；

（五）被执行人提供担保且申请执行人同意解除查封、扣押、冻结的；

（六）人民法院认为应当解除查封、扣押、冻结的其他情形。

解除以登记方式实施的查封、扣押、冻结的，应当向登记机关发出协助执行通知书。

第29条 财产保全裁定和先予执行裁定的执行适用本规定。

第30条 本规定自2005年1月1日起施行。施行前本院公布的司法解释与本规定不一致的，以本规定为准。

3.《人民检察院刑事诉讼涉案财物管理规定》(2015年3月6日)

第一章 总 则

第1条 为了贯彻落实中央关于规范刑事诉讼涉案财物处置工作的要求,进一步规范人民检察院刑事诉讼涉案财物管理工作,提高司法水平和办案质量,保护公民、法人和其他组织的合法权益,根据刑法、刑事诉讼法、《人民检察院刑事诉讼规则(试行)》,结合检察工作实际,制定本规定。

第2条 本规定所称人民检察院刑事诉讼涉案财物,是指人民检察院在刑事诉讼过程中查封、扣押、冻结的与案件有关的财物及其孳息以及从其他办案机关接收的财物及其孳息,包括犯罪嫌疑人的违法所得及其孳息、供犯罪所用的财物、非法持有的违禁品以及其他与案件有关的财物及其孳息。

第3条 违法所得的一切财物,应当予以追缴或者责令退赔。对被害人的合法财产,应当依照有关规定返还。违禁品和供犯罪所用的财物,应当予以查封、扣押、冻结,并依法处理。

第4条 人民检察院查封、扣押、冻结、保管、处理涉案财物,必须严格依照刑事诉讼法、《人民检察院刑事诉讼规则(试行)》以及其他相关规定进行。不得查封、扣押、冻结与案件无关的财物。凡查封、扣押、冻结的财物,都应当及时进行审查;经查明确实与案件无关的,应当在三日内予以解除、退还,并通知有关当事人。

严禁以虚假立案或者其他非法方式采取查封、扣押、冻结措施。对涉案单位违规的账外资金但与案件无关的,不得查封、扣押、冻结,可以通知有关主管机关或者其上级单位处理。

查封、扣押、冻结涉案财物,应当为犯罪嫌疑人、被告人及其所扶养的亲属保留必需的生活费用和物品,减少对涉案单位正常办公、生产、经营等活动的影响。

第5条 严禁在立案之前查封、扣押、冻结财物。立案之前发现涉嫌犯罪的财物，符合立案条件的，应当及时立案，并采取查封、扣押、冻结措施，以保全证据和防止涉案财物转移、损毁。

个人或者单位在立案之前向人民检察院自首时携带涉案财物的，人民检察院可以根据管辖规定先行接收，并向自首人开具接收凭证，根据立案和侦查情况决定是否查封、扣押、冻结。

人民检察院查封、扣押、冻结涉案财物后，应当对案件及时进行侦查，不得在无法定理由情况下撤销案件或者停止对案件的侦查。

第6条　犯罪嫌疑人到案后，其亲友受犯罪嫌疑人委托或者主动代为向检察机关退还或者赔偿涉案财物的，参照《人民检察院刑事诉讼规则（试行）》关于查封、扣押、冻结的相关程序办理。符合相关条件的，人民检察院应当开具查封、扣押、冻结决定书，并由检察人员、代为退还或者赔偿的人员和有关规定要求的其他人员在清单上签名或者盖章。

代为退还或者赔偿的人员应当在清单上注明系受犯罪嫌疑人委托或者主动代为犯罪嫌疑人退还或者赔偿。

第7条　人民检察院实行查封、扣押、冻结、处理涉案财物与保管涉案财物相分离的原则，办案部门与案件管理、计划财务装备等部门分工负责、互相配合、互相制约。侦查监督、公诉、控告检察、刑事申诉检察等部门依照刑事诉讼法和其他相关规定对办案部门查封、扣押、冻结、保管、处理涉案财物等活动进行监督。

办案部门负责对涉案财物依法进行查封、扣押、冻结、处理，并对依照本规定第十条第二款、第十二条不移送案件管理部门或者不存入唯一合规账户的涉案财物进行管理；案件管理部门负责对办案部门和其他办案机关移送的涉案物品进行保管，并依照有关规定对查封、扣押、冻结、处理涉案财物工作进行监督管理；计划财务装备部门负责对存入唯一合规账户的扣押款项进行管理。

人民检察院监察部门依照有关规定对查封、扣押、冻结、保管、处理涉案财物工作进行监督。

第8条　人民检察院查封、扣押、冻结、处理涉案财物，应当使用最高人民检察院统一制定的法律文书，填写必须规范、完整。禁止使用不符合规定的文书查封、扣押、冻结、处理涉案财物。

第9条　查封、扣押、冻结、保管、处理涉及国家秘密、商业秘密、个人隐私的财物，应当严格遵守有关保密规定。

第二章　涉案财物的移送与接收

第10条　人民检察院办案部门查封、扣押、冻结涉案财物及其孳息后，应当及时按照下列情形分别办理，至迟不得超过三日，法律和有关规定另有规定的除外：

（一）将扣押的款项存入唯一合规账户；

（二）将扣押的物品和相关权利证书、支付凭证以及具有一定特征能够证明案情的现金等，送案件管理部门入库保管；

（三）将查封、扣押、冻结涉案财物的清单和扣押款项存入唯一合规账户的存款凭证等，送案件管理部门登记；案件管理部门应当对存款凭证复印保存，并将原件送计划财务装备部门。

扣押的款项或者物品因特殊原因不能按时存入唯一合规账户或者送案件管理部门保管的，经检察长批准，可以由办案部门暂时保管，在原因消除后及时存入或者移交，但应当将扣押清单和相关权利证书、支付凭证等依照本条第一款规定的期限送案件管理部门登记、保管。

第11条　案件管理部门接收人民检察院办案部门移送的涉案财物或者清单时，应当审查是否符合下列要求：

（一）有立案决定书和相应的查封、扣押、冻结法律文书以及查封、扣押清单，并填写规范、完整，符合相关要求；

（二）移送的财物与清单相符；

（三）移送的扣押物品清单，已经依照《人民检察院刑事诉讼规则（试行）》有关扣押的规定注明扣押财物的主要特征；

（四）移送的外币、金银珠宝、文物、名贵字画以及其他不易辨别真伪的贵重物品，已经依照《人民检察院刑事诉讼规则（试行）》有关扣押的规定予以密封，检察人员、见证人和被扣押物品持有人在密封材料上签名或者盖章，经过鉴定的，附有鉴定意见复印件；

（五）移送的存折、信用卡、有价证券等支付凭证和具有一定特征能够证明案情的现金，已经依照《人民检察院刑事诉讼规则（试行）》有关扣押的规定予以密封，注明特征、编号、种类、面值、张数、金额等，检察人员、见证人和被扣押物品持有人在密封材料上签名或者盖章；

（六）移送的查封清单，已经依照《人民检察院刑事诉讼规则（试行）》有关查封的规定注明相关财物的详细地址和相关特征，检察人员、见证人和持有人签名或者盖章，注明已经拍照或者录像及其权利证书是否已被扣押，注明财物被查封后由办案部门保管或者交持有人或者其近亲属保管，注明查封决定书副本已送达相关的财物登记、管理部门等。

第12条　人民检察院办案部门查封、扣押的下列涉案财物不移送案件管理部门保管，由办案部门拍照或者录像后妥善管理或者及时按照有关规定处理：

（一）查封的不动产和置于该不动产上不宜移动的设施等财物，以及涉案的车辆、船舶、航空器和大型机械、设备等财物，及时依照《人民检察院刑事诉讼规则（试行）》有关查封、扣押的规定扣押相关权利证书，将查封决定书副本送达有关登记、管理部门，并告知其在查封期间禁止办理抵押、转让、出售等权属关系变更、转移登记手续；

（二）珍贵文物、珍贵动物及其制品、珍稀植物及其制品，

按照国家有关规定移送主管机关;

（三）毒品、淫秽物品等违禁品,及时移送有关主管机关,或者根据办案需要严格封存,不得擅自使用或者扩散;

（四）爆炸性、易燃性、放射性、毒害性、腐蚀性等危险品,及时移送有关部门或者根据办案需要委托有关主管机关妥善保管;

（五）易损毁、灭失、变质等不宜长期保存的物品,易贬值的汽车、船艇等物品,经权利人同意或者申请,并经检察长批准,可以及时委托有关部门先行变卖、拍卖,所得款项存入唯一合规账户。先行变卖、拍卖应当做到公开、公平。

人民检察院办案部门依照前款规定不将涉案财物移送案件管理部门保管的,应当将查封、扣押清单以及相关权利证书、支付凭证等依照本规定第十条第一款的规定送案件管理部门登记、保管。

第13条　人民检察院案件管理部门接收其他办案机关随案移送的涉案财物的,参照本规定第十一条、第十二条的规定进行审查和办理。

对移送的物品、权利证书、支付凭证以及具备一定特征能够证明案情的现金,案件管理部门审查后认为符合要求的,予以接收并入库保管。对移送的涉案款项,由其他办案机关存入检察机关指定的唯一合规账户,案件管理部门对转账凭证进行登记并联系计划财务装备部门进行核对。其他办案机关直接移送现金的,案件管理部门可以告知其存入指定的唯一合规账户,也可以联系计划财务装备部门清点、接收并及时存入唯一合规账户。计划财务装备部门应当在收到款项后三日以内将收款凭证复印件送案件管理部门登记。

对于其他办案机关移送审查起诉时随案移送的有关实物,案件管理部门经商公诉部门后,认为属于不宜移送的,可以依照刑事诉讼法第二百三十四条第一款、第二款的规定,只接收清单、照片或者其他证明文件。必要时,人民检察院案件管理部门可以会同公诉部门与其他办案机关相关部门进行沟通协商，确定不随案移送的实物。

第 14 条　案件管理部门应当指定专门人员，负责有关涉案财物的接收、管理和相关信息录入工作。

第 15 条　案件管理部门接收密封的涉案财物，一般不进行拆封。移送部门或者案件管理部门认为有必要拆封的，由移送人员和接收人员共同启封、检查、重新密封，并对全过程进行录像。根据《人民检察院刑事诉讼规则（试行）》有关扣押的规定应当予以密封的涉案财物，启封、检查、重新密封时应当依照规定有见证人、持有人或者单位负责人等在场并签名或者盖章。

第 16 条　案件管理部门对于接收的涉案财物、清单及其他相关材料，认为符合条件的，应当及时在移送清单上签字并制作入库清单，办理入库手续。认为不符合条件的，应当将原因告知移送单位，由移送单位及时补送相关材料，或者按照有关规定进行补正或者作出合理解释。

第三章　涉案财物的保管

第 17 条　人民检察院对于查封、扣押、冻结的涉案财物及其孳息，应当如实登记，妥善保管。

第 18 条　人民检察院计划财务装备部门对扣押款项及其孳息应当逐案设立明细账，严格收付手续。

计划财务装备部门应当定期对唯一合规账户的资金情况进行检查，确保账实相符。

第 19 条　案件管理部门对收到的物品应当建账设卡，一案一账，一物一卡（码）。对于贵重物品和细小物品，根据物品种类实行分袋、分件、分箱设卡和保管。

案件管理部门应当定期对涉案物品进行检查，确保账实相符。

第 20 条　涉案物品专用保管场所应当符合下列防火、防盗、防潮、防尘等要求：

（一）安装防盗门窗、铁柜和报警器、监视器；

（二）配备必要的储物格、箱、袋等设备设施；

（三）配备必要的除湿、调温、密封、防霉变、防腐烂等设备设施；

（四）配备必要的计量、鉴定、辨认等设备设施；

（五）需要存放电子存储介质类物品的，应当配备防磁柜；

（六）其他必要的设备设施。

第21条　人民检察院办案部门人员需要查看、临时调用涉案财物的，应当经办案部门负责人批准；需要移送、处理涉案财物的，应当经检察长批准。案件管理部门对于审批手续齐全的，应当办理查看、出库手续并认真登记。

对于密封的涉案财物，在查看、出库、归还时需要拆封的，应当遵守本规定第十五条的要求。

第四章　涉案财物的处理

第22条　对于查封、扣押、冻结的涉案财物及其孳息，除按照有关规定返还被害人或者经查明确实与案件无关的以外，不得在诉讼程序终结之前上缴国库或者作其他处理。法律和有关规定另有规定的除外。

在诉讼过程中，对权属明确的被害人合法财产，凡返还不损害其他被害人或者利害关系人的利益、不影响诉讼正常进行的，人民检察院应当依法及时返还。权属有争议的，应当在决定撤销案件、不起诉或者由人民法院判决时一并处理。

在扣押、冻结期间，权利人申请出售被扣押、冻结的债券、股票、基金份额等财产的，以及扣押、冻结的汇票、本票、支票的有效期即将届满的，人民检察院办案部门应当依照《人民检察院刑事诉讼规则（试行）》的有关规定及时办理。

第23条　人民检察院作出撤销案件决定、不起诉决定或者收到人民法院作出的生效判决、裁定后，应当在三十日以内对涉案财物作出处理。情况特殊的，经检察长批准，可以延长三十日。

前款规定的对涉案财物的处理工作，人民检察院决定撤销案件的，由侦查部门负责办理；人民检察院决定不起诉或者人民法院作出判决、裁定的案件，由公诉部门负责办理；对人民检察院直接立案侦查的案件，公诉部门可以要求侦查部门协助配合。

人民检察院按照本规定第五条第二款的规定先行接收涉案财物，如果决定不予立案的，侦查部门应当按照本条第一款规定的期限对先行接收的财物作出处理。

第24条　处理由案件管理部门保管的涉案财物，办案部门应当持经检察长批准的相关文书或者报告，到案件管理部门办理出库手续；处理存入唯一合规账户的涉案款项，办案部门应当持经检察长批准的相关文书或者报告，经案件管理部门办理出库手续后，到计划财务装备部门办理提现或者转账手续。案件管理部门或者计划财务装备部门对于符合审批手续的，应当及时办理。

对于依照本规定第十条第二款、第十二条的规定未移交案件管理部门保管或者未存入唯一合规账户的涉案财物，办案部门应当依照本规定第二十三条规定的期限报经检察长批准后及时作出处理。

第25条　对涉案财物，应当严格依照有关规定，区分不同情形，及时作出相应处理：

（一）因犯罪嫌疑人死亡而撤销案件、决定不起诉，依照刑法规定应当追缴其违法所得及其他涉案财产的，应当按照《人民检察院刑事诉讼规则（试行）》有关犯罪嫌疑人逃匿、死亡案件违法所得的没收程序的规定办理；对于不需要追缴的涉案财物，应当依照本规定第二十三条规定的期限及时返还犯罪嫌疑人、被不起诉人的合法继承人；

（二）因其他原因撤销案件、决定不起诉，对于查封、扣押、冻结的犯罪嫌疑人违法所得及其他涉案财产需要没收的，应当依照《人民检察院刑事诉讼规则（试行）》有关撤销案件时处理犯罪嫌疑人违法所得的规定提出检察建议或者依照刑事诉讼法第一百七十三条第三款的规定提出检察意见，移送有关主管机关处理；未认定为需要没收并移送有关主管机关处理的涉案财物，应当依照本规定第二十三条规定的期限及时返还犯罪嫌疑人、被不起诉人；

（三）提起公诉的案件，在人民法院作出生效判决、裁定后，对于冻结在金融机构的涉案财产，由人民法院通知该金融机构上缴国库；对于查封、扣押且依法未随案移送人民法院的涉案财物，人民检察院根据人民法院的判决、裁定上缴国库；

（四）人民检察院侦查部门移送审查起诉的案件，起诉意见书中未认定为与犯罪有关的涉案财物；提起公诉的案件，起诉书中未认定或者起诉书认定但人民法院生效判决、裁定中未认定为与犯罪有关的涉案财物，应当依照本条第二项的规定移送有关主管机关处理或者及时返还犯罪嫌疑人、被不起诉人、被告人；

（五）对于需要返还被害人的查封、扣押、冻结涉案财物，应当按照有关规定予以返还。

人民检察院应当加强与人民法院、公安机关、国家安全机关的协调配合，共同研究解决涉案财物处理工作中遇到的突出问题，确保司法工作顺利进行，切实保障当事人合法权益。

第26条　对于应当返还被害人的查封、扣押、冻结涉案财物，无人认领的，应当公告通知。公告满六个月无人认领的，依法上缴国库。上缴国库后有人认领，经查证属实的，人民检察院应当向人民政府财政部门申请退库予以返还。原物已经拍卖、变卖的，应当退回价款。

第27条　对于贪污、挪用公款等侵犯国有资产犯罪案件中查封、扣押、冻结的涉案财物，除人民法院判决上缴国库的以外，应当归还原单位或者原单位的权利义务继受单位。犯罪金额已经作为损失核销或者原单位已不存在且无权利义务继受单位的，应当上缴国库。

第 28 条　查封、扣押、冻结的涉案财物应当依法上缴国库或者返还有关单位和个人的，如果有孳息，应当一并上缴或者返还。

● 案例指引

1. 甲健身公司与易某等消费者服务合同纠纷审判程序监督案（最高人民检察院发布十起民事检察促进民营经济发展壮大典型案例之三）

　　裁判摘要：检察机关在办理涉财产保全类案件时，应充分把握协助执行义务的界限，在确保实现保全目的的前提下，准确适用保全措施的灵活性，充分寻求各方利益的平衡。本案中，乙公司广场分公司作为协助执行人负有协助保管义务，但长期在其主营业场地保管案涉器材，不仅影响企业持续经营，也不符合经济原则，且乙公司广场分公司另行提出的替代方案具有可行性。本案检察机关充分贯彻善意文明理念，兼顾协助执行措施的原则性与灵活性，在确保财产保全效果的前提下，向法院提出灵活变更保管地点的建议，提出执行中存在的适用法律错误问题，积极推动法院变更协助执行内容，缓解了乙公司广场分公司因协助执行带来的经营困难，以检察履职为民营企业营造了更优法治营商环境。

2. 谢某与王某华、甲钢结构公司保证合同纠纷虚假诉讼监督案（最高人民检察院发布十起民事检察促进民营经济发展壮大典型案例之四）

　　裁判摘要：虚假诉讼案件涉及刑民交叉问题，针对公安机关已经立案侦查的案件，检察机关往往遵循"先刑后民"原则，待公安机关侦查有结果后再行启动民事监督程序。因刑事案件短时间内难以侦查终结，民事案件一旦进入执行程序将对企业造成难以回转的损失，检察机关可根据民事虚假诉讼证据标准自行开展调查取证工作，在查清虚假诉讼事实后及时开展民事检察监督。本案中，在涉案企业大额工程款被冻结、农民工工资无法发放的紧迫情形下，检察机关依职权开展调查核实工作，查清虚假诉讼事实并作出检察监督决定，避免了原判决继续执行可能给甲钢结构公司造成的无法弥补的损失，使甲钢结构公司最终甩掉巨额债务包袱，从困境中回归正轨，依法保护了民营企业合法权益。

3. 广告公司等与数字技术公司广告合同纠纷案（最高人民法院发布十起人民法院助推民营经济高质量发展典型民商事案例之七）

裁判摘要：司法实践中，大额资金被冻结对企业生产经营会产生非常明显的影响，特别是资金链脆弱的中小微民营企业，冻结大额资金有可能对被保全企业产生颠覆性的影响，造成原被告双方两败俱伤。本案法院虽然也对大额资金采取了保全措施，但创新了"以保促调，滚动解封"的工作机制，畅通保全、调解、执行衔接机制，加速盘活执行资金、以细致及时的司法工作助力民营企业发展。其中，"滚动解封"既保障了债权人的权利，又给债务人偿还债务的喘息机会，有效解决了大标的额被执行人无流动资金还款与申请执行人不愿承担先行解封风险的困境。

4. 法院上线"活查封"管理应用，实现动产保全"数智化"（最高人民法院发布十起人民法院助推民营经济高质量发展典型民商事案例之八）

裁判摘要：随着智慧法院建设的深入推进，近年来各级法院越来越重视将技术创新与司法审判深度融合，善意文明执法，彰显司法温度。作为传统执行手段之一，"活查封"的保全方式既保障了原告的诉讼权利，又保住了被告企业的造血功能，避免了因保全措施影响生产经营而加剧原、被告之间矛盾。但"活查封"也存在财产容易被转移和价值贬损的弊端风险，实践中法院使用"活查封"比较慎重。新的"数智化"动产"活查封"保全，相较于传统的贴封条、派监管的动产保全方式，更为高效、可靠，对被保全企业的生产、商誉各方面影响更小。"活查封"运用"数智化"手段，最大限度体现了执行善意，减少了保全查封对公司正常经营的影响。

第六十三条　办理案件

办理案件应当严格区分经济纠纷与经济犯罪，遵守法律关于追诉期限的规定；生产经营活动未违反刑法规定的，不以犯罪论处；事实不清、证据不足或者依法不追究刑事责任的，应当依法撤销案件、不起诉、终止审理或者宣告无罪。

禁止利用行政或者刑事手段违法干预经济纠纷。

● 案例指引

区检察院办理的摩托车公司涉嫌生产、销售伪劣产品立案监督案（最高人民检察院发布4起保障民营企业合法权益监督侦查机关撤案典型案例之三）[1]

裁判摘要：准确把握、依法区分企业正常生产经营、违规生产经营与违法犯罪界限，慎重对待，仔细甄别，注意从政策层面把握违法犯罪界限，对虽有违法违规行为，但情节不严重的，可依法不作犯罪处理，防止不当扩大打击面，影响企业正常经营发展。

第六十四条　规范异地执法行为

规范异地执法行为，建立健全异地执法协助制度。办理案件需要异地执法的，应当遵守法定权限、条件和程序。国家机关之间对案件管辖有争议的，可以进行协商，协商不成的，提请共同的上级机关决定，法律另有规定的从其规定。

禁止为经济利益等目的滥用职权实施异地执法。

---

[1]　载最高人民检察院网站，https://www.spp.gov.cn/xwfbh/dxal/202010/t20201029_483399.shtml，2025年4月30日访问，以下不再标注。

第六十五条　反映情况、申诉等权利

民营经济组织及其经营者对生产经营活动是否违法,以及国家机关实施的强制措施存在异议的,可以依法向有关机关反映情况、申诉,依法申请行政复议、提起诉讼。

● **案例指引**

混凝土公司诉市住房和城乡建设局限制开展生产经营活动及规范性文件审查案(最高人民法院发布首批涉市场准入行政诉讼十大典型案例之六)

裁判摘要：本案系行政管理部门限制经营主体开展生产经营活动引发的行政争议。国务院《优化营商环境条例》第64条第1款规定,没有法律、法规或者国务院决定和命令依据的,行政规范性文件不得减损经营主体合法权益或者增加其义务,不得设置市场准入和退出条件,不得干预经营主体正常生产经营活动。实践中,经营主体无法自主有序开展活动的痛点、堵点,很多源于地方政府及其部门的"红头文件"。本案中,人民法院明确指出,预拌混凝土质量问题涉及建筑安全,严厉查处违法企业的同时,采取的具体措施应有合法依据;《昆山市房屋建筑和市政基础设施工程材料登记管理暂行办法》设定诸多法外限制条件,不得作为涉案通报的合法性依据。人民法院在一并审查规范性文件时,有必要从制定机关是否越权或违反法定程序,是否存在与上位规定抵触,是否违法增加公民、法人和其他组织义务或减损其合法权益等方面强化审查,监督和支持行政机关依法履职,营造市场化、法治化的营商环境。

第六十六条　检察机关法律监督

检察机关依法对涉及民营经济组织及其经营者的诉讼活动实施法律监督,及时受理并审查有关申诉、控告。发现存在违法情形的,应当依法提出抗诉、纠正意见、检察建议。

● **案例指引**

1. 甲置业公司与黄某民间借贷纠纷执行活动监督案（最高人民检察院发布十起民事检察促进民营经济发展壮大典型案例之二）

裁判摘要：评估报告是司法拍卖实践中拟拍卖物市场价值的重要参考依据，执行案件中评估机构的评估结果关系着被执行人的财产权实现，如评估结果错误或者评估机构出具虚假报告，将损害被执行人利益。本案中检察机关经审查调查后发现，执行法院委托评估机构作出的评估结果明显失实。检察机关办案人员精准定位本案监督点，即影响评估结果的关键性因素容积率，开展调查核实工作，通过询问评估师及知情人员，调阅法院审理执行卷宗，向住建、规划等行政主管部门调查地块出让时容积率、建设工程规划许可容积率，确定真实容积率，并向作出参考依据的案外评估公司调取存档评估报告进行比对，最终使全案证据形成链条，对本案开展有效监督，依法保护了民营企业甲置业公司的合法财产权利。

2. 甲置业公司与乙食品公司、丙食品公司等金融借款合同纠纷虚假诉讼监督案（最高人民检察院发布十起民事检察促进民营经济发展壮大典型案例之五）

裁判摘要：担保可为民营企业融资增信，但同时也是民营企业风险多发领域，常见民营企业及民营企业家出于善意为同行企业或朋友提供抵押或保证担保，却因债务人的不诚信而陷入经营困境。本案中乙食品公司法定代表人陈某江以公司厂房土地为陈某龙实际控制的丙食品公司提供抵押担保，并与公司另一股东陈某柱共同为丙食品公司提供连带责任保证，贷款期限届满后，陈某龙以甲置业公司购买银行债权之名，行清偿银行贷款之实，使乙食品公司、陈某江、陈某柱无法从抵押担保责任中脱身，并且单方采取假冒甲置业公司名义、使用伪造公章等方式提起民事诉讼、申请强制执行，最终将乙食品公司财产据为己有。检察机关在发现虚假诉讼线索后，民事、刑事检察部门综合履职同步研判,对虚假诉讼进行穿透式监督,实现虚假诉讼民事监督和刑事追责同步,通过再审检察建议的方式监督法院纠正错误裁判及执行回转,挽回了乙食品公司损失,有力震慑了"无信者"对民营企业合法财产的恶意不法"觊觎",为民营企业"有信者"间互助增信保驾护航。

3. **甲机械公司与北京乙装饰公司租赁合同纠纷再审检察建议案**(最高人民检察院发布十起民事检察促进民营经济发展壮大典型案例之九)

裁判摘要:在现行立法和司法实践中,公章是法人权利的象征,可以代表法人意志。民营企业印章管理方面最常见风险为他人使用假冒的公司印章。如民营企业需对不知情的、他人假冒公司印章作出的法律行为承担法律责任,会不当加重民营企业的法律责任,使其对开展生产经营活动失去安全感。本案中,冯某某在乙装饰公司不知情的情况下私刻乙装饰公司印章,以乙装饰公司名义与甲机械公司签订《吊篮租赁合同》,导致乙装饰公司承担了不应承担的债务。乙装饰公司在得知权利受损后及时向公安机关报案,并在刑事判决作出后向法院就民事案件申请再审,法院以乙装饰公司未在得知自己权利受损后六个月内申请再审为由驳回了乙装饰公司的再审申请,导致乙装饰公司权利救济受阻。检察机关受理该案后,开展调查核实并仔细研判,认为本案民事判决存在主要证据系伪造且有新证据足以推翻原判决的情形,乙装饰公司申请再审并未超过法定期限,依法开展监督,经检察机关监督,法院再审撤销了原审判决,使乙装饰公司从"天上掉下的债务"中脱困,增强了民营企业对法治化营商环境的信心和稳定经营的安全感。

4. **区检察院办理的科技公司骗取刑事立案干扰民事诉讼立案监督案**(最高人民检察院发布4起保障民营企业合法权益监督侦查机关撤案典型案例之一)

裁判摘要:当事人恶意隐瞒公司存在非备案章的事实,以公司印章被他人伪造为由虚假报案，骗取公安机关刑事立案，阻挠民事诉讼审判和执行程序正常进行，侵犯他人合法人身财产权益，检察机关依法监督撤案。

第六十七条　国家机关等支付账款

　　国家机关、事业单位、国有企业应当依法或者依合同约定及时向民营经济组织支付账款，不得以人员变更、履行内部付款流程或者在合同未作约定情况下以等待竣工验收批复、决算审计等为由，拒绝或者拖延支付民营经济组织账款；除法律、行政法规另有规定外，不得强制要求以审计结果作为结算依据。

　　审计机关依法对国家机关、事业单位和国有企业支付民营经济组织账款情况进行审计监督。

● 行政法规

《保障中小企业款项支付条例》（2025 年 3 月 17 日）

第二章　款项支付规定

　　第 8 条　机关、事业单位使用财政资金从中小企业采购货物、工程、服务，应当严格按照批准的预算执行，不得无预算、超预算开展采购。

　　政府投资项目所需资金应当按照国家有关规定确保落实到位，不得由施工单位垫资建设。

　　第 9 条　机关、事业单位从中小企业采购货物、工程、服务，应当自货物、工程、服务交付之日起 30 日内支付款项；合同另有约定的，从其约定，但付款期限最长不得超过 60 日。

　　大型企业从中小企业采购货物、工程、服务，应当自货物、工程、服务交付之日起 60 日内支付款项；合同另有约定的，从其约定，但应当按照行业规范、交易习惯合理约定付款期限并及时支付款项，不得约定以收到第三方付款作为向中小企业支付款项的条件或者按照第三方付款进度比例支付中小企业款项。

法律、行政法规或者国家有关规定对本条第一款、第二款付款期限另有规定的，从其规定。

合同约定采取履行进度结算、定期结算等结算方式的，付款期限应当自双方确认结算金额之日起算。

第10条 机关、事业单位和大型企业与中小企业约定以货物、工程、服务交付后经检验或者验收合格作为支付中小企业款项条件的，付款期限应当自检验或者验收合格之日起算。

合同双方应当在合同中约定明确、合理的检验或者验收期限，并在该期限内完成检验或者验收，法律、行政法规或者国家有关规定对检验或者验收期限另有规定的，从其规定。机关、事业单位和大型企业拖延检验或者验收的，付款期限自约定的检验或者验收期限届满之日起算。

第11条 机关、事业单位和大型企业使用商业汇票、应收账款电子凭证等非现金支付方式支付中小企业款项的，应当在合同中作出明确、合理约定，不得强制中小企业接受商业汇票、应收账款电子凭证等非现金支付方式，不得利用商业汇票、应收账款电子凭证等非现金支付方式变相延长付款期限。

第12条 机关、事业单位和国有大型企业不得强制要求以审计机关的审计结果作为结算依据，法律、行政法规另有规定的除外。

第13条 除依法设立的投标保证金、履约保证金、工程质量保证金、农民工工资保证金外，工程建设中不得以任何形式收取其他保证金。保证金的收取比例、方式应当符合法律、行政法规和国家有关规定。

机关、事业单位和大型企业不得将保证金限定为现金。中小企业以金融机构出具的保函等提供保证的，机关、事业单位和大型企业应当接受。

机关、事业单位和大型企业应当依法或者按照合同约定，在保证期限届满后及时与中小企业对收取的保证金进行核算并退还。

第 14 条　机关、事业单位和大型企业不得以法定代表人或者主要负责人变更、履行内部付款流程，或者在合同未作约定的情况下以等待竣工验收备案、决算审计等为由，拒绝或者迟延支付中小企业款项。

第 15 条　机关、事业单位和大型企业与中小企业的交易，部分存在争议但不影响其他部分履行的，对于无争议部分应当履行及时付款义务。

第 16 条　鼓励、引导、支持商业银行等金融机构增加对中小企业的信贷投放，降低中小企业综合融资成本，为中小企业以应收账款、知识产权、政府采购合同、存货、机器设备等为担保品的融资提供便利。

中小企业以应收账款融资的，机关、事业单位和大型企业应当自中小企业提出确权请求之日起 30 日内确认债权债务关系，支持中小企业融资。

第 17 条　机关、事业单位和大型企业迟延支付中小企业款项的，应当支付逾期利息。双方对逾期利息的利率有约定的，约定利率不得低于合同订立时 1 年期贷款市场报价利率；未作约定的，按照每日利率万分之五支付逾期利息。

第 18 条　机关、事业单位应当于每年 3 月 31 日前将上一年度逾期尚未支付中小企业款项的合同数量、金额等信息通过网站、报刊等便于公众知晓的方式公开。

大型企业应当将逾期尚未支付中小企业款项的合同数量、金额等信息纳入企业年度报告，依法通过国家企业信用信息公示系统向社会公示。

第 19 条　大型企业应当将保障中小企业款项支付工作情况，纳入企业风险控制与合规管理体系，并督促其全资或者控股子公司及时支付中小企业款项。

第20条 机关、事业单位和大型企业及其工作人员不得以任何形式对提出付款请求或者投诉的中小企业及其工作人员进行恐吓、打击报复。

● 案例指引

1. **甲贸易公司与乙建设公司买卖合同纠纷执行活动监督案**（最高人民检察院发布十起民事检察促进民营经济发展壮大典型案例之一）

裁判摘要：我国《民事诉讼法》及《最高人民法院关于严格规范终结本次执行程序的规定（试行）》对人民法院终结本次执行程序的条件和程序均有明确规定，如法院不当终结本次执行程序，将会导致债权人手持胜诉判决却无法实现合法债权，同时损害司法公信力。本案中，甲贸易公司作为中小微民营企业，虽已取得法院胜诉判决，但执行法院在被执行人乙建设公司有财产可供执行的情况下，以终结本次执行程序结案，导致甲贸易公司因判决执行不到位无法及时回笼资金，合法权益受到侵害，企业经营发展受到重大影响。检察机关围绕被执行人乙建设公司有无可供执行财产、执行法院是否穷尽财产调查措施等问题开展调查核实工作，对该有财产可供执行案件以终结本次执行程序结案、损害申请执行人合法权益的执行案件，依法开展监督，破解滥用终结本次执行程序问题，有力保护了民营企业合法权益。

2. **韦某勇、乙投资公司与丙贷款公司民间借贷纠纷抗诉案**（最高人民检察院发布十起民事检察促进民营经济发展壮大典型案例之八）

裁判摘要：检察机关以履行民事监督职能为切入口，着力营造公正、稳定、可预期的营商环境，为民营企业纾困解难，让民营企业稳预期"留得住"，有信心"经营好"。本案中甲环材公司作为当地招商引资的重点企业，受让案涉国有土地使用权，并在土地上建设近亿元的厂房、设备，但未办理过户手续。乙投资公司在甲环材公司不知情的情况下，为其股东韦某勇提供抵押担保，导致案涉土地被执行，甲环材公司生产经营受到重大影响。检察机关在收到甲环材公司有关虚假诉讼的控告及韦某勇的监督申请后，开展调查核实，认为本案不属于虚假诉讼，但生效判决确有错误，遂依法履行监督职能。同时，检察机关从当事人之间矛盾纠纷实质性化解、案外人民营企业权益保护角度出发，主动与当地党委政法委、经济开发区管委会等联系，居中斡旋协调，与法院共同促成和解，在保障各方当事人权益的前提下，使甲环材公司从执行中解脱出来，恢复正常生产经营。

3. 法院推行民商事案件先行判决，促进当事人合法权益及时兑现
（最高人民法院发布十起人民法院助推民营经济高质量发展典型民商事案例之九）

　　裁判摘要：《民事诉讼法》第156条规定，人民法院审理的案件，其中一部分事实已经清楚，可以就该部分先行判决，从而确立了先行判决制度。但规定在实践中较少运用，且即便法院作出了先行判决，是否允许对该部分先行判决申请执行，实践中也存在不同认识。法院活用先行判决机制，充分发挥审判职能作用，切实提升了商事案件诉讼效率。且先行判决对于助力中小企业渡过难关，保障民营经济社会持续向稳向好蓬勃发展，促进当事人合法权益及时保障兑现，成效明显。

第六十八条　　大型企业支付账款

　　大型企业向中小民营经济组织采购货物、工程、服务等，应当合理约定付款期限并及时支付账款，不得以收到第三方付款作为向中小民营经济组织支付账款的条件。

　　人民法院对拖欠中小民营经济组织账款案件依法及时立案、审理、执行，可以根据自愿和合法的原则进行调解，保障中小民营经济组织合法权益。

| 第六十九条 | 账款支付保障工作 |

县级以上地方人民政府应当加强账款支付保障工作，预防和清理拖欠民营经济组织账款；强化预算管理，政府采购项目应当严格按照批准的预算执行；加强对拖欠账款处置工作的统筹指导，对有争议的鼓励各方协商解决，对存在重大分歧的组织协商、调解。协商、调解应当发挥工商业联合会、律师协会等组织的作用。

● 法　律

1.《政府采购法》(2014 年 8 月 31 日)

第 43 条　政府采购合同适用合同法。采购人和供应商之间的权利和义务，应当按照平等、自愿的原则以合同方式约定。

采购人可以委托采购代理机构代表其与供应商签订政府采购合同。由采购代理机构以采购人名义签订合同的，应当提交采购人的授权委托书，作为合同附件。

第 44 条　政府采购合同应当采用书面形式。

第 45 条　国务院政府采购监督管理部门应当会同国务院有关部门，规定政府采购合同必须具备的条款。

第 46 条　采购人与中标、成交供应商应当在中标、成交通知书发出之日起三十日内，按照采购文件确定的事项签订政府采购合同。

中标、成交通知书对采购人和中标、成交供应商均具有法律效力。中标、成交通知书发出后，采购人改变中标、成交结果的，或者中标、成交供应商放弃中标、成交项目的，应当依法承担法律责任。

第 47 条　政府采购项目的采购合同自签订之日起七个工作日内，采购人应当将合同副本报同级政府采购监督管理部门和有关部门备案。

第48条　经采购人同意,中标、成交供应商可以依法采取分包方式履行合同。

政府采购合同分包履行的,中标、成交供应商就采购项目和分包项目向采购人负责,分包供应商就分包项目承担责任。

第49条　政府采购合同履行中,采购人需追加与合同标的相同的货物、工程或者服务的,在不改变合同其他条款的前提下,可以与供应商协商签订补充合同,但所有补充合同的采购金额不得超过原合同采购金额的百分之十。

第50条　政府采购合同的双方当事人不得擅自变更、中止或者终止合同。

政府采购合同继续履行将损害国家利益和社会公共利益的,双方当事人应当变更、中止或者终止合同。有过错的一方应当承担赔偿责任,双方都有过错的,各自承担相应的责任。

● 行政法规

2.《政府采购法实施条例》(2015年1月30日)

第47条　国务院财政部门应当会同国务院有关部门制定政府采购合同标准文本。

第48条　采购文件要求中标或者成交供应商提交履约保证金的,供应商应当以支票、汇票、本票或者金融机构、担保机构出具的保函等非现金形式提交。履约保证金的数额不得超过政府采购合同金额的10%。

第49条　中标或者成交供应商拒绝与采购人签订合同的,采购人可以按照评审报告推荐的中标或者成交候选人名单排序,确定下一候选人为中标或者成交供应商,也可以重新开展政府采购活动。

第50条　采购人应当自政府采购合同签订之日起2个工作日内,将政府采购合同在省级以上人民政府财政部门指定的媒体上公告，但政府采购合同中涉及国家秘密、商业秘密的内容除外。

第51条 采购人应当按照政府采购合同规定，及时向中标或者成交供应商支付采购资金。

政府采购项目资金支付程序，按照国家有关财政资金支付管理的规定执行。

第七十条　履行政策承诺、合同

地方各级人民政府及其有关部门应当履行依法向民营经济组织作出的政策承诺和与民营经济组织订立的合同，不得以行政区划调整、政府换届、机构或者职能调整以及相关人员更替等为由违约、毁约。

因国家利益、社会公共利益需要改变政策承诺、合同约定的，应当依照法定权限和程序进行，并对民营经济组织因此受到的损失予以补偿。

● **案例指引**

1. 投资公司与区人民政府等合同纠纷案（最高人民法院发布十起关于依法平等保护非公有制经济，促进非公有制经济健康发展民事商事典型案例之三）

裁判摘要：本案是规范政府机关擅自解除民商事合同行为的典型案例。实践中，个别地方政府与非公有制企业签订民商事合同后，以各种借口否认合同效力，达到不履行合同的目的，影响正常市场交易秩序，侵害了非公有制企业的合法权益，应予规范。本案中，区政府通过公开招商程序与投资公司订立投资协议，但在投资公司做了大量投入后，却以投资协议违反有关文件为由要求终止协议的履行，有违诚信。法院审理该案时，平等对待投资公司与区政府，准确适用关于合同解除的相关规定，依法支持投资公司要求继续履行协议的请求，有效地维护了非公有制企业的合法权益。

2. **物资公司与县教育局买卖合同纠纷案**（最高人民法院发布十起关于依法平等保护非公有制经济，促进非公有制经济健康发展民事商事典型案例之六）

裁判摘要： 本案是是规范政府机关不履行《采购合同》的典型案例。合同是当事人之间设立、变更、终止民事权利义务的协议，各方当事人都应当按照合同的约定全面履行自己的义务。一方当事人未按照合同约定履行合同，将侵害另一方当事人的合法权益。因此，对于未按照约定履行合同的当事人，应严格依据合同法的规定，依法追究其违约责任。本案中，县教育局通过招投标程序与物资公司签订《采购合同》后，并未按照《采购合同》向物资公司采购钢材，反而以合同未对货物名称、数量等进行约定为由推脱责任，造成物资公司无法实现合同目的。人民法院受理本案后，准确分析本案所涉《采购合同》的效力，依法判决县教育局承担违约责任，有效地保护了作为守约方的物资公司的合法权益。

第八章 法律责任

第七十一条　公平竞争有关违法行为的法律责任

违反本法规定，有下列情形之一的，由有权机关责令改正，造成不良后果或者影响的，对负有责任的领导人员和直接责任人员依法给予处分：

（一）未经公平竞争审查或者未通过公平竞争审查出台政策措施；

（二）在招标投标、政府采购等公共资源交易中限制或者排斥民营经济组织。

● 法　律

1.《招标投标法》（2017 年 12 月 27 日）

第 49 条　违反本法规定，必须进行招标的项目而不招标的，将必须进行招标的项目化整为零或者以其他任何方式规避招标的，责令限期改正，可以处项目合同金额千分之五以上千分之十以下的罚款；对全部或者部分使用国有资金的项目，可以暂停项目执行或者暂停资金拨付；对单位直接负责的主管人员和其他直接责任人员依法给予处分。

第 50 条　招标代理机构违反本法规定，泄露应当保密的与招标投标活动有关的情况和资料的，或者与招标人、投标人串通损害国家利益、社会公共利益或者他人合法权益的，处五万元以上二十五万元以下的罚款，对单位直接负责的主管人员和其他直接责任人员处单位罚款数额百分之五以上百分之十以下的罚款；有违法所得的，并处没收违法所得；情节严重的，禁止其一年至二年内代理依法必须进行招标的项目并予以公告，直至由工商行政管理机关吊销营业执照；构成犯罪的，依法追究刑事责任。给他人造成损失的，依法承担赔偿责任。

前款所列行为影响中标结果的，中标无效。

第51条 招标人以不合理的条件限制或者排斥潜在投标人的，对潜在投标人实行歧视待遇的，强制要求投标人组成联合体共同投标的，或者限制投标人之间竞争的，责令改正，可以处一万元以上五万元以下的罚款。

第52条 依法必须进行招标的项目的招标人向他人透露已获取招标文件的潜在投标人的名称、数量或者可能影响公平竞争的有关招标投标的其他情况的，或者泄露标底的，给予警告，可以并处一万元以上十万元以下的罚款；对单位直接负责的主管人员和其他直接责任人员依法给予处分；构成犯罪的，依法追究刑事责任。

前款所列行为影响中标结果的，中标无效。

第53条 投标人相互串通投标或者与招标人串通投标的，投标人以向招标人或者评标委员会成员行贿的手段谋取中标的，中标无效，处中标项目金额千分之五以上千分之十以下的罚款，对单位直接负责的主管人员和其他直接责任人员处单位罚款数额百分之五以上百分之十以下的罚款；有违法所得的，并处没收违法所得；情节严重的，取消其一年至二年内参加依法必须进行招标的项目的投标资格并予以公告，直至由工商行政管理机关吊销营业执照；构成犯罪的，依法追究刑事责任。给他人造成损失的，依法承担赔偿责任。

第54条 投标人以他人名义投标或者以其他方式弄虚作假，骗取中标的，中标无效，给招标人造成损失的，依法承担赔偿责任；构成犯罪的，依法追究刑事责任。

依法必须进行招标的项目的投标人有前款所列行为尚未构成犯罪的，处中标项目金额千分之五以上千分之十以下的罚款，对单位直接负责的主管人员和其他直接责任人员处单位罚款数额百分之五以上百分之十以下的罚款；有违法所得的，并处没收违法所得；情节严重的，取消其一年至三年内参加依法必须进行招标的项目的投标资格并予以公告，直至由工商行政管理机关吊销营业执照。

第55条 依法必须进行招标的项目，招标人违反本法规定，与投标人就投标价格、投标方案等实质性内容进行谈判的，给予警告，对单位直接负责的主管人员和其他直接责任人员依法给予处分。

前款所列行为影响中标结果的，中标无效。

第56条 评标委员会成员收受投标人的财物或者其他好处的，评标委员会成员或者参加评标的有关工作人员向他人透露对投标文件的评审和比较、中标候选人的推荐以及与评标有关的其他情况的，给予警告，没收收受的财物，可以并处三千元以上五万元以下的罚款，对有所列违法行为的评标委员会成员取消担任评标委员会成员的资格，不得再参加任何依法必须进行招标的项目的评标；构成犯罪的，依法追究刑事责任。

第57条 招标人在评标委员会依法推荐的中标候选人以外确定中标人的，依法必须进行招标的项目在所有投标被评标委员会否决后自行确定中标人的，中标无效。责令改正，可以处中标项目金额千分之五以上千分之十以下的罚款；对单位直接负责的主管人员和其他直接责任人员依法给予处分。

第58条 中标人将中标项目转让给他人的，将中标项目肢解后分别转让给他人的，违反本法规定将中标项目的部分主体、关键性工作分包给他人的，或者分包人再次分包的，转让、分包无效，处转让、分包项目金额千分之五以上千分之十以下的罚款；有违法所得的，并处没收违法所得；可以责令停业整顿；情节严重的，由工商行政管理机关吊销营业执照。

第59条 招标人与中标人不按照招标文件和中标人的投标

文件订立合同的，或者招标人、中标人订立背离合同实质性内容的协议的，责令改正；可以处中标项目金额千分之五以上千分之十以下的罚款。

第60条　中标人不履行与招标人订立的合同的，履约保证金不予退还，给招标人造成的损失超过履约保证金数额的，还应当对超过部分予以赔偿；没有提交履约保证金的，应当对招标人的损失承担赔偿责任。

中标人不按照与招标人订立的合同履行义务，情节严重的，取消其二年至五年内参加依法必须进行招标的项目的投标资格并予以公告，直至由工商行政管理机关吊销营业执照。

因不可抗力不能履行合同的，不适用前两款规定。

第61条　本章规定的行政处罚，由国务院规定的有关行政监督部门决定。本法已对实施行政处罚的机关作出规定的除外。

第62条　任何单位违反本法规定，限制或者排斥本地区、本系统以外的法人或者其他组织参加投标的，为招标人指定招标代理机构的，强制招标人委托招标代理机构办理招标事宜的，或者以其他方式干涉招标投标活动的，责令改正；对单位直接负责的主管人员和其他直接责任人员依法给予警告、记过、记大过的处分，情节较重的，依法给予降级、撤职、开除的处分。

个人利用职权进行前款违法行为的，依照前款规定追究责任。

第63条　对招标投标活动依法负有行政监督职责的国家机关工作人员徇私舞弊、滥用职权或者玩忽职守，构成犯罪的，依法追究刑事责任；不构成犯罪的，依法给予行政处分。

第64条　依法必须进行招标的项目违反本法规定，中标无效的，应当依照本法规定的中标条件从其余投标人中重新确定中标人或者依照本法重新进行招标。

2.《政府采购法》（2014年8月31日）

第71条　采购人、采购代理机构有下列情形之一的，责令限期改正，给予警告，可以并处罚款，对直接负责的主管人员和其他直接责任人员，由其行政主管部门或者有关机关给予处分，并予通报：

（一）应当采用公开招标方式而擅自采用其他方式采购的；

（二）擅自提高采购标准的；

（三）以不合理的条件对供应商实行差别待遇或者歧视待遇的；

（四）在招标采购过程中与投标人进行协商谈判的；

（五）中标、成交通知书发出后不与中标、成交供应商签订采购合同的；

（六）拒绝有关部门依法实施监督检查的。

第72条 采购人、采购代理机构及其工作人员有下列情形之一，构成犯罪的，依法追究刑事责任；尚不构成犯罪的，处以罚款，有违法所得的，并处没收违法所得，属于国家机关工作人员的，依法给予行政处分：

（一）与供应商或者采购代理机构恶意串通的；

（二）在采购过程中接受贿赂或者获取其他不正当利益的；

（三）在有关部门依法实施的监督检查中提供虚假情况的；

（四）开标前泄露标底的。

第73条 有前两条违法行为之一影响中标、成交结果或者可能影响中标、成交结果的，按下列情况分别处理：

（一）未确定中标、成交供应商的，终止采购活动；

（二）中标、成交供应商已经确定但采购合同尚未履行的，撤销合同，从合格的中标、成交候选人中另行确定中标、成交供应商；

（三）采购合同已经履行的，给采购人、供应商造成损失的，由责任人承担赔偿责任。

第74条 采购人对应当实行集中采购的政府采购项目，不委托集中采购机构实行集中采购的，由政府采购监督管理部门责令改正；拒不改正的，停止按预算向其支付资金，由其上级行政主管部门或者有关机关依法给予其直接负责的主管人员和其他直接责任人员处分。

第75条 采购人未依法公布政府采购项目的采购标准和采购结果的，责令改正，对直接负责的主管人员依法给予处分。

第76条 采购人、采购代理机构违反本法规定隐匿、销毁应当保存的采购文件或者伪造、变造采购文件的，由政府采购监督管理部门处以二万元以上十万元以下的罚款，对其直接负责的主管人员和其他直接责任人员依法给予处分；构成犯罪的，依法追究刑事责任。

第77条 供应商有下列情形之一的，处以采购金额千分之五以上千分之十以下的罚款，列入不良行为记录名单，在一至三年内禁止参加政府采购活动，有违法所得的，并处没收违法所得，情节严重的，由工商行政管理机关吊销营业执照；构成犯罪的，依法追究刑事责任：

（一）提供虚假材料谋取中标、成交的；

（二）采取不正当手段诋毁、排挤其他供应商的；

（三）与采购人、其他供应商或者采购代理机构恶意串通的；

（四）向采购人、采购代理机构行贿或者提供其他不正当利益的；

（五）在招标采购过程中与采购人进行协商谈判的；

（六）拒绝有关部门监督检查或者提供虚假情况的。

供应商有前款第（一）至（五）项情形之一的，中标、成交无效。

第78条 采购代理机构在代理政府采购业务中有违法行为的，按照有关法律规定处以罚款，可以在一至三年内禁止其代理政府采购业务，构成犯罪的，依法追究刑事责任。

第79条　政府采购当事人有本法第七十一条、第七十二条、第七十七条违法行为之一，给他人造成损失的，并应依照有关民事法律规定承担民事责任。

第80条　政府采购监督管理部门的工作人员在实施监督检查中违反本法规定滥用职权，玩忽职守，徇私舞弊的，依法给予行政处分；构成犯罪的，依法追究刑事责任。

第81条　政府采购监督管理部门对供应商的投诉逾期未作处理的，给予直接负责的主管人员和其他直接责任人员行政处分。

第82条　政府采购监督管理部门对集中采购机构业绩的考核，有虚假陈述，隐瞒真实情况的，或者不作定期考核和公布考核结果的，应当及时纠正，由其上级机关或者监察机关对其负责人进行通报，并对直接负责的人员依法给予行政处分。

集中采购机构在政府采购监督管理部门考核中，虚报业绩，隐瞒真实情况的，处以二万元以上二十万元以下的罚款，并予以通报；情节严重的，取消其代理采购的资格。

第83条　任何单位或者个人阻挠和限制供应商进入本地区或者本行业政府采购市场的，责令限期改正；拒不改正的，由该单位、个人的上级行政主管部门或者有关机关给予单位责任人或者个人处分。

● 行政法规

3.《政府采购法实施条例》（2015年1月30日）

第66条　政府采购法第七十一条规定的罚款，数额为10万元以下。

政府采购法第七十二条规定的罚款，数额为5万元以上25万元以下。

第67条　采购人有下列情形之一的，由财政部门责令限期改正，给予警告，对直接负责的主管人员和其他直接责任人员依

法给予处分,并予以通报:

（一）未按照规定编制政府采购实施计划或者未按照规定将政府采购实施计划报本级人民政府财政部门备案；

（二）将应当进行公开招标的项目化整为零或者以其他任何方式规避公开招标；

（三）未按照规定在评标委员会、竞争性谈判小组或者询价小组推荐的中标或者成交候选人中确定中标或者成交供应商；

（四）未按照采购文件确定的事项签订政府采购合同；

（五）政府采购合同履行中追加与合同标的相同的货物、工程或者服务的采购金额超过原合同采购金额10%；

（六）擅自变更、中止或者终止政府采购合同；

（七）未按照规定公告政府采购合同；

（八）未按照规定时间将政府采购合同副本报本级人民政府财政部门和有关部门备案。

第68条　采购人、采购代理机构有下列情形之一的,依照政府采购法第七十一条、第七十八条的规定追究法律责任:

（一）未依照政府采购法和本条例规定的方式实施采购；

（二）未依法在指定的媒体上发布政府采购项目信息；

（三）未按照规定执行政府采购政策；

（四）违反本条例第十五条的规定导致无法组织对供应商履约情况进行验收或者国家财产遭受损失；

（五）未依法从政府采购评审专家库中抽取评审专家；

（六）非法干预采购评审活动；

（七）采用综合评分法时评审标准中的分值设置未与评审因素的量化指标相对应；

（八）对供应商的询问、质疑逾期未作处理；

（九）通过对样品进行检测、对供应商进行考察等方式改变评审结果；

（十）未按照规定组织对供应商履约情况进行验收。

第69条 集中采购机构有下列情形之一的，由财政部门责令限期改正，给予警告，有违法所得的，并处没收违法所得，对直接负责的主管人员和其他直接责任人员依法给予处分，并予以通报：

（一）内部监督管理制度不健全，对依法应当分设、分离的岗位、人员未分设、分离；

（二）将集中采购项目委托其他采购代理机构采购；

（三）从事营利活动。

第70条 采购人员与供应商有利害关系而不依法回避的，由财政部门给予警告，并处2000元以上2万元以下的罚款。

第71条 有政府采购法第七十一条、第七十二条规定的违法行为之一，影响或者可能影响中标、成交结果的，依照下列规定处理：

（一）未确定中标或者成交供应商的，终止本次政府采购活动，重新开展政府采购活动。

（二）已确定中标或者成交供应商但尚未签订政府采购合同的，中标或者成交结果无效，从合格的中标或者成交候选人中另行确定中标或者成交供应商；没有合格的中标或者成交候选人的，重新开展政府采购活动。

（三）政府采购合同已签订但尚未履行的，撤销合同，从合格的中标或者成交候选人中另行确定中标或者成交供应商；没有合格的中标或者成交候选人的，重新开展政府采购活动。

（四）政府采购合同已经履行，给采购人、供应商造成损失的，由责任人承担赔偿责任。

政府采购当事人有其他违反政府采购法或者本条例规定的行为，经改正后仍然影响或者可能影响中标、成交结果或者依法被认定为中标、成交无效的，依照前款规定处理。

第72条 供应商有下列情形之一的,依照政府采购法第七十七条第一款的规定追究法律责任:

（一）向评标委员会、竞争性谈判小组或者询价小组成员行贿或者提供其他不正当利益；

（二）中标或者成交后无正当理由拒不与采购人签订政府采购合同；

（三）未按照采购文件确定的事项签订政府采购合同；

（四）将政府采购合同转包；

（五）提供假冒伪劣产品；

（六）擅自变更、中止或者终止政府采购合同。

供应商有前款第一项规定情形的,中标、成交无效。评审阶段资格发生变化,供应商未依照本条例第二十一条的规定通知采购人和采购代理机构的,处以采购金额5‰的罚款,列入不良行为记录名单,中标、成交无效。

第73条 供应商捏造事实、提供虚假材料或者以非法手段取得证明材料进行投诉的,由财政部门列入不良行为记录名单,禁止其1至3年内参加政府采购活动。

第74条 有下列情形之一的,属于恶意串通,对供应商依照政府采购法第七十七条第一款的规定追究法律责任,对采购人、采购代理机构及其工作人员依照政府采购法第七十二条的规定追究法律责任：

（一）供应商直接或者间接从采购人或者采购代理机构处获得其他供应商的相关情况并修改其投标文件或者响应文件；

（二）供应商按照采购人或者采购代理机构的授意撤换、修改投标文件或者响应文件；

（三）供应商之间协商报价、技术方案等投标文件或者响应文件的实质性内容；

（四）属于同一集团、协会、商会等组织成员的供应商按照该组织要求协同参加政府采购活动；

（五）供应商之间事先约定由某一特定供应商中标、成交；

（六）供应商之间商定部分供应商放弃参加政府采购活动或者放弃中标、成交；

（七）供应商与采购人或者采购代理机构之间、供应商相互之间，为谋求特定供应商中标、成交或者排斥其他供应商的其他串通行为。

第75条　政府采购评审专家未按照采购文件规定的评审程序、评审方法和评审标准进行独立评审或者泄露评审文件、评审情况的，由财政部门给予警告，并处2000元以上2万元以下的罚款；影响中标、成交结果的，处2万元以上5万元以下的罚款，禁止其参加政府采购评审活动。

政府采购评审专家与供应商存在利害关系未回避的，处2万元以上5万元以下的罚款，禁止其参加政府采购评审活动。

政府采购评审专家收受采购人、采购代理机构、供应商贿赂或者获取其他不正当利益，构成犯罪的，依法追究刑事责任；尚不构成犯罪的，处2万元以上5万元以下的罚款，禁止其参加政府采购评审活动。

政府采购评审专家有上述违法行为的，其评审意见无效，不得获取评审费；有违法所得的，没收违法所得；给他人造成损失的，依法承担民事责任。

第76条　政府采购当事人违反政府采购法和本条例规定，给他人造成损失的，依法承担民事责任。

第77条　财政部门在履行政府采购监督管理职责中违反政府采购法和本条例规定，滥用职权、玩忽职守、徇私舞弊的，对直接负责的主管人员和其他直接责任人员依法给予处分；直接负责的主管人员和其他直接责任人员构成犯罪的，依法追究刑事责任。

第七十二条　违法实施征收等措施、异地执法的法律责任

违反法律规定实施征收、征用或者查封、扣押、冻结等措施的，由有权机关责令改正，造成损失的，依法予以赔偿；造成不良后果或者影响的，对负有责任的领导人员和直接责任人员依法给予处分。

违反法律规定实施异地执法的，由有权机关责令改正，造成不良后果或者影响的，对负有责任的领导人员和直接责任人员依法给予处分。

● 法　律

《民法典》（2020 年 5 月 28 日）

第 327 条　因不动产或者动产被征收、征用致使用益物权消灭或者影响用益物权行使的，用益物权人有权依据本法第二百四十三条、第二百四十五条的规定获得相应补偿。

第七十三条　账款支付等有关违法行为的法律责任

国家机关、事业单位、国有企业违反法律、行政法规规定或者合同约定，拒绝或者拖延支付民营经济组织账款，地方各级人民政府及其有关部门不履行向民营经济组织依法作出的政策承诺、依法订立的合同的，由有权机关予以纠正，造成损失的，依法予以赔偿；造成不良后果或者影响的，对负有责任的领导人员和直接责任人员依法给予处分。

大型企业违反法律、行政法规规定或者合同约定，拒绝或者拖延支付中小民营经济组织账款的，依法承担法律责任。

● 行政法规

1.《保障中小企业款项支付条例》（2025 年 3 月 17 日）

第 31 条　机关、事业单位违反本条例，有下列情形之一的，

由其上级机关、主管部门责令改正；拒不改正的，对负有责任的领导人员和直接责任人员依法给予处分：

（一）未在规定的期限内支付中小企业货物、工程、服务款项；

（二）拖延检验、验收；

（三）强制中小企业接受商业汇票、应收账款电子凭证等非现金支付方式，或者利用商业汇票、应收账款电子凭证等非现金支付方式变相延长付款期限；

（四）没有法律、行政法规依据，要求以审计机关的审计结果作为结算依据；

（五）违法收取保证金，拒绝接受中小企业以金融机构出具的保函等提供保证，或者不及时与中小企业对保证金进行核算并退还；

（六）以法定代表人或者主要负责人变更，履行内部付款流程，或者在合同未作约定的情况下以等待竣工验收备案、决算审计等为由，拒绝或者迟延支付中小企业款项；

（七）未按照规定公开逾期尚未支付中小企业款项信息。

第32条 机关、事业单位有下列情形之一的，依法追究责任：

（一）使用财政资金从中小企业采购货物、工程、服务，未按照批准的预算执行；

（二）要求施工单位对政府投资项目垫资建设。

第33条 国有大型企业拖欠中小企业款项，造成不良后果或者影响的，对负有责任的国有企业管理人员依法给予处分。

国有大型企业没有法律、行政法规依据，要求以审计机关的审计结果作为结算依据的，由其监管部门责令改正；拒不改正的，对负有责任的国有企业管理人员依法给予处分。

第34条 大型企业违反本条例，未按照规定在企业年度报告中公示逾期尚未支付中小企业款项信息或者隐瞒真实情况、弄虚作假的，由市场监督管理部门依法处理。

第35条 机关、事业单位和大型企业及其工作人员对提出付款请求或者投诉的中小企业及其工作人员进行恐吓、打击报复，或者有其他滥用职权、玩忽职守、徇私舞弊行为的，对负有责任的领导人员和直接责任人员依法给予处分或者处罚；构成犯罪的，依法追究刑事责任。

● 部门规章及文件

2.《保障中小企业款项支付投诉处理暂行办法》(2021年12月30日)

第1条 为了促进机关、事业单位和大型企业及时支付中小企业款项，规范投诉受理、处理程序，维护中小企业合法权益，根据《中华人民共和国中小企业促进法》《保障中小企业款项支付条例》等法律、法规，制定本办法。

第2条 中小企业就机关、事业单位和大型企业违反合同约定拒绝或者迟延支付货物、工程、服务款项提起投诉，省级以上人民政府负责中小企业促进工作综合管理的部门受理投诉，有关部门、地方人民政府对投诉做出处理，适用本办法。

其中，中小企业是指在中华人民共和国境内依法设立，依据国务院批准的《中小企业划型标准规定》确定的中型企业、小型企业和微型企业；大型企业是指中小企业以外的企业。

第3条 本办法所称投诉人，是指认为机关、事业单位和大型企业违反合同约定拒绝履行付款义务，或未在合同约定及法律、行政法规规定的期限内向其支付货物、工程、服务款项，为维护自身合法权益而提起投诉的中小企业。

本办法所称被投诉人，是指因与中小企业发生货物、工程、服务款项争议而被投诉的机关、事业单位和大型企业。

第4条 省级以上人民政府负责中小企业促进工作综合管理的部门作为受理投诉部门，应当建立便利、顺畅的投诉渠道，并向社会公布。投诉渠道可包括网络平台、电话、传真、信函等适当的方式。

第5条　投诉人根据本办法提出投诉的，应当通过受理投诉部门公布的投诉渠道进行。

投诉人在投诉时应当有具体的投诉事项和事实根据，并对提供材料的真实性负责。投诉人不得捏造、歪曲事实，不得进行虚假、恶意投诉。

第6条　投诉人应按要求提交投诉材料。投诉材料应当包括下列主要内容：

（一）投诉人名称、统一社会信用代码、企业营业执照扫描件（复印件）、企业规模类型、联系人及联系电话、通讯地址；

（二）被投诉人名称、统一社会信用代码、单位类型、企业规模类型、住所地址、联系人及联系电话；

（三）具体的投诉请求以及相关事实、证据材料；

（四）投诉事项未被人民法院、仲裁机构、其他行政管理部门或者行业协会等社会调解机构受理或者处理的承诺。

投诉材料应当由法定代表人或者主要负责人签字并加盖公章。

第7条　投诉有下列情形之一的，不予受理：

（一）非因机关、事业单位和大型企业向中小企业采购货物、工程、服务而发生欠款的；

（二）人民法院、仲裁机构、其他行政管理部门或者行业协会等社会调解机构已经受理或者处理的；

（三）法律、行政法规、部门规章规定不予受理的其他情形。

第8条　受理投诉部门收到投诉后，应当在10个工作日内进行审查。

对符合要求的投诉，应当予以受理，并告知投诉人。

投诉材料内容不完整的，告知投诉人补充投诉材料后重新提交投诉。

投诉不予受理的，告知投诉人并说明理由。

第9条　受理投诉部门应当按照"属地管理、分级负责，谁主管谁负责"的原则，自正式受理之日起10个工作日内，将投诉材料转交给有关部门、地方人民政府处理。

第10条　有关部门、地方人民政府对受理投诉部门转交的投诉事项应当依法及时处理。投诉人、被投诉人以及与投诉事项有关的单位及人员应如实反映情况，并提供相关证据。

第11条　投诉人可向受理投诉部门申请撤回投诉，投诉处理程序自受理投诉部门收到撤回申请当日终止。受理投诉部门应及时将投诉人撤回投诉的信息告知处理投诉部门。

第12条　处理投诉部门应当自收到投诉材料之日起30日内将处理结果告知投诉人，并反馈受理投诉部门。案情复杂或有其他特殊原因的，可适当延长，但最长不超过90日。

第13条　受理投诉部门督促处理投诉部门在规定的时限内反馈处理结果；对投诉处理情况建立定期报告制度，对未按规定反馈投诉事项处理结果，或在处理投诉事项时存在推诿、敷衍、拖延、弄虚作假等情形的进行工作通报。

第14条　受理投诉部门对群众反映强烈的拖欠典型案例可予以公开曝光。

经调查、核实，依法认定机关、事业单位和大型企业不履行及时支付中小企业款项义务，情节严重的，受理投诉部门可依法依规将其失信信息纳入全国信用信息共享平台，并将相关涉企信息通过"信用中国"网站和企业信用信息公示系统向社会公示，依法实施失信惩戒。

第15条　处理投诉部门在调查、处理投诉的过程中，发现被投诉的机关、事业单位和大型企业存在违反《保障中小企业款项支付条例》情形的，应将相关情况告知受理投诉部门，由其转交有关部门依法依规处理。

第16条　省级以上人民政府建立督查制度，对及时支付中小企业款项工作进行监督检查。审计机关依法对机关、事业单位和国有大型企业支付中小企业款项情况实施审计监督。

第17条　相关部门及其工作人员对于在受理、处理投诉过程中知悉的国家秘密、商业秘密、个人隐私和个人信息，应当予以保密，不得泄露或向他人非法提供。

第18条　被投诉人为部分或全部使用财政资金向中小企业采购货物、工程、服务的团体组织的，参照本办法对机关、事业单位的有关规定执行。

第19条　本办法自发布之日起施行。

● 案例指引

某农机经营部与中石油某分公司租赁合同纠纷案（最高人民法院发布十起关于依法平等保护非公有制经济，促进非公有制经济健康发展民事商事典型案例之十）

裁判摘要：本案是人民法院依法审理大型国有企业与非公有制企业之间租赁合同纠纷的典型案例。本案争议焦点在于如何认定加油站相应证照无法变更时某农机部与中石油某分公司各自应承担的责任。中石油某分公司作为大型国有企业，有能力亦有条件对加油站证照可能无法变更的商业风险做出合理判断与认知。因此，在合同仅对某农机部课以协助办理并提供必要材料的义务时，中石油某分公司不能将证照未能变更导致的合同目的无法实现归责于某农机部，而应自行承担这一商业风险所带来的后果。本案双方当事人不仅所有制性质不同，而且市场地位、经济实力悬殊。人民法院严格遵循平等保护原则，综合考虑合同双方缔约能力和行业经验，依法准确区分商业风险和主观过错，确定了合同目的不能实现的原因和后果，依法公正保护了不同规模、不同区域、不同所有制主体的合法权益。

第七十四条　侵害民营经济组织及其经营者合法权益的法律责任衔接

违反本法规定，侵害民营经济组织及其经营者合法权益，其他法律、法规规定行政处罚的，从其规定；造成人身损害或者财产损失的，依法承担民事责任；构成犯罪的，依法追究刑事责任。

● 案例指引

黄某、段某职务侵占案（最高人民检察院首批涉民营企业司法保护典型案例之一）[1]

裁判摘要：实践中，对职务侵占罪"本单位财物"的认定一直以来存在是单位"所有"还是"持有"的争议。从侵害法益看，无论侵占本单位"所有"还是"持有"财物，实质上均侵犯了单位财产权，对其主客观行为特征和社会危害性程度均可作统一评价。参照《刑法》第91条第2款对"公共财产"的规定，对非公有制公司、企业管理、使用、运输中的财物应当以本单位财物论，对职务侵占罪和贪污罪掌握一致的追诉原则，以有力震慑职务侵占行为，对不同所有制企业财产权平等保护，切实维护民营企业正常生产经营活动。在依法惩处侵害企业权益犯罪的同时，应当重视企业退赔需求，核实退赔落实情况，帮助民营企业挽回经济损失。要注重发挥检察建议的功能作用，促进民营企业加强防范、抵御风险、化解隐患，帮助民营企业提高安全防范能力。

第七十五条　民营经济组织及其经营者违法的法律责任衔接

民营经济组织及其经营者生产经营活动违反法律、法规规定，由有权机关责令改正，依法予以行政处罚；造成人身

---

[1] 载最高人民检察院网站，https：//www.spp.gov.cn/xwfbh/wsfbt/201812/t20181219_405690.shtml#2，205年4月30日访问。

损害或者财产损失的,依法承担民事责任;构成犯罪的,依法追究刑事责任。

第七十六条 采取不正当手段骗取表彰荣誉等的法律责任

民营经济组织及其经营者采取欺诈等不正当手段骗取表彰荣誉、优惠政策等的,应当撤销已获表彰荣誉、取消享受的政策待遇,依法予以处罚;构成犯罪的,依法追究刑事责任。

第九章　附　　则

第七十七条　概念、适用指引

本法所称民营经济组织,是指在中华人民共和国境内依法设立的由中国公民控股或者实际控制的营利法人、非法人组织和个体工商户,以及前述组织控股或者实际控制的营利法人、非法人组织。

民营经济组织涉及外商投资的,同时适用外商投资法律法规的相关规定。

第七十八条　施行日期

本法自 2025 年 5 月 20 日起施行。

附录

本书所涉文件目录

宪法
2018年3月11日　中华人民共和国宪法

法律
2011年6月30日　中华人民共和国行政强制法
2014年8月31日　中华人民共和国政府采购法
2015年4月24日　中华人民共和国就业促进法
2015年8月29日　中华人民共和国促进科技成果转化法
2017年9月1日　中华人民共和国中小企业促进法
2017年12月27日　中华人民共和国招标投标法
2020年5月28日　中华人民共和国民法典
2021年1月22日　中华人民共和国行政处罚法
2021年12月24日　中华人民共和国科学技术进步法
2022年6月24日　中华人民共和国反垄断法
2023年3月13日　中华人民共和国立法法
2023年12月29日　中华人民共和国公司法

行政法规
2011年1月8日　企业债券管理条例
2013年1月21日　征信业管理条例
2015年1月30日　中华人民共和国政府采购法实施条例
2019年3月2日　中华人民共和国招标投标法实施条例
2019年4月14日　政府投资条例
2019年10月22日　优化营商环境条例

2021 年 7 月 27 日	中华人民共和国市场主体登记管理条例
2024 年 6 月 6 日	公平竞争审查条例
2025 年 3 月 17 日	保障中小企业款项支付条例

部门规章及文件

2015 年 11 月 12 日	政府投资基金暂行管理办法
2018 年 2 月 5 日	职业学校校企合作促进办法
2018 年 5 月 22 日	银行业金融机构联合授信管理办法（试行）
2018 年 12 月 14 日	科技企业孵化器管理办法
2019 年 2 月 27 日	中国银保监会关于进一步加强金融服务民营企业有关工作的通知
2019 年 3 月 28 日	建设产教融合型企业实施办法（试行）
2019 年 4 月 30 日	国家发展改革委办公厅关于进一步完善"信用中国"网站及地方信用门户网站行政处罚信息信用修复机制的通知
2020 年 12 月 18 日	政府采购促进中小企业发展管理办法
2021 年 7 月 30 日	市场监督管理信用修复管理办法
2021 年 12 月 30 日	保障中小企业款项支付投诉处理暂行办法
2022 年 7 月 22 日	中国证监会、国家发展改革委、全国工商联关于推动债券市场更好支持民营企业改革发展的通知
2022 年 9 月 13 日	促进中小企业特色产业集群发展暂行办法
2023 年 1 月 13 日	失信行为纠正后的信用信息修复管理办法（试行）
2023 年 9 月 15 日	市场监管部门促进民营经济发展的若干举措
2023 年 11 月 27 日	中国人民银行、金融监管总局、中国证监会、国家外汇局、国家发展改革委、工业和信息化部、财政部、全国工商联关于强化金融支持举措助力民营经济发展壮大的通知
2023 年 11 月 30 日	人力资源社会保障部关于强化人社支持举措助力民营经济发展壮大的通知

2023 年 10 月 29 日	国家发展改革委办公厅关于规范招标投标领域信用评价应用的通知
2024 年 3 月 21 日	国家发展改革委等部门关于共享公共实训基地开展民营企业员工职业技能提升行动的通知
2024 年 3 月 25 日	招标投标领域公平竞争审查规则
2024 年 4 月 24 日	政府采购合作创新采购方式管理暂行办法
2024 年 8 月 16 日	国家发展改革委办公厅等关于建立促进民间投资资金和要素保障工作机制的通知
2024 年 9 月 24 日	国家金融监督管理总局关于做好续贷工作提高小微企业金融服务水平的通知
2024 年 11 月 25 日	银行业金融机构小微企业金融服务监管评价办法
2024 年 12 月 13 日	公司登记管理实施办法
2025 年 2 月 19 日	政府性融资担保发展管理办法
2025 年 2 月 28 日	公平竞争审查条例实施办法
2025 年 3 月 13 日	银行业保险业科技金融高质量发展实施方案
2025 年 4 月 26 日	中国人民银行、金融监管总局、最高人民法院、国家发展改革委、商务部、市场监管总局关于规范供应链金融业务引导供应链信息服务机构更好服务中小企业融资有关事宜的通知

司法解释及文件

2015 年 3 月 6 日	人民检察院刑事诉讼涉案财物管理规定
2020 年 12 月 23 日	最高人民法院关于人民法院民事执行中查封、扣押、冻结财产的规定

图书在版编目（CIP）数据

民营经济促进法一本通 / 法规应用研究中心编.
北京 : 中国法治出版社, 2025. 5. -- (法律一本通).
ISBN 978-7-5216-5209-3

Ⅰ. D922.29

中国国家版本馆 CIP 数据核字第 2025PH3277 号

责任编辑：谢雯　　　　　　　　　　　　封面设计：杨泽江

民营经济促进法一本通
MINYING JINGJI CUJINFA YIBENTONG

编者/法规应用研究中心
经销/新华书店
印刷/保定市中画美凯印刷有限公司
开本/880 毫米×1230 毫米　32 开　　　　印张/ 10.75　字数/ 260 千
版次/2025 年 5 月第 1 版　　　　　　　　2025 年 5 月第 1 次印刷

中国法治出版社出版

书号 ISBN 978-7-5216-5209-3　　　　　　　　定价：36.00 元

北京市西城区西便门西里甲 16 号西便门办公区
邮政编码：100053　　　　　　　　　　传真：010-63141600
网址 http://www.zgfzs.com　　　　　　编辑部电话：010-63141802
市场营销部电话：010-63141612　　　　印务部电话：010-63141606

（如有印装质量问题，请与本社印务部联系。）

法律一本通丛书·第十版

1. 民法典一本通
2. 刑法一本通
3. 行政许可法、行政处罚法、行政强制法一本通
4. 土地管理法一本通
5. 农村土地承包法一本通
6. 道路交通安全法一本通
7. 劳动法一本通
8. 劳动合同法一本通
9. 公司法一本通
10. 安全生产法一本通
11. 税法一本通
12. 产品质量法、食品安全法、消费者权益保护法一本通
13. 公务员法一本通
14. 商标法、专利法、著作权法一本通
15. 民事诉讼法一本通
16. 刑事诉讼法一本通
17. 行政复议法、行政诉讼法一本通
18. 社会保险法一本通
19. 行政处罚法一本通
20. 环境保护法一本通
21. 网络安全法、数据安全法、个人信息保护法一本通
22. 监察法、监察官法、监察法实施条例一本通
23. 法律援助法一本通
24. 家庭教育促进法、未成年人保护法、预防未成年人犯罪法一本通
25. 工会法一本通
26. 反电信网络诈骗法一本通
27. 劳动争议调解仲裁法一本通
28. 劳动法、劳动合同法、劳动争议调解仲裁法一本通
29. 保险法一本通
30. 妇女权益保障法一本通
31. 治安管理处罚法一本通
32. 农产品质量安全法一本通
33. 企业破产法一本通
34. 反间谍法一本通
35. 民法典：总则编一本通
36. 民法典：物权编一本通
37. 民法典：合同编一本通
38. 民法典：人格权编一本通
39. 民法典：婚姻家庭编一本通
40. 民法典：继承编一本通
41. 民法典：侵权责任编一本通
42. 文物保护法一本通
43. 反洗钱法一本通
44. 学前教育法、未成年人保护法、教育法一本通
45. 能源法一本通
46. 各级人民代表大会常务委员会监督法、全国人民代表大会和地方各级人民代表大会选举法、全国人民代表大会和地方各级人民代表大会代表法一本通
47. 矿产资源法一本通
48. 未成年人保护法、妇女权益保障法、老年人权益保障法一本通

……